海上丝路（东南亚）外贸国别法律适用指引手册

王永强　王军杰　主编

中国检察出版社

图书在版编目（CIP）数据

海上丝路（东南亚）外贸国别法律适用指引手册 / 王永强，王军杰主编. -- 北京：中国检察出版社，2025. 4. -- ISBN 978-7-5102-3212-1

Ⅰ. D933.022.95-62

中国国家版本馆CIP数据核字第202538AN41号

海上丝路（东南亚）外贸国别法律适用指引手册

王永强　王军杰　主编

责任编辑：王伟雪

技术编辑：王英英

美术编辑：徐嘉武

出版发行：中国检察出版社

社　　址：北京市石景山区香山南路109号（100144）

网　　址：中国检察出版社（www. zgjccbs. com）

编辑电话：（010）86423797

发行电话：（010）86423726　86423727　86423728

（010）86423730　86423732

经　　销：新华书店

印　　刷：河北宝昌佳彩印刷有限公司

开　　本：710 mm × 960 mm　16开

印　　张：23.5

字　　数：353千字

版　　次：2025年4月第一版　　2025年4月第一次印刷

书　　号：ISBN 978 - 7 - 5102 - 3212 - 1

定　　价：78.00元

《海上丝路（东南亚）外贸国别法律适用指引手册》编委会

主　编：王永强　　王军杰

编　委：（按姓氏笔画排序）

马　佳　　方　润　　王　莹
王慕蓉　　乔嘉晨　　汪莹佳
李毅青　　杜佳璇　　汪婷婷
严　磊　　张子涵　　唐慧琳
罗子豪　　曾茂森

前言

当前，百年变局正在加速演进，大国博弈更加激烈，地缘政治冲突持续延宕，经济社会发展困局待解，各类全球性挑战不断增多，国际贸易中不稳定、不确定、不安全因素日益突出。与此同时，区域和双边自贸协定（FTA）已成为新一轮国际经济贸易规则制定的主导力量。在FTA和贸易便利化改革的推动下，全球货物贸易倔强复苏，《区域全面经济伙伴关系协定》（RCEP）持续推动区域经贸合作向纵深发展，为区域经济一体化和发展繁荣注入强劲动力，中国与东南亚国家联盟（ASEAN）连续五年互为最大贸易伙伴。

党的二十届三中全会指出，要稳步扩大制度型开放，深化外贸体制改革，深化外商投资和对外投资管理体制改革，优化区域开放布局，完善推进高质量共建“一带一路”机制。为了全面贯彻落实党的二十届三中全会精神，助力四川高水平对外开放新格局建设，促进成都“海上丝路”国际贸易强劲增长，服务西部陆海新通道建设更快更好推进，为四川省企业对外贸易活动，尤其是面向东南亚的国际货物贸易交易，提供全面、精准的风险防范和法律适用指引，四川省成都市青白江区人民检察院立足青白江区作为中欧班列（成渝）始发地，集聚自贸试验区、综合保税区、国家级经开区、陆港型国家物流基地等众多对外开放平台，涉外贸易区域特点突出，按照最高检工作要求，积极主动作为，联合四川大学涉外法治人才协同培养创新基地共同编制了《海上丝路（东南亚）外贸国别法律适用指引手册》。

本书共四编：第一编，使用说明；第二编，东南亚区域法律概况；第三编，东南亚国别贸易法律；第四编，法律法规中英文名称对照。其中，第三编“东南亚国别贸易法律”是手册主体部分，共十章内容，以与我国贸易额度较大的东南亚10国（马来西亚、印度尼西亚、老挝、越南、新加坡、泰国、文莱、缅甸、柬埔寨、菲律宾）的贸易法律适用为编制对象，从国际法、国内法两个维度进行了全方位的法规厘定，以期为外贸企业提供全面、准确、便捷的法律适用索引。

本书在内容上紧紧围绕我国及四川外贸企业与东南亚国家的外贸活动中可能遇到的商事问题和法律风险展开。横向上按照国际贸易全周期的发生时序，以国际货物买卖合同签订、国际货物运输、国际贸易术语下的各方义务、国际货物运输保险、国际货物贸易支付、国别进出口通关程序、国际贸易纠纷解决等七大环节进行编排。纵向上按照国际条约和国内法规两大维度，对国际层面和国内层面的法律法规进行双重指引，简明清晰，便于查用。本书在体例和内容的编撰上，进行了一些新尝试，旨在形成一部专业、准确、科学、实用的法律适用指引，为面向东南亚的相关政府部门、各类贸易主体、法律服务者等提供决策参考和规范指引。同时，本书也是四川大学涉外法治人才协同培养创新基地的教学参考书之一。

本书由四川省成都市青白江区人民检察院党组书记、检察长王永强与四川大学法学院教授王军杰担任主编，四川大学涉外法治人才协同培养创新基地及国际投资法律与政策研究中心研究人员方润、王莹、汪莹佳、马佳、唐慧琳、乔嘉晨、杜佳璇、汪婷婷、张子涵、李毅青和罗子豪协助对本书进行了认真、严谨的编排整理，最后由主编审定。四川省成都市青白江区人民检察院曾茂森、王慕蓉、严磊等为本书的编撰、企业对外贸法律的需求等做了大量调研和基础性工作，并提出了宝贵意见。中国检察出版社为本书的出版提供了强有力的支持和帮助。在此，特向为本书作出贡献的各位同仁和师友一并表示诚挚的感谢！

王永强

四川省成都市青白江区人民检察院

党组书记、检察长

2024年10月

目　录

第一编　使用说明

一、背景引介

自2009年起，中国开始保持东盟第一大贸易伙伴地位，2020年东盟开始成为中国第一大贸易伙伴，双方连续4年互为最大贸易伙伴。中国与东盟已然踏上在经济贸易等多领域“双向奔赴”的发展繁荣之路。

习近平主席提出共建“一带一路”倡议十年以来，中欧班列作为共建“一带一路”的旗舰项目和标志性品牌，已成为滋养欧亚大陆的血脉和经络，一列列钢铁驼队获得沿线国家的广泛赞誉，成为倍受欢迎的国际公共产品。中欧班列的开行、成都国际铁路港的建设、四川自贸试验区持续的制度创新，让成都从“战略后方”走向开放前沿、从“内陆腹地”迈向“开放高地”、从西南内循环迈向欧亚国际的大循环。当前，成都正在不断增强西部陆海新通道主枢纽功能，将进一步促进中国与东南亚的经贸往来与产能合作。

据成都海关统计，2023年，四川货物贸易进出口总值9574.9亿元，其中成都实现全年货物贸易进出口总值达7489.8亿元，占四川进出口总值的78.2%。东盟取代美国成为四川最大贸易伙伴，四川对东盟进出口1796.6亿元，占同期四川进出口总值的18.8%。依托于国际铁路港等便利运输方式，成都逐渐成为国际市场最信任的伙伴。成都是“丝绸之路经济带”“长江经济带”的重要交汇点。《区域全面经济伙伴关系协定》（RCEP）的全面实施将持续推动全球最有潜力的中国和东盟两大市场的深度融合。中老铁路全线贯通，中缅铁路加快推进，陆海新通道功能不断提升，将助推四川成都与东南亚经济圈的贸易投资再上新台阶。

随着与东南亚经济圈国际贸易的持续攀升，贸易风险与纠纷呈现频发态势，尤其是外贸各环节中的法律风险陡增，货物资本“走出去”是看点，货款资金安全回来成难点。“一带一路”沿线国家宗教文化差异性明显，法治状况及市场化水平参差不齐，经贸风险明显高于世界其他区域。尤其是东南亚大多属于新兴发展中国家，经济基础薄弱、外贸立法滞后、司法低效，增加了国际贸易各环节中的风险系数。如何科学选择准据法避控法律风险，维护自身权益，无疑是每一个外贸企业面临的首要法律问题。因此，为了助力中国及四川外向型企业更好地适用国际条约，全面知悉东南亚各国的法律，提升预判、抵御、化解贸易纠纷之能力，立足外贸实践，萃取成案经验，特编写本手册（下称“手册”）。

二、编制目的及特点

近年来，东南亚国际贸易市场风险凸显，外贸法律纠纷复杂多样，对外贸企业冲击较大。为了助力外向型企业贸易风险的法律化防控，实现企业在东南亚贸易中的安全、高回报与可持续发展，促进全国及四川外贸高质量增长，打造独具竞争力的国际门户枢纽城市，特此编写该手册。

手册在结构和内容上有两大特点，一则按照国际贸易发生时序和各环节中核心法律义务进行编制，并附有风险提示及注意事项，全面详尽，易于检索使用；二则按照国际条约和国别法律两个维度进行编制，简明清晰，易于企业选择准据法。因此，手册从外贸合同签署到运输、保险，再到货款支付及争议解决，形成了一套覆盖国际贸易实践全流程、双层次的综合性、多功用的法律指引手册，以期为企业降低风险，保驾护航。

手册涵盖东南亚10国，分别为马来西亚、印度尼西亚、老挝、越南、新加坡、泰国、文莱、缅甸、柬埔寨、菲律宾。

三、适用范围

1.手册适用于全国、四川与东南亚国家间存在国际贸易实务的外向型企业，包括外贸代理企业和有进出口业务的实体企业。

2.手册适用国际贸易实务的各个环节，主要包括：国际贸易合同的履行、国际货物运输、国际货物保险、国际贸易支付、进出口货物通关及国际商事争议解决等。

3.手册中的国际贸易指国际货物贸易，不包括服务贸易和技术贸易，也不适用于外商投资和海外投资活动。

四、使用方法

本手册共计四编，分别是使用说明、东南亚区域法律概况、东南亚国别贸易法律（包括马来西亚篇、印度尼西亚篇、老挝篇、越南篇、新加坡篇、泰国篇、文莱篇、缅甸篇、柬埔寨篇、菲律宾篇），以及法律法规中英文名称索引。可按如下步骤使用手册：

1.首先企业应判定遇到了什么问题，此问题发生在外贸的哪一个阶段。然后根据疑难问题查找手册目录，根据目录标注的页码找到相应的内容。

2.根据目录页查询到所需内容后，根据该部分指引和提示，可以基本判定各方的责任和义务。

3.如果根据手册内容无法完全解决问题，需要继续查询国际条约、国际惯例，或者国内法律法规的内容，可以根据第四部分的名称所引，查询相应的法律条款，解疑释惑。

4.如果查询相应条约、国内法有困难，或者查询后依然存在疑惑，可以进一步联系手册的编撰团队（hsslwmsc@stu.scu.edu.cn），寻求解答与协助。

五、贸易术语编写说明

鉴于国际商会（ICC）发布的《国际贸易术语解释通则》（INCOTE-RMS）中INCOTERMS2000、INCOTERMS2010和INCOTERMS2020三个版本的国际贸易术语解释通则在国际贸易实务中被大量、广泛使用，当事人可以从中择一而用。当事人在合同中的约定若与其选择的术语冲突，约定在先。各贸易术语涵盖了买卖双方的一系列义务，如商品交付、风险转移、运输安排和运费支付、保险责任、运输单证取得、提供货物交付的证明、安排进出口货物清关等。本手册对上述三个版本国际贸易术语解释通则所涉16个贸易术语予以编排。由于篇幅所限，为了方便查询适用，将16个贸易术语均衡分布在10个成员国之中。主要分布如下：

第一，在“马来西亚篇”对应部分介绍“EXW——工厂交货（指定地点）”“FCA——货交承运人（指定地点）”两个术语；

第二，在“印度尼西亚篇”对应部分介绍“CPT——运费付至（指定目的地）”“CIP——运费、保险费付至（指定目的地）”两个术语；

第三，在“老挝篇”对应部分介绍“DDP——完税后交货（指定目的地）”“DAP——目的地交货（指定目的地）”两个术语；

第四，在“越南篇”对应部分介绍“DAT——运输终端交货（指定目的地或目的港）”“DAF——边境交货（指定地点）”两个术语；

第五，在“新加坡篇”对应部分介绍“DES——目的港船上交货（指定目的港）”“DEQ——目的港码头交货（指定目的港）”两个术语；

第六，在“泰国篇”对应部分介绍“DDU——未完税交货（指定目的地）”“DPU——卸货地交货（指定目的地）”两个术语；

第七，在“文莱篇”对应部分介绍“FAS——船边交货（指定装运港）”术语；

第八，在“缅甸篇”对应部分介绍“FOB——船上交货（指定装运港）”术语；

第九，在“柬埔寨篇”对应部分介绍“CFR——成本加运费（指定目的港）”术语；

第十，在“菲律宾篇”对应部分介绍“CIF——成本、保险费加运费（指定目的港）”术语。

第二编　东南亚区域法律概况

东南亚地处亚洲与大洋洲、太平洋与印度洋之间的“十字路口”。马六甲海峡是这个路口的“咽喉”，也是国际货物贸易、大宗商品的交通要冲。东南亚地区共有11个国家，分别是缅甸、泰国、柬埔寨、老挝、越南、菲律宾、马来西亚、新加坡、文莱、印度尼西亚、东帝汶，面积约457万平方千米。2022年11月11日，东盟国家领导人在第四十届和第四十一届东盟峰会上宣布，东盟接纳东帝汶为第11个成员国。至此，东南亚地区的11个国家全部加入东盟。

东南亚区域国际贸易法律规则纷繁复杂，多法系、多条约导致其规则的碎片化和“意大利面碗效应”凸显，极易引发法律适用冲突，因此需要精准查明、准确适用。东南亚11个国家隶属于不同法系，其中泰国、老挝、越南、东帝汶属于大陆法系；新加坡、马来西亚、文莱属于普通法系；印度尼西亚的法律虽然受到伊斯兰教会法的影响，但其整体偏向以成文为特征的大陆法系；菲律宾、柬埔寨、缅甸由于历史原因，其法律制度明显地受到大陆法系和英美法系的双重影响，是大陆法系和英美法系的混合体。不同法系国家的法律分类、法律术语、法律表现形式等差异较大，同一纠纷在不同国家之间的解决途径各异，增加了国际贸易法律风险。

中国—东盟贸易规模30余年扩大100余倍，从1991年的不足80亿美元增长到2023年的9117亿美元。自2009年起，中国连续15年成为东盟第一大贸易伙伴，东盟连续4年保持我国第一大贸易伙伴地位。2024年前4个月，我国与东盟贸易额达3069亿美元，同比增长4.8%，东盟继续保持我国第一大贸易伙伴地位。东盟同样是四川省极为重要的贸易伙伴，2024年前4个月，四川对东盟、美国、欧盟前三大贸易市场分别进出口708.4亿元、534.6亿元、523.3亿元，分别增长39.4%、17.6%、24.2%。就贸易增速而言，对东盟持续强劲增长。2022年1月1日《区域全面经济伙伴关系协定》

（RCEP）正式生效，使四川与东盟国家贸易互动深化，带动了新一轮产业升级。随着与东南亚区域贸易额的持续攀升，外向型企业常常因不懂法、不重视法、不合理运用当地法律法规而出现“水土不服”，国际贸易又比国内贸易风险高、救济难，企业在遇到法律争端进行海外诉讼及仲裁时也没有能力选择和适用最优的争端解决途径，维护自身权益。因此，全面了解东南亚各国所涉国际条约和国别法律对于防范外贸风险、促进双边贸易具有重要的现实意义。

与东南亚进行贸易时不仅要了解国别法，也要了解国际条约、公约及协定，清楚东南亚各国加入的国际条约，才能在解决纠纷时更好地适用准据法。例如，在国际货物买卖合同签订方面，新加坡、越南、老挝加入了《联合国国际货物销售合同公约》（CISG）。在海运方面，新加坡为《海牙—维斯比规则》缔约国，故中国与东盟间散货运输提单，除在新加坡签发，或从其港口起运外，不存在相关国际公约强制适用情况，而需要根据提单的首要条款判断提单适用何种国际条约。在争议解决方面，从双边司法协助来看，在东盟11国中，中国仅与新加坡签订有涉及商事类的双边司法协助条约，但该双边条约中并没有规定新加坡法院与中国法院判决的承认与执行问题。从国际仲裁来看，东盟11国均是《纽约公约》的缔约国。在国际商事调解方面，东盟11国中仅有新加坡是《新加坡调解公约》生效缔约国。在区域经贸合作方面，新加坡、马来西亚、文莱、越南四个国家加入了《全面与进步跨太平洋伙伴关系协定》（CPTPP），除东帝汶外，东盟10国均为RCEP缔约国。我国已明确表示积极推动申请加入CPTPP，但CPTPP纳新需所有成员国一致同意，因此推动与东盟国家的经贸合作有利于对标CPTPP的高标准贸易规则，推动国内改革，也有利于在申请加入时得到东盟国家的支持。

总体而言，东南亚法律体系相对完整，但有一些国家法律制度不够健全，国家之间法律政策差异较大，有些法律规定不够明确，如果没有做好前期准备，很有可能遇到贸易纠纷，增加交易风险。东盟11国中，新加坡外贸法律规则对各种违法行为有明确严厉的处罚，国际运输发达便利，税种少、税率低、税收优惠多，有着优越的营商环境。新加坡与中国均为1958年《纽约公约》缔约国，且自1999年生效的《中华人民共和国和新加坡共和国关于民事和商事司法协助的条约》也对两国在民事和商事方面互相承认与执行仲裁裁决的司法协助范围进行了明确规定。因此，对于国际仲裁裁决的相互承认与执行问题，两国之间存在有效的依据，是中国与新加坡以国际仲裁途径解决跨境商事争议的重要优势所在。新加坡又是首个《新加坡调解公约》的生效国家，也是东盟国家中唯一的缔约国，可以说，新加坡一直走在国内商事调解以及国际商事调解制度的最前沿。虽然《新加坡调解公约》对中国尚未生效，但基于国际商事调解制度的迅速发展，我们对于独立的国际商事调解制度的发展持有积极态度。

马来西亚、泰国、文莱、越南、印度尼西亚、菲律宾外贸法律规则较为健全，争议解决制度比较完善，营商环境较好。以上国家与中国之间对于跨境商事争议的法院判决的承认与执行没有国际公约和互惠原则的依据。因此，我国与以上国家的跨境商事争议大多只能以传统的诉讼途径解决，一国法院的判决较难在另一国得到承认与执行。但是以上国家均加入了《纽约公约》，且国内仲裁制度较为成熟，仲裁体系完善，与国际仲裁接轨，中国与这些国家之间的国际仲裁裁决可以得到承认和执行。

老挝、柬埔寨、东帝汶、缅甸四个国家法律体系薄弱，法治相对滞后，但上述国家都是《纽约公约》的缔约国，可优先选择国际商事仲裁程序解决国际贸易纠纷。

第三编　东南亚国别贸易法律

第一章　马来西亚篇

马来西亚（Malaysia）地处东南亚中心地带，连接海上东盟和陆上东盟，扼守马六甲海峡，是进入东盟市场和前往中东、澳新的枢纽，地理位置优越。

马来西亚于1974年同中国建交。当前，两国在进出口贸易方面的合作持续走深落实。截至2023年，中国连续15年成为马来西亚最大贸易伙伴，同时也是其第一大进口来源地。此外，马来西亚是世界贸易组织（WTO）、亚太经济合作组织（APEC）、国际货币基金组织（IMF）、《区域全面经济伙伴关系协定》（RCEP）等多个国际经济组织成员，是亚洲基础设施投资银行（亚投行，简称AIIB）的创始成员。

在国内法治方面，马来西亚系判例法国家，法律渊源主要包括普通法、成文法规、习惯法和本土法、伊斯兰教法以及国际法。马来西亚法院体系包括联邦法院（最高法院）、上诉法院、高等法院、地方法院、治安法院和各类专门法庭等。马来西亚实行三审终审制度，一般情况下，争议纠纷在上诉法院就彻底解决，极少数案件可以上诉至联邦法院。

本章从以下六个方面介绍马来西亚参与国际条约的基本状况及相关国内法情况：

第一，国际货物买卖合同：马来西亚未加入《联合国国际货物销售合同公约》（CISG），可适用马来西亚《1950年合同法令（1974年修订）》。

第二，国际货物运输：

1. 海/水上运输：马来西亚尚未加入《海牙规则》《海牙—维斯比规

则》《汉堡规则》，以上条约对其不具有强制适用效力。

2. 铁路运输：马来西亚未加入《国际铁路货物联运协定》（SMGS）和《国际铁路货物运输公约》（CIM）。

3. 航空运输：马来西亚于1970年继承《华沙公约》，公约于1963年对其生效;《海牙议定书》于1974年对其生效；于2008年加入《瓜达拉哈拉公约》，公约于同年对其生效；于2007年加入《蒙特利尔公约》，公约于2008年对其生效。

4. 多式联运：目前,《联合国国际货物多式联运公约》尚未生效，马来西亚亦未加入该公约。马来西亚国内暂无多式联运专门法律法规，可适用马来西亚《2020年海上货物运输法》《1991年铁路法案》《1974年航空运输法》等。

第三，国际货物运输保险：马来西亚尚无统一的国际保险条约，1996年《保险法案》现行有效。

第四，国际贸易支付：

1. 国际托收：ICC《托收统一规则》（URC522）是托收关系的主要法律依据。

2. 信用证支付：ICC《跟单信用证统一惯例》（UCP600）和《关于审核跟单信用证项下单据的国际标准银行实务》（ISBP745）是信用证领域的主要法律依据。

3. 国际保理：马来西亚尚未加入《国际保理公约》和《联合国国际贸易应收款转让公约》。

第五，进出口通关：马来西亚于1957年加入世界贸易组织（WTO），于2015年向WTO递交了《贸易便利化协定》（TFA）的接受文书。2022年3月18日,《区域全面经济伙伴关系协定》（RCEP）对马来西亚生效。

第六，纠纷解决：

1. 国际商事仲裁：马来西亚于1985年11月加入《纽约公约》，1986年2月公约对其生效，并作出“互惠保留”和“商事保留”。

2. 国际商事调解：马来西亚于2019年签署《新加坡调解公约》，但尚未批准加入。

3. 民事诉讼：马来西亚尚未加入2005年《选择法院协议公约》和2019

年《承认与执行外国民商事判决公约》。马来西亚与中国不存在互相承认对方司法判决的司法协助机制。在国内层面可适用马来西亚《2018年上诉法院规则》《1964年法院审判条例》《1948年下级法院条例》等。

一、国际货物买卖合同

（一）法律适用

1. 国际层面：中国为《联合国国际货物销售合同公约》（CISG）缔约国，但马来西亚非CISG缔约国。根据CISG规定，若根据国际私法规则导致适用缔约国法律，则也应当适用CISG。但由于中国对CISG第1条第1款b项作出了保留，只对双方的营业地所在国均为缔约国的当事人之间订立的国际货物销售合同才适用CISG。因此，若双方约定适用中国法，仍应当适用中国法律。此外，即使马来西亚不是缔约国，若当事人明确选择CISG调整案涉争议，我国法院也可根据当事人的选择适用CISG，这一选择可以被视为当事人将CISG作为双方订立合同的内容。

2. 国别层面：可选择适用我国《民法典》或马来西亚《1950年合同法令（1974年修订）》。

（二）核心法律义务

1. 卖方义务：（1）交货义务：合同约定的时间内交货；（2）交单义务：按照合同约定的时间、地点和方式移交单据；（3）货物相符：卖方应保证其交付的货物品质、数量和规格与合同约定相符；（4）权利担保：卖方保证对其出售的货物享有完全的所有权或处分权，并承担知识产权担保义务。

2. 买方义务：（1）按照合同约定支付货款；（2）接收货物；（3）检验货物：在目的地或转运目的地及时检验。

（三）常见法律问题

1. 交货数量不符合合同要求。[①]
2. 货物包装不符合合同要求。[②]
3. 货物规格不符合合同要求。[③]
4. 卖方违反知识产权担保义务。[④]
5. 买方未按合同要求付款。[⑤]
6. 风险的转移与所有权的转移。[⑥]

---

① 少交货物时，买方可以要求卖方补齐不足部分或者赔偿损失；多交货物时，买方有权拒绝收取多交的货物。提请注意如果交货数量与合同不符导致单证不符，卖方有遭到银行拒付的风险。此外，交货数量与合同不符还会给货物顺利通关过境带来风险。

② 注意卖方提供的包装是否足以保全和保护货物的安全以避免货物损坏，同时关注包装是否违反进口国的法律规定或者是否含有贬损进口国某些民族风俗习惯的图案或文字。

③ 卖方交货规格低于合同的要求是明显的违约行为，在某些情况下卖方交货规格高于合同的要求，在货物办理进出口手续时有可能要多缴关税；此外，交货规格与合同不符，可能造成货物通关时被认定为“货证不符”。

④ 卖方承担的知识产权担保义务及于两个地方：买方营业地和合同预期的货物转售或使用地。

⑤ 参见“国际货物贸易支付”部分。

⑥ （1）关于合同中有运输条款的货物买卖的风险转移。若合同没有明确交货地点，卖方货交第一承运人后，货物风险转移至买方；若合同明确了交货地点，卖方在该特定地点货交承运人后，货物风险转移至买方；若卖方有义务将货物特定化，在该特定化工作完成之前，风险不能转移给买方。参见CISG第67条。

（2）关于在运输中销售的货物的风险转移，自买卖合同成立时起转移给买方。但若情况表明有此需要，风险自货物交付给签发载有运输合同单据的承运人时起即转移给买方，但这种情况须以卖方在订立合同时不知道货物已灭失或损坏为限。参见CISG第68条。

（3）针对不属于CISG第67—68条规定情形，如在卖方营业地，或卖方营业地以外的地点交货，此时的风险从货物交由买方处置但其不收取货物从而违反合同时起转移给买方。若买方有义务在卖方营业地以外的某一地点接收货物，当交货时间已到而买方知道货物已在该地点交给他处置时，风险方始移转。如果合同指的是当时未加识别的货物，则这些货物在未清楚注明有关合同以前，不得视为已交给买方处置。参见CISG第69条。

7. 买方未合理地接收货物。[①]

（四）提示与建议

1. 建议审查主体是否适格，明确企业是否具有进出口经营权，并核实签约主体、签约人资格。

2. 谨慎约定品质条款，对因技术复杂、内容繁多的产品，可单独在合同附件中约定品质条款，并注明是合同的组成部分。

3. 制定明确、详细的检验条款，在进出口合同中避免使用同一检验条款，并约定由独立第三人进行检验。

4. 争议发生后要重视固定证据以保障企业权益。

二、国际货物运输

A. 海/水上运输

（一）法律适用

1. 国际层面：调整海/水上运输的国际公约有《海牙规则》《海牙—维斯比规则》《汉堡规则》《鹿特丹规则》。马来西亚尚未加入以上公约，不具有强制适用效力，但当事人可选择适用。《鹿特丹规则》尚未生效，不建议当事人选择。

2. 国别层面：可约定适用我国《民法典》《海商法》，也可约定适用马来西亚《2020年海上货物运输法》《2011年商船（修订和扩展）法》。

（二）核心法律义务

1. 承运人义务：（1）适航义务，使船舶在开航前和开航时处于适航状态；（2）管理货物；（3）不得进行不合理绕航；（4）依约签发提单。

2. 托运人义务：（1）支付运费；（2）妥善包装货物；（3）办理相关手续。

---

① 买方不能因货物的质量问题而拒绝接收货物，同时，应按时提取货物，未按时提取货物而扩大的损失或产生的费用由买方承担。

（三）常见法律问题

1. 承运人承担适航义务的时间。[①]

2. 对承运人的索赔。

3. 承运人不承担赔偿责任的情形。[②]

4. 对承运人的责任限制。

（四）提示与建议

1. 在合同约定适用中国准据法时，应注意国内水路货物运输纠纷诉讼时效。[③]

2. 建议选择经验丰富的船运公司。

3. 谨慎核查提单表面，保持与合同的一致性。

B. 铁路运输

（一）法律适用

1. 国际层面：马来西亚不是《国际铁路货物运输公约》[④]（CIM）的参加国，也未加入《国际铁路货物联运协定》[⑤]（SMGS），无法适用该公约和协定。

---

① 适航义务并不要求承运人承担在整个运输期间的船舶适航义务，仅限于开航前和开航时。

② 承运人能够证明货物的损坏或未交付是由于：货物本身性质导致的；承运人无法控制的不可预见事件造成的；货物缺陷或托运人的过错造成的。

③ 根据《最高人民法院关于如何确定沿海、内河货物运输赔偿请求权时效期间问题的批复》规定，“托运人、收货人就沿海、内河货物运输合同向承运人要求赔偿的请求权，或者承运人就沿海、内河货物运输向托运人、收货人要求赔偿请请求权，时效期间为一年，自承运人交付或者应当交付货物之日起计算”。

④《国际铁路货物运输公约》要求国际铁路货物运输的发站国与到站国都是公约的缔约国，或者如果发站国与到站国有一国是《国际铁路货物运输公约》的缔约国，并且运输合同双方当事人协商一致适用《国际铁路货物运输公约》，这种情况下《国际铁路货物运输公约》也会被适用。

⑤《国际铁路货物联运协定》规定适用公约的情形是国际铁路货物运输的发站国与到站国都是公约的缔约国。

2. 国别层面：可以约定适用我国《铁路法》和中欧班列规则，也可以约定适用马来西亚《1991年铁路法案》。

（二）核心法律义务

1. 承运人义务：（1）运输货物①；（2）管理货物②；（3）通知义务③。

2. 托运人义务：（1）如实填报托运单④；（2）按要求包装、标记货

---

① 铁路运输企业应当按照合同约定的期限或者国务院铁路主管部门规定的期限，将货物、包裹、行李运到目的站；逾期运到的，铁路运输企业应当支付违约金。铁路运输企业逾期30日仍未将货物、包裹、行李交付收货人或者旅客的，托运人、收货人或者旅客有权按货物、包裹、行李灭失向铁路运输企业要求赔偿。参见中华人民共和国《铁路法》第16条。

② 铁路运输企业应当对承运的货物、包裹、行李自接受承运时起到交付时止发生的灭失、短少、变质、污染或者损坏，承担赔偿责任：（1）托运人或者旅客根据自愿申请办理保价运输的，按照实际损失赔偿，但最高不超过保价额。（2）未按保价运输承运的，按照实际损失赔偿，但最高不超过国务院铁路主管部门规定的赔偿限额；如果损失是铁路运输企业的故意或者重大过失造成的，不适用赔偿限额的规定，按照实际损失赔偿。托运人或者旅客根据自愿可以向保险公司办理货物运输保险，保险公司按照保险合同的约定承担赔偿责任。托运人或者旅客根据自愿，可以办理保价运输，也可以办理货物运输保险；还可以既不办理保价运输，也不办理货物运输保险。不得以任何方式强迫办理保价运输或者货物运输保险。参见中华人民共和国《铁路法》第17条。

③ 自铁路运输企业发出领取货物通知之日起满30日仍无人领取的货物，或者收货人书面通知铁路运输企业拒绝领取的货物，铁路运输企业应当通知托运人。参见中华人民共和国《铁路法》第22条。

④ 托运人应当如实填报托运单，铁路运输企业有权对填报的货物和包裹的品名、重量、数量进行检查。经检查，申报与实际不符的，检查费用由托运人承担；申报与实际相符的，检查费用由铁路运输企业承担，因检查对货物和包裹中的物品造成的损坏由铁路运输企业赔偿。托运人因申报不实而少交的运费和其他费用应当补交，铁路运输企业按照国务院铁路主管部门的规定加收运费和其他费用。参见中华人民共和国《铁路法》第19条。

物[①]；（3）处理无人收货的义务[②]。

3. 收货人义务[③]：（1）按照合同支付运费；（2）验收货物。

（三）常见法律问题

1. 发货人的身份识别。[④]

2. 货损索赔。[⑤]

3. 托运人对运单真实性负责。[⑥]

---

① 托运货物需要包装的，托运人应当按照国家包装标准或者行业包装标准包装；没有国家包装标准或者行业包装标准的，应当妥善包装，使货物在运输途中不因包装原因而受损坏。铁路运输企业对承运的容易腐烂变质的货物和活动物，应当按照国务院铁路主管部门的规定和合同的约定，采取有效的保护措施。参见中华人民共和国《铁路法》第20条。

② 自铁路运输企业发出领取货物通知之日起满30日仍无人领取的货物，或者收货人书面通知铁路运输企业拒绝领取的货物，铁路运输企业应当通知托运人，托运人自接到通知之日起满30日未作答复的，由铁路运输企业变卖；所得价款在扣除保管等费用后尚有余款的，应当退还托运人，无法退还、自变卖之日起180日内托运人又未领回的，上缴国库。参见中华人民共和国《铁路法》第22条。

③ 货物、包裹、行李到站后，收货人或者旅客应当按照国务院铁路主管部门规定的期限及时领取，并支付托运人未付或者少付的运费和其他费用；逾期领取的，收货人或者旅客应当按照规定交付保管费。参见中华人民共和国《铁路法》第21条。

④ 如果运单载明的主体确为货运代理身份，应认定货物权利人为运单发货人，进而其有权向运单缔约承运人索赔；如果运单载明的主体与货物权利人之间是运输合同关系，货物权利人必须在得到运单记载“发货人”配合的情况下才能向承运人主张代理关系，进而认定自己为运单下的“发货人”。

⑤《国际铁路货物联运协定》明确规定“提出相应赔偿请求后，才可提起诉讼，且只可对受理赔偿请求的承运人提起诉讼”，即提赔是诉讼的前置条件，国内就有法院以原告未在诉讼前向被告提出索赔为由驳回诉请［（2013）杭铁民初字第4号］。

⑥ 托运人应对其在运单中陈述的内容的真实性负责，因记载和声明的事项错误，或未将应填报的事项记入运单而给承运人造成损失的，托运人应该承担责任。

（四）提示与建议

1. 在填写运单时认真识别发货人身份。[①]

2. 商务记录为《国际铁路货物联运协定》下货损索赔的核心证据[②]，应完好留存。

3. 注意索赔前置条件和时效。

4. 适用马来西亚准据法时高度注意合同具体条款。[③]

C. 航空运输

（一）法律适用

1. 国际层面：中国和马来西亚均是《华沙公约》《海牙议定书》《瓜达拉哈拉公约》《蒙特利尔公约》的成员国，因此可以直接适用该系列公约。

2. 国别层面：由于上述公约均为强制适用，因此当事人无法选择适用其他法律。

（二）核心法律义务

1. 承运人义务：（1）合法运输货物；（2）对货物进行安检或采取必要安保措施；（3）妥善保管货物。

2. 托运人义务：（1）合法托运货物；（2）依法填写、签发航空货运单证；（3）妥善包装货物；（4）支付运费和其他费用。

---

① 运单发货人的名称处常会被记录为货代或有关的运输企业的名称，而在名称下又填入货物权利人的地址，这时如何认定发货人的身份就会存在争议。

② 《国际铁路货物联运协定》第37条第2项规定，“对于承运人负有责任的货物灭失、短少、毁损（腐坏）情况，应以商务记录作为证明”，实践中不乏因为该文件的缺失导致索赔失败。

③ 马来西亚主要的铁路运输公司（马来亚铁路公司）不是一家公共承运人，且根据自己的标准条款和条件签订合同，因此必须查看合同条款来处理货物责任问题。

（三）常见法律问题

1. 托运人运费支付。[①]

2. “航空运输期间”不同。[②]

3. 不同公约下对承运人责任的规定与限制不同。[③]

（四）提示与建议

1. 空运托运单不是物权凭证，仅是航空货物运输合同的证明。

2. 建议根据货物属性选择合适的贸易术语。[④]

D. 多式联运

（一）法律适用

1. 国际层面：适用《联合国国际货物多式联运公约》《国际商会多式联运单证统一规则》《联合国贸易和发展会议/国际商会多式联运单证规则》。[⑤]

2. 国别层面：可以约定适用我国《民法典》《海商法》《民用航空法》

---

①（1）买卖合同确立的运费支付义务不能直接对抗运输合同确立的运费支付义务；（2）有确实证据证明运输合同中的托运人不是买卖合同中的卖方，则卖方不承担运费支付义务。

② 包括货物在承运人保管下的整个期间，不论在航空站内、在航空器上或在航空站外降停的任何地点，即“接到交”期间。

③ 《华沙公约》为不完全过失责任制，保留了航行过失免责；而《蒙特利尔公约》为完全过失责任制。2019年，国际民航组织对1999年《蒙特利尔公约》责任限额作出了修改，自2019年12月28日起实行经修改的限额。详见https://www.icao.int/secretariat/legal/LEB%20Treaty%20Collection%20Documents/2019_Revised_Limits_of_Liability_Under_the_Montreal_Convention_of_1999_zh.pdf，2024年5月16日访问。

④ 高新技术企业空运出口建议选择C组贸易术语，进口建议选择F组贸易术语；对于紧急运输的货物，空运方式是首选。

⑤ 目前，《联合国国际货物多式联运公约》尚未生效，我国和马来西亚并未加入该公约，该公约的签署、加入状况参见https://treaties.un.org/Pages/ViewDetails.aspx?src=TREATY & mtdsg_no=XI-E-1&chapter=11&clang=_en，2024年5月15日访问。《国际商会多式联运单证统一规则》是一项国际惯例，供当事人自愿采纳。《联合国贸易和发展会议/国际商会多式联运单证规则》是一个供国际货物多式联运当事人选择适用的规则。

或马来西亚《2020年海上货物运输法》《2011年商船（修订和扩展）法》《1991年铁路法案》《1974年航空运输法》。

（二）核心法律义务

1. 多式联运经营人义务：（1）对全程运输承担承运人义务；（2）签发多式联运单据；（3）确保货物交付。

2. 发货人义务：（1）保证义务；（2）遵守危险性货物的强制性规则。

（三）常见法律问题

1. 适用传统运输中的哪种法律制度来确定多式联运经营人责任。

2. 货代和港口经营人是否具有多式联运经营人主体身份。

3. 多式联运承运人承担赔偿责任的诉讼时效。

（四）提示与建议

在我国和马来西亚均未加入《联合国国际货物多式联运公约》的情况下，建议在交易中选择我国法律作为准据法。

三、卖方交付货物（国际贸易术语适用）

A. EXW——工厂交货（指定地点）

（一）基本含义

EXW全称为“Ex Works”，意为“工厂交货（指定地点）”。卖方在其所在地或其他指定的地点（如工场、工厂或仓库）将货物交给买方处置时，即完成交货，卖方不办理出口清关手续或将货物装上任何运输工具。该术语下是卖方承担责任最小，买方必须承担在卖方所在地受领货物的全部费用和风险。该术语适用于所有运输方式。

（二）核心法律义务

1. 卖方义务：（1）交货义务：卖方在卖方场所提供包装好的货物，即视为完成了交货义务；（2）交单义务：提供商业发票和运输单据或具有同等效力的电子数据交换信息；（3）查对、包装、标记义务：卖方必须支付为了将货物交给买方处置所需进行的查对费用以及卖方在订立合同前已知的有关该货物运输所要求的包装（除非按照相关行业惯例，合同所指货物通常无须包装），包装应作适当标记；（4）承担交货前的风险和费用。

2. 买方义务：（1）受领货物的义务；（2）办理出口清关手续；（3）办理进口清关手续；（4）安排运输：买方自行订立运输合同安排货物运输；（5）进行投保的义务；（6）风险承担：负担自卖方交付货物之后的一切费用和风险。

（三）常见法律问题

1. 如果在EXW后并未明确写明指定交货点，且有不止一个交付点可供使用时，卖方可以选择对其来说最方便的交付点。

2. 卖方不需要将货物装上任何前来接收货物的运输工具。

3. 该术语下风险和费用通常一起转移，风险提前转移的前提是货物已经完成“特定化”，即在货物包装上完成标记。

B. FCA——货交承运人（指定地点）

（一）基本含义

FCA全称为“Free Carrier”，意为“货交承运人（指定地点）”。卖方只要将货物在其所在地或指定交货地点交给买方指定的承运人，即完成交货。FCA要求在需要办理海关手续时由卖方负责货物出口清关。然而，卖方并没有义务办理货物进口清关、负担任何进口关税或办理任何进口海关手续。该术语适用于各种运输方式，包括多式联运。

（二）核心法律义务

1. 卖方义务：（1）交货义务：将货物在其所在地或指定交货地点交给买方指定的承运人即完成了交货义务；（2）办理出口清关手续；（3）风险承担：承担将货物交给承运人之前的一切费用和风险；（4）交单义务：提供商业发票和运输单据或具有同等效力的电子数据交换信息。

2. 买方义务：（1）办理进口清关手续；（2）签订从指定地点承运货物的合同，支付有关的运费，并将承运人名称及有关情况及时通知卖方；

（3）风险承担：承担货物交给承运人之后所发生的一切费用和风险；（4）根据买卖合同约定受领货物并支付货款。

（三）常见法律问题

1. INCOTERMS2020下FCA被修改为允许双方约定由买方指示承运人向卖方签发装船提单。①

2. 该术语下一般由买方自行订立从指定的地点承运货物的合同，但如果买方有要求，并由买方承担风险和费用的情况下，卖方也可以代替买方指定承运人并订立运输合同，但卖方也可以拒绝，如果拒绝应立即通知买方，以便买方另行安排。

3. 根据指定交货地点的不同，货物完成交付的时点的认定有所不同。②

4. 根据指定交货地点的不同，卖方的装货、卸货义务有所不同。③

---

① 卖方为了结汇需要已装船提单，而在此之前卖方已在其所在地货交承运人。为解决该问题，INCOTERMS2020设计了可选机制，对FCA进行了相应修订：交易双方可以同意，买方将指示其承运人在将货物装上船前，向卖方签发并交付提单。

② 其一，若指定交货地点为卖方所在地，交货时点为货物装上买方的运输工具之时。其二，若指定交货则地点为卖方所在地的另一地点，交货时点则为：货物已抵达该指定地点，已做好从卖方运输工具上卸载的准备，且交由买方指定的承运人或其他人处置时。因此建议当事人明确约定指定交货地，若未指明交货地，卖方有权选择“最适合卖方目的”的地点为交货地，风险和费用从该地开始转移至买方。

③ 其一，若指定交货地点为卖方所在地，则卖方应负责装货。其二，若指定交货地点为卖方所在地的另一地点，卖方做好在自己运输工具卸货的准备且交由买方指定的承运人或其他人处置即可，没有将货物从自己的运输工具上卸下的义务。

四、国际货物运输保险

（一）法律适用

1. 国际层面：目前尚未有统一的国际保险条约，实务中适用当事人与保险公司订立的格式保险合同。

2. 国别层面：可以选择适用我国《保险法》及中国人民保险公司制定的海洋、陆上、航空运输货物保险条款[①]，也可约定适用马来西亚1996年《保险法案》。

（二）核心法律义务

1. 保险人义务：（1）出具保险单证；（2）支付保险赔偿金。

2. 被保险人义务：（1）支付保险费；（2）如实告知义务[②]；（3）通知义务；（4）采取必要措施的义务[③]。

（三）常见法律问题

1. 保险单的生效日期应不晚于提单签发日期。

2. 如果损失是因铁路运输企业的故意或者重大过失造成的，不受保价额的限制，按照实际损失赔偿。

3. 海洋、陆上、航空运输货物保险的责任范围、除外责任、责任期

---

① 国际上没有统一的货物运输保险法，一般通过各国国内法和当事人订立的保险合同确定权利义务。《英国伦敦保险协会海运货物保险条款》《美国协会货物保险条款》是通常适用的国际海上货物运输保险惯例，规定了保险规则、险别等。

② 保险合同订立前，被保险人应当将其知道的或者在通常业务中应当知道的有关影响保险人据以确定保险费率或者确定是否同意承保的重要情况，如实告知保险人。

③ 一旦保险事故发生，被保险人应当立即通知保险人，并采取必要的合理措施，防止或者减少损失。

间、索赔时效。[①]

（四）提示与建议

1. 在国际货物贸易中，由哪一方负责投保，取决于交易所使用的贸易术语和合同约定。

2. 建议投保短期出口贸易信用保险以分散风险。[②]

3. 在投保时注意投保单、保险单中对除外责任、纠纷先决条款等格式条款的约定。

五、国际货物贸易支付

A. 托收

（一）法律适用

1. 国际层面：ICC《托收统一规则》（URC522）是托收关系的主要法律依据，通常情况下，银行会选择适用该规则。

2. 国别层面：由于我国未对托收作出专门的法律规定，《托收统一规

---

① 1. 海洋运输货物保险：（1）责任范围：平安险、水渍险、一切险。（2）除外责任：除外责任包括保险人的故意行为或过失所造成的损失；属于发货人责任引起的损失；保险责任开始前，被保险货物已存在品质不良或数量短差所造成的损失等（参见中国人民保险公司海洋运输货物保险条款第2条）。（3）责任期间："仓至仓"条款。（4）索赔时效：2年，自被保险货物在最后卸货港全部卸离运输工具后起算。

2. 陆上运输货物保险：（1）责任范围：陆运险和一切险；（2）除外责任：参见中国人民保险公司陆上运输货物保险条款（火车、汽车）第2条；（3）责任期间："仓至仓"条款；（4）索赔时效：2年，从被保险货物在最后目的地车站全部卸离车辆后起算。

3. 航空运输货物保险：（1）责任范围：航空运输险和航空运输一切险；（2）除外责任：参见中国人民保险公司航空运输货物保险条款第2条；（3）责任期间："仓至仓"条款；（4）索赔时效：2年，从被保险货物在最后卸货地卸离飞机后计算。

② 短期出口贸易信用保险一般保障信用期限在一年以内的出口收汇风险，承保风险包括买方破产、拖欠、拒收等商业风险和贸易管制、外汇管制、战争等政治风险。

则》作为国际贸易结算中的国际惯例在国际贸易实践中获得了广泛承认和普遍适用，现已成为我国法院解决此类纠纷的主要依据；也可以约定适用我国《支付结算办法》或马来西亚《2013金融服务法令》等法律。

（二）核心法律义务

1. 付款人义务：履行付款义务，不得无故延迟付款或拒付。

2. 委托人义务：（1）明确指示；（2）及时指示，当银行将发生的意外情况通知委托人时，委托人必须及时指示，否则因此而发生的损失由委托人自行负责；（3）支付费用。

3. 银行义务：（1）及时收款与转款义务，若买方拒付则无须履行付款义务；（2）通知义务：及时向卖方通知买方拒付的情况。

（三）常见法律问题

1. 托收中存在银行免责情形[①]，可能产生银行与外商相互串通而损害另一方的后果。

2. 注意区分付款交单（D/P）与承兑交单（D/A）两种结算方式。对卖方而言，承兑交单风险大于付款交单。

（四）提示与建议

国际贸易中，如果选择托收，建议选用付款交单（D/P）结算方式。大额出口业务建议采用信用证和托收相结合方式，切忌采用承兑交单（D/A）结算方式。

B. 信用证

（一）法律适用

1. 国际层面：《跟单信用证统一惯例》（UCP600）和《关于审核跟单信用证项下单据的国际标准银行实务》（ISBP745）是信用证领域的主要法律依据，通常情况下，银行会选择适用该规则。

---

① 银行对单据的实质、传递延误或遗失、不可抗力、货物、票据、被指示方的行为免责。

2. 国别层面：可以约定适用我国《最高人民法院关于审理信用证纠纷案件若干问题的规定》或马来西亚《2013金融服务法令》等相关法律。目前，在我国对外经济贸易业务中，如采用跟单信用证的支付方式，我国银行一般以《跟单信用证统一惯例》作为主要依据办理业务。

（二）核心法律义务

1. 开证申请人义务：（1）申请开立信用证；（2）缴付押金、担保及相关费用；（3）及时付款赎单；（4）承担第二付款责任，向受益人付款。

2. 受益人义务：（1）按信用证规定装货、制单、交单；（2）做到“货约一致、单货一致、单证一致、单单一致”；（3）赔偿责任。

（三）常见法律问题

1. 开证行援引免责情形[①]而导致卖方无法获得相应款项。

2. 进口商不申请开证或迟延开证。

3. 进口商伪造信用证。[②]

4.“软条款”信用证。[③]

5. 伪造单据。

---

① 开证行对单据的实质、传递延误或遗失、不可抗力、买卖合同的实际履行状况免责。

② 伪造信用证的情形包括：一是进口商故意伪造或冒用银行名义开立信用证；二是进口商伙同资信不良的银行开立信用证。

③ 常见的“软条款”有：（1）以本国法律干预信用证业务，如信用证规定审核标准，除了《跟单信用证统一惯例》外，还有进出口国法律；（2）陷阱条款，如进口商修改信用证意思不够明确，造成出口方误解。

6. 以保函换取与信用证相符的提单。[①]

7. 信用证欺诈例外原则。[②]

（四）提示与建议

1. 建议选择资信良好的开证行。

2. 选择适当的信用证类型。[③]

3. 出口企业应高度关注三个日期：最迟装运日、信用证截止日和交单截止日，逾期可能会导致银行拒付。

4. 审慎对待信用证中的“软条款”，建议少用或不用。

---

① 以保函换取与信用证相符的提单主要有倒签提单、预借提单及凭保函换取清洁提单。

（1）倒签提单是货物装船的日期晚于信用证规定的装船日期，但仍按信用证规定的日期签署装船日期的提单。（2）预借提单是在货物实际装船完毕前签发的，并将当天的日期记载于提单签发日期栏内。倒签提单和预借提单均属于欺诈行为。（3）凭保函换取清洁提单通常情况下也属于欺诈行为，但在特殊情形下，在没有欺诈意图的情况下，由于客观条件所限，承托双方就货物的数量、重量或包装等问题存在认识上的分歧，又无法对所装运的货物的实际数量进行再核实，此时凭保函签发清洁提单是商业习惯允许的变通做法，司法实践中已有案例承认了此种善意保函的效力。此时承运人仍对货损货差向收货人承担责任，但有权依有效的保函向托运人追偿。

② 信用证以独立于买卖合同为原则，但也有例外。若在银行对卖方提交的单据付款或承兑之前，发现或获得确凿证据，证明卖方确有欺诈行为，买方可请求法院向银行颁发禁止令，禁止银行付款。

③ 出口企业应当结合买卖双方的需求及合同货物的特征，选择适当的信用证类型。如果出口企业注重自身交单的便利性，可以考虑可议付信用证，就近指定议付行。如果买方有融资的需要，或者货物的生产周期较长，可以考虑远期信用证，分期交单付款，但要尽量压缩尾款的比例，以降低货款回收的风险。

C. 国际保理

（一）法律适用

1. 国际层面：现行的主要规则依据包括《国际保理公约》[①]、《国际保理业务惯例规则》、《联合国国际贸易应收款转让公约》[②]。马来西亚和中国均未加入国际统一私法协会1988年《国际保理公约》和联合国国际贸易法委员会2001年《联合国国际贸易应收款转让公约》。国际保理商联合会（FCI）的《国际保理业务惯例规则》作为国际惯例，是保理行业的主要法律依据，通常情况下保理商会选择适用该规则。

2. 国别层面：可以约定适用我国《民法典》有关保理合同的规定或马来西亚《1950年合同法令》。

（二）核心法律义务

1. 债务人（买方）义务：承诺向保理商履行付款的义务，但买方可以根据基础合同约定的付款抗辩条件对抗保理商的付款请求权。

2. 供应商（卖方）义务：（1）向债务人履行通知义务；（2）转让应收账款；（3）接受出口保理商的再转让；（4）支付约定的费用和利息。

（三）常见法律问题

1. 买方付款条件：债务人向保理商的付款义务以供应商的通知义务的履行为前提。

2. 卖方可能面临款项被索回与反转让。

3. 信用额度被取消或被缩减。

---

① 《国际保理公约》虽已生效，但中国与马来西亚均未加入，条约现状可参见国际统一私法协会官网：https://www.unidroit.org/instruments/leasing/convention/status，2024年5月15日访问。

② 《联合国国际贸易应收款转让公约》尚未生效，条约现状可参见联合国官网：https://uncitral.un.org/en/texts/securityinterests/conventions/receivables/status，2024年5月15日访问。

（四）提示与建议

作为卖方，应注意以下方面：

1. 尽可能充分了解买方的付款能力及诚信记录。

2. 在签订保理合同时尽量排除“进口保理商有权无条件缩减或撤销信用额度”的规定。

3. 建议选择资信良好、海外机构较多、账务管理严格的国际保理机构。

六、进出口通关

（一）法律适用

1. 国际层面：适用WTO《贸易便利化协定》（TFA）和《区域全面经济伙伴关系协定》（RCEP），其中与中国的贸易关税适用关税减让表的特殊约定。

2. 国别层面：马来西亚进出口贸易相关的法律主要有《1967年海关法》《1977年海关条例》《海关进口管制条例》《海关出口管制条例》《海关估价规定》《植物检疫法》等。

（二）核心法律义务

1. 进口通关需履行下列义务：（1）进行舱单申报；（2）必须从《1977年海关条例》中列明的口岸进口；（3）向海关提供以下文件：海关进口申报、商业发票、提货单、打包清单和原产地证书以及某些进口商品所需的进一步许可；（4）依法缴纳关税。

2. 出口通关需履行下列义务：（1）进行舱单申报；（2）必须从《1977年海关条例》中列明的口岸出口；（3）向海关提供以下文件：提单或托运单、货物的商业发票、银行单证（如信用证等）、货物原产地证书、装箱清单、出口许可证（需要时提供）、相关外汇管制单证等。

（三）常见法律问题

1. 进口通关：（1）货物可能被禁止或限制进口[①]；（2）部分货物进口需申请进口许可证[②]；（3）因检验检疫影响货物进口通关。

2. 出口通关：（1）货物可能被禁止或限制出口[③]；（2）部分货物出口需申请出口许可证[④]；（3）因检验检疫影响货物出口通关。

（四）提示与建议

1. 事先查阅并咨询专业人员货物是否属于被禁止或限制进口或出口类型。

2. 对涉及需申请进口、出口许可证的货物，及时向有关当局申领许可证。

3. 在进口、出口通关前了解并咨询专业人员各项检验检疫程序及具体要求。

七、纠纷解决

A. 国际商事仲裁

（一）管辖机构

1. 亚太区内仲裁机构：中国国际经济贸易仲裁委员会（CIETAC）、中国香港国际仲裁中心（HKIAC）、新加坡国际仲裁中心（SIMC）、巴厘岛国际仲裁与调解中心（BIAMC）、亚洲国际仲裁中心（AIAC）。

---

① 参见马来西亚皇家海关署（http://www.customs.gov.my/en/pages/main.aspx），其中提供了禁止和限制物品的清单。

② 主要包括：农产品、动物（活的或死的）、食品、铁及相关产品、重型设备、车辆（包括摩托车和植物），参见http://www.customs.gov.my/en/tp/pages/tp_ie.aspx。

③ 绝对禁止出口的物品包括龟蛋、来自马来西亚半岛的藤条、当前在任何国家或地区发行的任何纸币、钞票或硬币的复制品等，参见http://www.customs.gov.my/en/tp/pages/tp_ie.aspx。

④ 除家畜或家禽外的任何动物或鸟类，无论是活的还是死的或其任何部分、来自牛的活体动物、家禽等，参见http://www.customs.gov.my/en/tp/pages/tp_ie.aspx。

2. 亚太区外仲裁机构：国际商会仲裁院（ICC）、英国伦敦仲裁院（LCIA）、瑞士苏黎世商会仲裁院（ZCC）、瑞典斯德哥尔摩商会仲裁院（SCC）等。

（二）管辖依据

仲裁机构及纠纷适用的准据法可由当事人选择确定。

（三）法律适用

1. 仲裁程序规则：一般适用管辖案件的仲裁机构的仲裁规则。

2. 案件准据法：由当事人选定或仲裁庭选定案件审理适用的准据法，可以是马来西亚国内法或我国国内法。案件执行阶段，可以适用《承认及执行外国仲裁裁决公约》（《纽约公约》）。

（四）常见法律问题

1. 仲裁协议瑕疵导致仲裁机构选择不当或无效。

2. 仲裁员选择不当、仲裁程序失误、举证不力等导致仲裁败诉。

3. 仲裁前或仲裁程序中，未能对相关财产采取保全措施，仲裁胜诉后，可能无法执行或无法全部执行。

（五）提示与建议

1. 重视纠纷的可仲裁性问题。

2. 建议中方当事人就经贸纠纷优先选择机构仲裁，可以选择国际仲裁机构。

3. 当发现仲裁员与争议有利益关系或与对方当事人有亲属关系等影响公正的情形时，要及时提出异议，维护自身合法权益。

4. 中国与马来西亚都是《纽约公约》缔约国，因此中国和马来西亚的仲裁裁决可以相互承认和执行。在中国申请执行仲裁裁决，需要向其住所地或财产所在地的中级人民法院申请强制执行；在马来西亚，需要向高等法院申请强制执行仲裁裁决。

B. 国际商事调解

（一）管辖机构

1. 亚太区内调解机构：亚太仲裁与调解中心（APCAM）、新加坡国际调解中心（SIMC）、马来西亚调解中心（MMC）、马中商业调解中心（MCBMC）。

2. 国内调解机构：中国国际贸易促进委员会、中国国际商会调解中心（CCPIT）、一带一路国际商事调解中心（BNRMC）、最高人民法院国际商事法庭（CICC）。

（二）管辖依据

管辖权产生的依据为当事人的意思自治。

（三）法律适用

1. 程序规则：可以适用《亚太仲裁与调解中心调解规则（2020版）》《新加坡调解公约》《马来西亚调解中心规则》《马中商业调解中心规则》《国际商会调解与仲裁规则》《一带一路国际商事调解中心调解规则》《最高人民法院国际商事法庭程序规则（试行）》。

2. 案件准据法适用：由当事人选择案件审理适用的准据法，即我国相关国内法或马来西亚相关国内法。

（四）常见法律问题

1. 调解协议须经司法确认才具有强制执行力。[1]

2. 调解员选择不当、调解程序失误、证据可采性等[2]导致调解失败。

3. 启动仲裁或司法程序不能视为对调解协议的豁免或调解程序的终止。

---

① 在我国，调解书具有强制执行力，调解协议须经法院司法确认才具有强制执行力。但根据《新加坡调解公约》规定，和解协议无须经司法确认即可得到执行。

② 以下信息不得作为证据使用：调解员的建议、一方当事人在调解程序中的陈述或承认、仅为调解程序准备的文件等。

（五）提示与建议

1. 申请调解材料的完整性。

2. 当发现调解员与争议有利益关系或与对方当事人有亲属关系等影响公正的情形时，要及时提出异议，维护自身合法权益。

3. 当争议无法通过调解解决时，要及时利用调解—仲裁或调解—诉讼衔接机制，防止纠纷解决的拖延。

C. 民事诉讼

（一）管辖机构

马来西亚法院体系包括联邦法院、上诉法院、高等法院、地方法院、治安法院和各类专门法庭等[①]。诉讼实行三审终审，审理时长一般在1年至2年[②]，但近年法院系统改革中将诉讼时间设定在9个月至1年。

（二）管辖依据

通过马来西亚《联邦宪法》《1964年法院审判条例》《1948年下级法院条例》等确定管辖法院。

（三）法律适用

1. 程序法的适用：适用《联邦宪法》《2018年联邦法院规则》《2018年上诉法院规则》《初等法院司法制度法》《1964年法院审判条例》《1948年下级法院条例》等。

2. 准据法的适用：无法直接适用《承认与执行外国民商事判决公约》[③]，但可以约定适用我国法律或马来西亚法律。

---

① 联邦法院受理来自上诉法院和高等法院判决的上诉，上诉法院受理来自高等法院的上诉，高等法院受理来自低等法院的上诉。

② 高等法院在诉讼开始之日的9个月内处理案件，而治安法院的标准是在诉讼开始之日起的6个月内处理案件。

③ 中国与马来西亚均已签署2019年《承认与执行外国民商事判决公约》，但目前该公约尚未生效，无法直接援引适用。

（四）常见法律问题

1. 判决的承认与执行。①

2. 诉讼时效的限制。②

3. 法律渊源的多样性。③

（五）提示与建议

中方当事人就经济贸易纠纷提交马来西亚法院审理存在一定的风险，需要慎重抉择，包括但不限于：

1. 诉讼审理周期长。马来西亚实行四级法院三审终审制度，其中一审诉讼程序在12月至24个月，审理期限较长，时间成本较高。

2. 承认与执行可能的障碍。中国与马来西亚没有签订互相承认法院判决的条约，一国法院的判决不能在对方国家得到承认与执行。

---

① 由于中国与马来西亚之间不存在互相承认对方司法判决的司法协助机制，共同签署的《承认与执行外国民商事判决公约》也尚未生效，各自无法在对方国家得到承认与执行。

② 马来西亚1953年《时效法》规定合同或侵权行为的诉讼时效为6年，执行判决的时效为12年，但对欺诈行为提起的诉讼没有时效限制。

③ 由于马来西亚曾是英国的殖民地，其法律体系深受英国影响，成文法与判例法在商事活动中均可作为法律渊源，成文法没有明确规定的，判例法可以作补充。

第二章　印度尼西亚篇

印度尼西亚共和国（Republic of Indonesia），简称印尼，位于亚洲东南部，是世界上最大的群岛国家，也是东南亚面积最大的国家。对外贸易在印尼国民经济中占据重要地位。印尼主要出口产品有石油、天然气、纺织品和成衣等，中国已连续多年保持印尼第一大贸易伙伴。近年来，印尼政府采取一系列措施鼓励，推动非油气产品出口，简化出口手续，降低关税。

印尼于1950年同中国建交，1967年两国外交关系中断，1990年恢复外交关系。印尼是“21世纪海上丝绸之路”首倡之地。2013年，中国和印尼双边关系提升至全面战略伙伴关系。此外，印尼是世界贸易组织（WTO）、国际货币基金组织（IMF）和亚太经合组织（APEC）的成员国，已加入《区域全面经济伙伴关系协定》（RCEP）。

在国内法治方面，印尼的法律体系属于大陆法系，具体包括三部分：一是习惯法、伊斯兰法与荷兰法三者融合的刑法体系；二是以习惯法和伊斯兰法为主的民法体系；三是以荷兰法为基础的商法体系。① 印尼的司法机构由最高法院、宪法法院和最高法院下属的小法院系统组成。印尼的司法审判制度视诉讼程序而定，一般的民事纠纷案件为三审终审制，破产案件程序为二审终审制。

本章对涉印尼国际贸易实务中的法律适用问题予以介绍，具体从以下六个方面介绍印尼参与国际条约的基本状况及相关国内法情况。

第一，国际货物买卖合同：印尼并非《联合国国际货物销售合同公

---

① 印尼的法律和法律制度的发展深受欧洲大陆法系特别是荷兰法律的影响，法律文化呈多元化。法律渊源主要包括习惯法、伊斯兰教法和荷兰殖民时期的法律和法令，以及独立以后印尼制定的法律法规。习惯法是在历史中逐步形成的，一些习惯原则被立法吸收到现代法律制度中。伊斯兰教法源于《古兰经》，规定穆斯林的行为准则，其法律制度尤其是婚姻家庭等民事领域与伊斯兰教法的道德与价值观念紧密结合。印尼在历史上受荷兰的殖民统治达三百年之久，其法律制度尤其是现代商事领域法律深受荷兰法的影响。

约》（CISG）缔约国，不适用该公约，但当事人可以自愿选择适用。印尼1847年《民法典》现行有效。

第二，国际货物运输：

1. 海/水上运输：印尼尚未加入《海牙规则》《海牙—维斯比规则》《汉堡规则》，以上条约对其不具有强制适用效力。印尼2008年《第17/2008号航运法》现行有效。

2. 铁路运输：印尼非《国际铁路货物联运协定》（SMGS）、《国际铁路货物运输公约》（CIM）的参加国。印尼2007年《第23/2007号铁路运输法》现行有效。

3. 航空运输：印尼于2017年加入《蒙特利尔公约》，同年公约对其生效；尚未加入《海牙议定书》《瓜达拉哈拉公约》和《华沙公约》。

4. 多式联运：目前，《联合国国际货物多式联运公约》尚未生效，印尼亦未加入该公约。印尼2011年《多式联运法规》现行有效。

第三，国际货物运输保险：当前，尚无统一的国际保险条约。印尼2014年《印度尼西亚保险法》现行有效。

第四，国际贸易支付：

1. 国际托收：ICC《托收统一规则》（URC522）是托收关系的主要法律依据。

2. 信用证支付：ICC《跟单信用证统一惯例》（UCP600）和《关于审核跟单信用证项下单据的国际标准银行实务》（ISBP745）是信用证领域的主要法律依据。

3. 国际保理：印尼尚未加入《国际保理公约》《联合国国际贸易应收款转让公约》。印尼2009年《出口融资机构法》、2018年《印度尼西亚出口货物信用证使用办法》现行有效。

第五，进出口通关：印尼是世界贸易组织（WTO）、亚太经济合作组织（APEC）、国际货币基金组织（IMF）、《区域全面经济伙伴关系协定》（RCEP）等多个国际经济组织或协定的成员，是亚洲基础设施投资银行的创始成员。印尼1995年《印度尼西亚海关法》、2007年《印度尼西亚出口海关程序规定》、2008年《印度尼西亚出口货物征税条例》以及1992年《印度尼西亚动植物检疫法》等法律法规现行有效。

第六，纠纷解决：

1. 国际商事仲裁：印尼于1981年10月7日加入《承认及执行外国仲裁裁决公约》，1982年1月公约对其生效，并作出“互惠保留”和“商事保留”。印尼于1999年颁布了《印度尼西亚仲裁和争议解决法》，现行有效。

2. 国际商事调解：印尼尚未加入《新加坡调解公约》。印尼2016年《印度尼西亚最高法院调解程序》现行有效。

3. 民事诉讼：印尼尚未加入海牙国际私法会议2005年《选择法院协议公约》和2019年《承认与执行外国民商事判决公约》。印尼不承认执行外国法院判决，这成为一方选择在其有关印尼的合同中列入仲裁条款的原因之一。

一、国际货物买卖合同

（一）法律适用

1. 国际层面：中国为《联合国国际货物销售合同公约》（CISG）缔约国，但印尼非CISG缔约国。根据CISG规定，若根据国际私法规则导致适用缔约国法律，则也应当适用CISG。但由于中国对CISG第1条第1款b项作出了保留，只对双方的营业地所在国均为缔约国的当事人之间订立的国际货物销售合同才适用CISG。因此，若双方约定适用中国法，仍应当适用中国法律。此外，即使印尼并非缔约国，若当事人明确选择CISG调整案涉争议，我国法院也可根据当事人的选择适用CISG，这一选择可以被视为当事人将CISG作为双方订立合同的内容。

2. 国别层面：可选择适用我国《民法典》或印尼《民法典》。

（二）核心法律义务

1. 卖方义务：（1）交货义务：合同约定的时间内交货；（2）交单义务：按合同约定的时间、地点和方式移交单据；（3）货物相符：卖方应保证其交付的货物品质、数量和规格与合同约定相符；（4）权利担保：卖方保证对其出售的货物享有完全的所有权或处分权，并承担知识产权担保义务。

2. 买方义务：（1）按合同约定支付货款；（2）接收货物；（3）检验货物：在目的地或转运目的地及时检验。

（三）常见法律问题

1. 交货数量不符合合同要求。[①]
2. 货物包装不符合合同要求。[②]
3. 货物规格不符合合同要求。[③]
4. 卖方违反知识产权担保义务。[④]
5. 买方未按合同要求付款。[⑤]

---

① 少交货物时，买方可以要求卖方补齐不足部分或者赔偿损失；多交货物时，买方有权拒绝收取多交的货物。需要注意的是，如果交货数量与合同不符导致单证不符，卖方有遭到银行拒付的风险。此外，交货数量与合同不符还会给货物顺利通关过境带来风险。

② 注意卖方提供的包装是否足以保全和保护货物的安全以避免货物损坏，同时关注包装是否违反进口国的法律规定或者是否含有贬损进口国某些民族风俗习惯的图案或文字。

③ 卖方交货规格低于合同的要求属于明显的违约行为，在某些情况下卖方交货规格高于合同的要求，在货物办理进出口手续时有可能要多缴关税；此外，交货规格与合同不符，可能造成货物通关时被认定为“货证不符”。

④ 卖方承担的知识产权担保义务及于两个地方：买方营业地和合同预期的货物转售或使用地。

⑤ 参见本章“五、国际货物贸易支付”部分。

6. 风险的转移与所有权的转移。[①]

7. 买方未合理地接收货物。[②]

（四）提示与建议

1. 签订合同时，应包含印尼语版本。[③]

2. 严格审查主体是否适格，明确企业是否具有进出口经营权，同时对签约主体、签约人的资格查证清楚。

3. 制定明确、详细的检验条款，避免在进出口合同中使用同一检验条款，并约定由独立第三人进行检验。

4. 谨慎约定品质条款，对于技术复杂、内容繁多的产品，可单独在合同附件中约定品质条款，并注明是合同的组成部分。

---

① 1. 关于合同中有运输条款的货物买卖的风险转移。若合同没有明确交货地点，卖方货交第一承运人后，货物风险转移至买方；若合同明确了交货地点，卖方在该特定地点货交承运人后，货物风险转移至买方；若卖方有义务将货物特定化，在该特定化工作完成之前，风险不能转移给买方。参见CISG第67条。

2. 关于在运输中销售的货物的风险转移，自买卖合同成立时起转移给买方。若情况表明有此需要，风险自货物交付给签发载有运输合同单据的承运人时起即转移给买方，但这种情况须以卖方在订立合同时不知道货物已灭失或损坏为限。参见CISG第68条。

3. 针对不属于CISG第67—68条规定情形，如在卖方营业地，或卖方营业地以外的地点交货，此时的风险从货物交由买方处置但其不收取货物从而违反合同时起转移给买方。若买方有义务在卖方营业地以外的某一地点接收货物，当交货时间已到而买方知道货物已在该地点交给他处置时，风险方始移转。如果合同指的是当时未加识别的货物，则这些货物在未清楚注明有关合同以前，不得视为已交给买方处置。参见CISG第69条。

② 买方不能因货物的质量问题而拒绝接收货物，同时应按时提取货物，未按时提取货物而扩大的损失或产生的费用由买方承担。

③ 印尼2009年第24号国旗、语言、国徽及国歌法和2019年第63号关于使用印尼语的总统令中均规定了与印尼国家机构、政府机关、印尼私人机构或印尼公民签订的合同必须使用印尼语。缺乏印尼语版本合同一般会被印尼法院认定合同无效。

5. 合同盖章后必须有授权人签名或经授权的人签名。[①]

6. 争议发生后要及时全面固定证据以保障企业权益。

二、国际货物运输

A. 海/水上运输

（一）法律适用

1. 国际层面：调整海上运输的国际公约有《海牙规则》《海牙—维斯比规则》《汉堡规则》《鹿特丹规则》。中国和印尼尚未加入《海牙规则》《海牙—维斯比规则》《汉堡规则》，但当事人可以自愿选择适用。《鹿特丹规则》尚未生效，不建议当事人选择。

2. 国别层面：可约定适用我国《民法典》《海商法》，也可约定适用印尼《商法典》《第17/2008号航运法》[②]。

（二）核心法律义务

1. 承运人义务：（1）适航义务，使船舶在开航前和开航时处于适航状态；（2）管理货物；（3）不得进行不合理绕航；（4）依约签发提单。

2. 托运人义务：（1）支付运费；（2）妥善包装货物；（3）办理相关手续。

---

① 在印尼法律下，印尼企业的印章并不具备中国法律下公章的地位，而是要求董事或经授权的人签字才具备法律效力，同时需要加贴印花税票。因此，实践中经常会出现只盖章，缺少签字或者是由未经授权的人签字的合同。对于缺少签字或由未经授权的人签字的合同，印尼法院的主流意见是认定合同无效。

② 印尼相关纠纷主要适用《商法典》和《第17/2008号航运法》，《商法典》中规定了海上货物运输和货物赔偿的有关规定。

（三）常见法律问题

1. 承运人的基本义务。[①]
2. 承运人的责任期间。[②]
3. 承运人的免责情形。[③]
4. 承运人的赔偿限额。[④]
5. 索赔时效。[⑤]

---

① 《海牙规则》规定了适航义务和管货义务，适航义务的时间为开航前和开航时，不要求承运人承担整个运输期间的船舶适航义务。《海牙—维斯比规则》同《海牙规则》规定一致。《汉堡规则》规定承运人对货物的灭失、损坏以及延迟交付所造成的损失负赔偿责任。

② 《海牙规则》规定为“钩至钩”，即从货物装上船起至卸完船为止的期间。《海牙—维斯比规则》同《海牙规则》规定一致。《汉堡规则》规定为“收到交”，即货物在装货港、运送途中和卸货港在承运人掌管下的期间。

③ 《海牙规则》规定了包括“航行过失”免责在内的17项免责事项。《海牙—维斯比规则》同《海牙规则》规定一致。《汉堡规则》取消了“航行过失”免责事项。

④ 《海牙规则》规定承运人对货物的灭失或损失的赔偿责任，在任何情况下每件或每单位不得超过100英镑，但托运人于装货前已申明该货物的性质和价值，并在提单上注明者不在此限。《海牙—维斯比规则》采取了双重责任限额制，即对货物的灭失或损害责任以每件或每单位10000金法郎或每千克30金法郎为限，两者以高者计。《汉堡规则》提高了承运人的最高赔偿限额，规定承运人对货物灭失或损坏的赔偿责任限额为每件或每单位835特别提款权（SDR），或每千克2.5特别提款权，以高者为准。

⑤ 《海牙规则》规定收货人在提货时应检查货物，损坏明显的应立即提出索赔；损坏不明显的于3日内提出；在联合检验的情况下，不需要出具索赔通知。《海牙—维斯比规则》同《海牙规则》规定一致。《汉堡规则》关于索赔通知的时间较《海牙规则》有所延长，规定索赔通知应在收货后的第一个工作日内提交；损害不明显时，在收货后15日内提交；在联合检验的情况下，不需出具索赔通知。

6. 诉讼时效。[①]

（四）提示与建议

1. 在合同约定适用中国准据法时应注意国内水路货物运输纠纷诉讼时效。[②]

2. 建议选择经验丰富的船运公司。

3. 谨慎核查提单表面，保持与合同的一致性。

B. 铁路运输

（一）法律适用

1. 国际层面：印尼不是《国际铁路货物运输公约》[③]（CIM）的参加国，也未加入《国际铁路货物联运协定》[④]（SMGS），无法适用该公约和协定。

2. 国别层面：可以约定适用我国《铁路法》和中欧班列规则，或印尼《第23/2007号铁路运输法》。

---

① 《海牙规则》规定货方对承运人或船舶提起货物灭失或损害赔偿的诉讼时效为1年，自货物交付之日起算，在货物灭失的情况下，自货物应交付之日起算。《海牙—维斯比规则》规定诉讼时效为1年，双方协商可延长时效；对第三者的追偿诉讼，在1年的诉讼时效期满后，仍有3个月的宽限期。《汉堡规则》规定诉讼时效为2年，自承运人或实际承运人交付货物或交付部分货物，或者自应交付货物的最后一日起算；索赔双方可协商延长时效；对于承运人向收货人赔付后在向第三者追偿时，仍有90日的宽限期。

② 根据《最高人民法院关于如何确定沿海、内河货物运输赔偿请求权时效期间问题的批复》规定，托运人、收货人就沿海、内河货物运输合同向承运人要求赔偿的请求权，或者承运人就沿海、内河货物运输向托运人、收货人要求赔偿的请求权，时效期间为1年，自承运人交付或者应当交付货物之日起计算。

③《国际铁路货物运输公约》要求国际铁路货物运输的发站国与到站国都是公约的缔约国，或者如果发站国与到站国有一国是公约的缔约国，并且运输合同双方当事人协商一致而适用公约，这种情况下《国际铁路货物运输公约》也会被适用。

④ 《国际铁路货物联运协定》规定适用公约的情形是国际铁路货物运输的发站国与到站国都是公约的缔约国。

（二）核心法律义务

1. 承运人义务：（1）运输货物[①]；（2）管理货物[②]；（3）通知义务[③]。

2. 托运人义务：（1）如实填报托运单[④]；（2）按要求包装、标记货物[⑤]；

---

① 铁路运输企业应当按照合同约定的期限或者国务院铁路主管部门规定的期限，将货物、包裹、行李运到目的站；逾期运到的，铁路运输企业应当支付违约金。铁路运输企业逾期30日仍未将货物、包裹、行李交付收货人或者旅客的，托运人、收货人或者旅客有权按货物、包裹、行李灭失向铁路运输企业要求赔偿。参见中华人民共和国《铁路法》第16条。

② 铁路运输企业应当对承运的货物、包裹、行李自接受承运时起到交付时止发生的灭失、短少、变质、污染或者损坏，承担赔偿责任：（1）托运人或者旅客根据自愿申请办理保价运输的，按照实际损失赔偿，但最高不超过保价额。（2）未按保价运输承运的，按照实际损失赔偿，但最高不超过国务院铁路主管部门规定的赔偿限额；如果损失是铁路运输企业的故意或者重大过失造成的，不适用赔偿限额的规定，按照实际损失赔偿。托运人或者旅客根据自愿可以向保险公司办理货物运输保险，保险公司按照保险合同的约定承担赔偿责任。托运人或者旅客根据自愿，可以办理保价运输，也可以办理货物运输保险；还可以既不办理保价运输，也不办理货物运输保险。不得以任何方式强迫办理保价运输或者货物运输保险。参见中华人民共和国《铁路法》第17条。

③ 自铁路运输企业发出领取货物通知之日起满30日仍无人领取的货物，或者收货人书面通知铁路运输企业拒绝领取的货物，铁路运输企业应当通知托运人。参见中华人民共和国《铁路法》第22条。

④ 托运人应当如实填报托运单，铁路运输企业有权对填报的货物和包裹的品名、重量、数量进行检查。经检查，申报与实际不符的，检查费用由托运人承担；申报与实际相符的，检查费用由铁路运输企业承担，因检查对货物和包裹中的物品造成的损坏由铁路运输企业赔偿。托运人因申报不实而少交的运费和其他费用应当补交，铁路运输企业按照国务院铁路主管部门的规定加收运费和其他费用。参见中华人民共和国《铁路法》第19条。

⑤ 托运货物需要包装的，托运人应当按照国家包装标准或者行业包装标准包装；没有国家包装标准或者行业包装标准的，应当妥善包装，使货物在运输途中不因包装原因而受损坏。铁路运输企业对承运的容易腐烂变质的货物和活动物，应当按照国务院铁路主管部门的规定和合同的约定，采取有效的保护措施。参见中华人民共和国《铁路法》第20条。

（3）处理无人收货的义务[①]。

3. 收货人义务[②]：（1）按照合同支付运费；（2）验收货物。

（三）常见法律问题

1. 发货人的身份识别。[③]

2. 货损索赔主体和索赔对象。[④]

3. 货损索赔前置条件和时效。[⑤]

4. 托运人对运单真实性负责。[⑥]

---

① 自铁路运输企业发出领取货物通知之日起满30日仍无人领取的货物，或者收货人书面通知铁路运输企业拒绝领取的货物，铁路运输企业应当通知托运人，托运人自接到通知之日起满30日未作答复的，由铁路运输企业变卖；所得价款在扣除保管等费用后尚有余款的，应当退还托运人，无法退还、自变卖之日起180日内托运人又未领回的，上缴国库。参见中华人民共和国《铁路法》第22条。

② 货物、包裹、行李到站后，收货人或者旅客应当按照国务院铁路主管部门规定的期限及时领取，并支付托运人未付或者少付的运费和其他费用；逾期领取的，收货人或者旅客应当按照规定交付保管费。参见中华人民共和国《铁路法》第21条。

③ 如果运单载明的主体确为货运代理身份，应认定货物权利人为运单发货人，进而其有权向运单缔约承运人索赔；如果运单载明的主体与货物权利人之间是运输合同关系，货物权利人必须在得到运单记载“发货人”配合的情况下才能向承运人主张代理关系，进而认定自己为运单下的“发货人”。

④《国际铁路货物联运协定》赋予了收货人相应索赔权，同时也对收发货人的索赔对象进行了明确规定。《国际铁路货物联运协定》第46条第2款规定，赔偿请求应附有相应依据并注明赔偿款额，由发货人向缔约承运人，收货人向交付货物的承运人提出。赔偿请求以纸质形式提出，当运送参加者之间有协议时，以电子形式提出。

⑤《国际铁路货物联运协定》明确规定“提出相应赔偿请求后，才可提起诉讼，且只可对受理赔偿请求的承运人提起诉讼”，即提赔是诉讼的前置条件，国内就有法院以原告未在诉讼前向被告提出索赔为由驳回诉请［（2013）杭铁民初字第4号］。

⑥ 托运人应对其在运单中陈述的内容的真实性负责，因记载和声明的事项错误，或未将应填报的事项记入运单而给承运人造成损失的，托运人应该承担责任。

5. 归责原则。[①]

6. 责任限额及管辖。[②]

（四）提示与建议

1. 在填写运单时认真识别发货人身份。[③]

2. 商务记录为《国际铁路货物联运协定》下货损索赔的核心证据[④]，应完好留存。

3. 注意索赔前置条件和时效。

C. 航空运输

（一）法律适用

1. 国际层面：中国和印尼均是《蒙特利尔公约》的成员国，直接适用该公约。[⑤]

---

① 《国际铁路货物联运协定》对货损的归责原则属于不完全的严格责任，尽管规定承运人对责任期间内货损承担赔偿责任，但同时设置了很多的免责事项，且对于绝大部分免责事由，只要承运人初步证明货损有可能系这些事由所致，在索赔人没有相反证据的情况下，可认定货损中存在免责事项。参见《国际铁路货物联运协定》第39—41条。

② 就责任限额而言，《国际铁路货物联运协定》没有规定责任限额，除保价运输外，其规定承运人按照货物价格进行赔偿，同时《国际铁路货物联运协定》对一些具体情况下的货损计算作出了明确规定。参见《国际铁路货物联运协定》第42—44条。

就管辖而言，《国际铁路货物联运协定》明确起诉对象只能是受理赔偿请求的承运人，进而规定由被告所在地进行管辖。

③ 运单发货人的名称处常会被记录为货代或有关的运输企业的名称，而在名称下又填入货物权利人的地址，这时如何认定发货人的身份就会存在争议。

④ 《国际铁路货物联运协定》第37条第2项规定，“对于承运人负有责任的货物灭失、短少、毁损（腐坏）情况，应以商务记录作为证明”，实践中不乏因为该文件的缺失导致索赔失败的案例。

⑤ 印尼尚未加入《海牙议定书》《瓜达拉哈拉公约》和《华沙公约》。相关国际民用航空运输条约的签署、加入状况参见国际民航组织（ICAO）发布的文件：https://www.icao.int/secretariat/legal/LEB%20Treaty%20Collection%20Documents/composite_table.pdf，2024年5月16日访问。

2. 国别层面：由于该公约为强制适用，因此当事人无法选择适用其他法律。

（二）核心法律义务

1. 承运人义务：（1）合法运输货物；（2）对货物进行安检或采取必要安保措施；（3）妥善保管货物。

2. 托运人义务：（1）合法托运货物；（2）依法填写、签发航空货运单证；（3）妥善包装货物；（4）支付运费和其他费用。

（三）常见法律问题

1. 托运人运费支付。①

2. “航空运输期间”不同。②

3. 不同公约下对承运人责任的规定与限制不同。③

（四）提示与建议

1. 空运托运单不是物权凭证，仅是航空货物运输合同的证明。

2. 承运人主张《华沙公约》规定的免责及责任限制的前提是出具包含法定内容的货运单。

3.《华沙公约》禁止承运人规定企图免除责任或低于公约规定赔偿限额的合同条款或承运条件，即低于公约的约定无效。关于承运人责任，公约没有规定的，可以援用国内法解决。

---

①（1）买卖合同确立的运费支付义务不能直接对抗运输合同确立的运费支付义务；（2）有确实证据证明运输合同中的托运人不是买卖合同中的卖方，则卖方不承担运费支付义务。

② 包括货物在承运人保管下的整个期间，不论在航空站内、在航空器上或在航空站外降停的任何地点，即“接到交”期间。

③《华沙公约》为不完全过失责任制，保留了航行过失免责；而《蒙特利尔公约》为完全过失责任制。2019年，国际民航组织对1999年《蒙特利尔公约》责任限额作出了修改，自2019年12月28日起实行经修改的限额。详见https://www.icao.int/secretariat/legal/LEB%20Treaty%20Collection%20Documents/2019_Revised_Limits_of_Liability_Under_the_Montreal_Convention_of_1999_zh.pdf，2024年5月16日访问。

4. 建议根据货物属性选择合适的贸易术语。[①]

D. 多式联运

（一）法律适用

1. 国际层面：适用《联合国国际货物多式联运公约》《国际商会多式联运单证统一规则》《联合国贸易和发展会议/国际商会多式联运单证规则》。[②]

2. 国别层面：可约定适用我国《民法典》《海商法》《民用航空法》或印尼《多式联运法规》《第17/2008号航运法》《第23/2007号铁路运输法》《第17/2008号航空法》。

（二）核心法律义务

1. 多式联运经营人义务：（1）对全程运输承担承运人义务；（2）签发多式联运单据；（3）确保货物交付。

2. 发货人义务：（1）保证义务[③]；（2）遵守危险性货物的强制性规则[④]。

---

① 高新技术企业空运出口建议选择C组贸易术语，进口建议选择F组贸易术语；对于紧急运输的货物，空运方式是首选。

② 目前，《联合国国际货物多式联运公约》尚未生效，我国和印尼亦未加入该公约，该公约的签署、加入状况参见https://treaties.un.org/Pages/ViewDetails.aspx?src=TREATY & mtdsg_no=XI-E-1&chapter=11&clang=_en，2024年5月16日访问。《国际商会多式联运单证统一规则》是一项国际惯例，供当事人自愿采纳。《联合国贸易和发展会议/国际商会多式联运单证规则》是一个供国际货物多式联运当事人选择适用的规则。

③ 多式联运经营人接管货物时，应视为发货人已向多式联运经营人保证，其在多式联运单据中所提供的货物品类、标志、件数、重量和数量，如属危险货物、其危险性等事项，概属准确无误。发货人应就联运经营人由于这些项目不准确或不充分而引起或造成的所有灭失、损坏和费用予以赔偿。

④ 发货人应遵守国内法或国际公约中关于承运危险性货物的强制性规则，并应在任何情况下，在联运经营人掌管危险性货物之前，将危险性货物的确切性质，书面通知联运经营人，并在必要时说明其防范措施。发货人应对由此种货物被掌管、运送或附带的服务工作而引起的一切灭失、损害、延迟交货或费用承担责任。

（三）常见法律问题

1. 适用传统运输中的哪一种法律制度来确定多式联运经营人责任。
2. 货代和港口经营人是否具有多式联运经营人主体身份。
3. 多式联运经营人的赔偿责任。①

（四）提示与建议

在我国和印尼均未加入《联合国国际货物多式联运公约》的情况下，建议在交易中选择我国法律作为准据法。

---

① 1. 关于赔偿责任期间。多式联运经营人的赔偿责任期间为“收到交”，即自其接管货物之时起到交付货物时止。参见《联合国多式联运公约》第14条。

2. 关于赔偿责任基础。多式联运经营人的赔偿责任基础为推定过失或疏忽原则。参见《联合国多式联运公约》第16条。

3. 关于赔偿责任限制。（1）若多式联运经营人对货物的灭失或损坏造成的损失负赔偿责任，其赔偿责任以灭失或损坏的货物的每件或其他货运单位920特别提款权，以及毛重每千克2.75特别提款权中两者中较高者为准；若根据合同不包括海上或内河运输，则按灭失或损坏货物毛重每千克8.33特别提款权确定。（2）若多式联运经营人对延迟交货造成的损失负赔偿责任，其赔偿责任以相当于迟延交付货物应付运费的2.5倍的数额为限，但不得超过多式联运合同规定的应付运费的总额。（3）多式联运经营人赔偿责任的总和不得超过货物全部灭失的赔偿责任限额。经多式联运经营人和发货人之间协议，多式联运单证中可规定超过规定的赔偿限额。参见《联合国多式联运公约》第18条。

4. 关于索赔时效。货物损坏明显时，收货人应当在不迟于货物交给其后的次一工作日提出索赔；货物损坏不明显的，收货人应在货物交给其之日后连续6日内提出索赔；针对迟延交货，收货人应在货物交给其之日后连续60日内提出索赔。参见《联合国多式联运公约》第24条。

5. 关于诉讼时效。国际多式联运的诉讼时效为2年。诉讼时效受索赔通知的影响，即若货物交付之日后6个月内，或者货物未能交付，在本应交付之日后6个月内，没有提出说明索赔的性质和主要事项的书面索赔通知，则在此期限届满后即失去诉讼时效。参见《联合国多式联运公约》第25条。

三、卖方交付货物（国际贸易术语适用）

A. CPT——运费付至（指定目的地）

（一）基本含义

CPT全称为“Carriage Paid To”，意为“运费付至（指定目的地）”。卖方将货物交给其指定的承运人，并且须支付将货物运至指定目的地的运费，买方则须承担交货后的一切风险和其他费用。该术语适用于各种运输方式，包括多式联运。

（二）核心法律义务

1. 卖方义务:（1）交货义务：将合同规定的货物置于买方指定的承运人控制下，并及时通知买方；（2）交单义务：提供商业发票和运输单据，或具有同等效力的电子数据交换信息；（3）自负费用按通常条件订立运输合同；（4）办理出口清关手续；（5）风险承担：承担将货物交给承运人控制之前的风险。

2. 买方义务:（1）接受卖方提供的有关单据，受领货物，并按合同规定支付货款；（2）办理进口清关手续；（3）风险承担：承担自货物在约定交货地点交给承运人控制之后的风险。

（三）常见法律问题

1. 在进口贸易中使用CPT时，卖方没有义务提供保单，但可以协助办理，该费用应由买方支付，且在银行审单时该保单不在审核范围内。

2. 若卖方未按惯例规定或合同约定发出或未及时发出交货通知，使买方投保无依据或造成买方漏保，货物在运输过程中一旦发生灭失或损坏，应由卖方承担赔偿责任。

B. CIP——运费、保险费付至（指定目的地）

（一）基本含义

CIP全称为“Carriage and Insurance Paid to”，意为“运费和保险费付至（指定目的地）”。卖方将货物交给其指定的承运人，支付将货物运至指定目的地的运费，为买方办理货物在运输途中的货运保险，买方则承担交货后的一切风险及其他费用。该术语适用于各种运输方式，包括多式联运。

（二）核心法律义务

1. 卖方义务：（1）交货义务：将合同规定的货物置于买方指定的承运人控制下，并及时通知买方；（2）交单义务：提供商业发票和运输单据或具有同等效力的电子数据交换信息；（3）订立货物运往指定目的地的运输合同，并支付有关运费；（4）按照买卖合同的约定，自负费用投保货物运输险；（5）办理出口清关手续；（6）风险承担：承担货物交给承运人控制之前的风险。

2. 买方义务：（1）接受卖方提供的有关单据，受领货物，并按合同规定支付货款；（2）办理进口清关手续；（3）风险承担：承担自货物在约定交货地点交给承运人控制之后的风险。

（三）常见法律问题

1. INCOTERMS2020中CIP保险投保险别发生了变化：INCOTERMS2010只规定CIP术语下卖方投保最低险别，即平安险；而INCOTERMS2020规定CIP术语下卖方投保要投保最高险别，即一切险。同时，该术语允许双方协议选择其他保险级别。

2. 卖方对外报价时要认真核算成本和价格，在核算时应考量运输距离、保险险别、各种运输方式和各类保险的收费情况，并要预计运价和保险费的变动趋势等方面问题。

四、国际货物运输保险

（一）法律适用

1. 国际层面：目前尚未有统一的国际保险条约，实务中适用当事人与保险公司订立的格式保险合同。

2. 国别层面：可以选择适用我国《保险法》及中国人民保险公司制定

的海洋、陆上、航空运输货物保险条款[①]，也可约定适用印尼《商法典》[②]和印尼《保险法》。

（二）核心法律义务

1. 保险人义务：（1）出具保险单证；（2）支付保险赔偿金。

2. 被保险人义务：（1）支付保险费；（2）如实告知义务[③]；（3）通知义务；（4）采取必要措施的义务[④]。

（三）常见法律问题

1. 保险单的生效日期应不晚于提单签发日期。

2. 如果损失是因铁路运输企业的故意或者重大过失造成的，不受保价额的限制，按照实际损失赔偿。

3. 海洋、陆上、航空运输货物保险的责任范围、除外责任、责任期间、

---

① 国际上没有统一的货物运输保险法，一般通过各国国内法和当事人订立的保险合同确定权利义务。《英国伦敦保险协会海运货物保险条款》《美国协会货物保险条款》是通常适用的国际海上货物运输保险惯例，规定了保险规则、险别等。

② 印尼《商法典》中涉及保险的相关规定。

③ 保险合同订立前，被保险人应当将其知道的或者在通常业务中应当知道的有关影响保险人据以确定保险费率或者确定是否同意承保的重要情况，如实告知保险人。

④ 一旦发生保险事故，被保险人应当立即通知保险人，并采取必要的合理措施，防止或者减少损失。

索赔时效。[①]

（四）提示与建议

1. 在国际货物贸易中，由哪一方负责投保，取决于交易所使用的贸易术语和合同约定。

2. 建议投保短期出口贸易信用保险以分散风险。[②]

3. 在投保时注意投保单、保险单中对除外责任、纠纷先决条款等格式条款的约定。

五、国际货物贸易支付

A. 托收

（一）法律适用

1. 国际层面：ICC《托收统一规则》（URC522）是托收关系的主要法律依据。通常情况下，银行会选择适用该规则。

2. 国别层面：可以约定适用我国《最高人民法院关于审理信用证纠纷

---

① 海洋运输货物保险：（1）责任范围：平安险、水渍险、一切险。（2）除外责任：包括保险人的故意行为或过失所造成的损失；属于发货人责任引起的损失；保险责任开始前，被保险货物已存在品质不良或数量短差所造成的损失等（详见中国人民保险公司海洋运输货物保险条款第2条）。（3）责任期间："仓至仓"条款。（4）索赔时效：2年，从被保险货物在最后卸货港全部卸离运输工具后起算。

陆上运输货物保险：（1）责任范围：陆运险和一切险。（2）除外责任：详见中国人民保险公司陆上运输货物保险条款（火车、汽车）第2条。（3）责任期间："仓至仓"条款。（4）索赔时效：2年，从被保险货物在最后目的地车站全部卸离车辆后起算。

航空运输货物保险：（1）责任范围：航空运输险和航空运输一切险。（2）除外责任：详见中国人民保险公司航空运输货物保险条款第2条。（3）责任期间："仓至仓"条款。（4）索赔时效：2年，从被保险货物在最后卸货地卸离飞机后计算。

② 短期出口贸易信用保险一般保障信用期限在一年以内的出口收汇风险，承保风险包括买方破产、拖欠、拒收等商业风险和贸易管制、外汇管制、战争等政治风险。

案件若干问题的规定》或印尼相关法律法规及银行条例（PBI）[1]。目前，在我国对外经济贸易业务中，如采用跟单信用证的支付方式，我国银行一般也以《跟单信用证统一惯例》作为主要依据办理业务。

（二）核心法律义务

1. 付款人义务：履行付款义务，不得无故延迟付款或拒付。

2. 委托人义务：（1）明确指示：托收申请书中的指示必须明确，以便托收行执行；（2）及时指示[2]；（3）支付费用：包括手续费、托收行执行托收指示支出的各种费用。

3. 银行义务：（1）及时收款与转款义务，若买方拒付则无须履行付款义务；（2）通知义务：及时向卖方通知买方拒付的情况。

（三）常见法律问题

1. 托收中存在银行免责情形[3]，可能产生银行与外商相互串通而损害另一方的后果。

2. 注意区分付款交单（D/P）与承兑交单（D/A）两种结算方式。

（四）提示与建议

1. 国际贸易中，如果选择托收，建议选用付款交单（D/P）结算方式。大额出口业务建议采用信用证和托收结合方式，切忌采用承兑交单（D/A）结算方式。

2. 印尼托收结算时，一般使用D/P AT SIGHT的方式，单据要求不多，提单收货人为付款人。多使用美元结算，无须催收即可自动收汇。

---

① 可在印尼银行官网站（https://www.bi.go.id/en/publikasi/peraturan/default.）进行查询。

② 当银行将发生的意外情况通知委托人时，委托人必须及时指示；否则，因此发生的损失由委托人自行负责。

③ 银行对单据的实质、传递延误或遗失、不可抗力、货物、票据、被指示方的行为免责。

B. 信用证

（一）法律适用

1. 国际层面：ICC《跟单信用证统一惯例》（UCP600）和《关于审核跟单信用证项下单据的国际标准银行实务》（ISBP745）是信用证领域的主要法律依据，通常情况下，银行会选择适用该规则。

2. 国别层面：可以约定适用我国《最高人民法院关于审理信用证纠纷案件若干问题的规定》或印尼《出口货物信用证使用办法》。目前，在我国对外经济贸易业务中，如采用跟单信用证的支付方式，我国银行一般也以《跟单信用证统一惯例》作为主要依据办理业务。

（二）核心法律义务

1. 开证申请人义务：（1）申请开立信用证；（2）缴付押金、担保及相关费用；（3）及时付款赎单；（4）承担第二付款责任，向受益人付款。

2. 受益人义务：（1）按信用证规定装货、制单、交单；（2）做到“货约一致、单货一致、单证一致、单单一致”；（3）赔偿责任。

（三）常见法律问题

1. 开证行援引免责情形导致卖方无法获得相应款项。①

2. 进口商不申请开证或迟延开证。

3. 进口商伪造信用证。②

4. “软条款”信用证。③

5. 伪造单据。

---

① 开证行对单据的实质、传递延误或遗失、不可抗力、买卖合同的实际履行状况免责。

② 伪造信用证的情形包括：一是进口商故意伪造或冒用银行名义开立信用证；二是进口商伙同资信不良的银行开立信用证。

③ 常见的“软条款”有：（1）以本国法律干预信用证业务。如信用证规定审核标准，除了ICC《跟单信用证统一惯例》（UCP600）外，还有进出口国法律。（2）陷阱条款。如进口商修改信用证意思不够明确，造成出口方误解。

6. 以保函换取与信用证相符的提单。[①]

7. 信用证欺诈例外原则。[②]

（四）提示与建议

1. 建议选择资信良好的开证行。

2. 选择适当的信用证类型。[③]

3. 出口企业应关注三个日期：最迟装运日、信用证截止日和交单截止日。逾期可能会导致银行拒付。

4. 审慎对待信用证中的“软条款”，建议少用或不用。

5. 印尼信用证使用的注意事项。[④]

---

① 以保函换取与信用证相符的提单主要有倒签提单、预借提单及凭保函换取清洁提单。

1. 倒签提单是货物装船的日期晚于信用证规定的装船日期，但仍按信用证规定的日期签署装船日期的提单。

2. 预借提单是在货物实际装船完毕前签发的，并将当天的日期记载于提单签发日期栏。倒签提单和预借提单均属于欺诈行为。

3. 凭保函换取清洁提单通常情况下也属于欺诈行为，但在特殊情形下，在没有欺诈意图的情况下，由于客观条件所限，承托双方就货物的数量、重量或包装等问题存在认识上的分歧，又无法对所装运的货物的实际数量进行再核实，此时凭保函签发清洁提单是商业习惯允许的变通做法，司法实践中已有案例承认了此种善意保函的效力。此时承运人仍对货损货差向收货人承担责任，但有权依据有效的保函向托运人追偿。

② 信用证独立于买卖合同为原则，但也有例外。如果在银行对卖方提交的单据付款或承兑之前，发现或获得确凿证据，证明卖方确有欺诈行为，买方可请求法院向银行颁发禁止令，禁止银行付款。

③ 出口企业应当结合买卖双方的需求及合同货物的特征，选择适当的信用证类型。如果出口企业注重自身交单的便利性，可以考虑可议付信用证，就近指定议付行。如果买方有融资的需要，或者货物的生产周期较长，可以考虑远期信用证，分期交单付款，但要尽量压缩尾款的比例，以降低货款回收的风险。

④ 信用证结算时，汇票付款人一般要求做成开证行，无偿付安排；多使用美元，部分交易以人民币结算；一般无“软条款”但需注意反洗钱制裁条款和交单期限条款，避免交易被冻结或出现晚交单的不符点。

C. 国际保理

（一）法律适用

1. 国际层面：现行的主要规则依据包括《国际保理公约》[①]、《国际保理业务惯例规则》、《联合国国际贸易应收款转让公约》[②]。中国和印尼均未加入国际统一私法协会1988年《国际保理公约》和联合国国际贸易法委员会2001年《联合国国际贸易应收款转让公约》。国际保理商联合会（FCI）《国际保理业务惯例规则》作为国际惯例，是保理行业的主要法律依据，通常情况下保理商会选择适用该规则。

2. 国别层面：可以约定适用我国《民法典》有关保理合同的规定或印尼《民法典》相关规定。

（二）核心法律义务

1. 债务人（买方）义务：承诺向保理商履行付款的义务，但买方可以根据基础合同约定的付款抗辩条件对抗保理商的付款请求权。

2. 供应商（卖方）义务：（1）向债务人履行通知义务；（2）转让应收账款；（3）接受出口保理商的再转让；（4）支付约定的费用和利息。

（三）常见法律问题

1. 买方付款条件：债务人向保理商的付款义务以供应商的通知义务的履行为前提。

2. 卖方可能面临款项被索回与反转让。

3. 信用额度被取消或被缩减。

---

① 《国际保理公约》虽已生效，但中国与印尼均未加入，条约现状可参见国际统一私法协会官网：https://www.unidroit.org/instruments/leasing/convention/status，2024年5月16日访问。

② 《联合国国际贸易应收款转让公约》尚未生效，条约现状可参见联合国官网：https://uncitral.un.org/en/texts/securityinterests/conventions/receivables/status，2024年5月16日访问。

（四）提示与建议

作为卖方，应注意以下方面：

1. 尽可能充分了解买方的付款能力及诚信记录。

2. 在签订保理合同时尽量排除“进口保理商有权无条件缩减或撤销信用额度”的规定。

3. 建议选择资信良好、海外机构较多、账务管理严格的国际保理机构。

六、进出口通关

（一）法律适用

1. 国际层面：适用WTO《贸易便利化协定》（TFA）和《区域全面经济伙伴关系协定》（RCEP），其中与中国的贸易关税适用关税减让表的特殊约定。

2. 国别层面：适用印尼《1995年海关法》（2016年修订）以及《出口货物征收税条例》《出口海关程序规定》《动植物检疫法》等法规。

（二）核心法律义务

1. 接受海关监管。

2. 向海关申报，填写并提交海关申报单（PIB）或PIB及其附件。[①]

3. 接受海关对货物、单证的查验。

4. 缴纳税费。

（三）常见法律问题

1. 进口报关流程及注意事项。[②]

---

① PIB的附件应包括商业发票、提单、打包清单、装箱单、保险单、缴税证明等；附件可在获得PIB注册号24小时内以电子数据的形式提交海关总署（DGCE）。

② 可登录印尼财政部海关总署网（https://www.beacukai.go.id/arsip/pab/impor.html.）查阅，印尼进口通关的具体流程。

2. PIB填写错误。[①]

3. 部分货物进口商须申领特别进口许可证（NPIK）。

4. 货物可能被禁止或限制进口。[②]

5. 因检验检疫影响货物进出口通关。

6. 出口报关流程及注意事项。[③]

7. 货物可能被禁止或限制出口。[④]

（四）提示与建议

1. 事先查阅并咨询专业人员货物是否属于被禁止或限制进出口类型，以及检验检疫的最新要求。

2. 进口商须在印尼投资协调委员会（BKPM）登记取得商业登记号（NIB），进而获得海关总署（DGCE）颁发的海关识符（NIK）和进口许可证（API）。

3. 进口商须将进口单据保存10年，海关总署有权在该期限内审查此类单证。

4. 出口到印尼的管制产品须有SNI[⑤]标记才能进入市场。

5. 出口商应在提交PEB之前完成缴税，特别情况下可在货物开始运输后60日内缴纳。

6. 出口商须将进口单据保存10年，海关总署有权在该期限内审查此类单证。

7. 出口货物必须持有商业企业注册号/商业企业准字或由技术部根据

---

① 在货物未离开临时海关区域、错误尚未被海关发现或海关尚未发布评估的情况下，可以对PIB进行修改。

② 可登录INSW的门户网站（https://www.insw.go.id/）查阅特定的进口限制，该网站整合了所有海关文件、检疫文件、许可文件以及进出口相关的其他文件。

③ 可登录印度尼西亚财政部海关总署网（https://www.beacukai.go.id/arsip/pab/ekspor.html.）查阅印尼出口通关的具体流程。

④ 可登录INSW的门户网站（https://www.insw.go.id/）查阅特定的出口限制，该网站整合了所有海关文件、检疫文件、许可文件以及进出口相关的其他文件。

⑤ SNI（Standard National Indonesia）为印尼的国家标准。

有关法律签发的商业许可，以及企业注册证。

七、纠纷解决

A. 国际商事仲裁

（一）管辖机构

1. 亚太区内仲裁机构：中国国际经济贸易仲裁委员会（CIETAC）、中国香港国际仲裁中心（HKIAC）、新加坡国际仲裁中心（SIMC）、巴厘岛国际仲裁与调解中心（BIAMC）、亚洲国际仲裁中心（AIAC）等。

2. 亚太区外仲裁机构：国际商会仲裁院（ICC）、英国伦敦仲裁院（LCIA）、瑞士苏黎世商会仲裁院（ZCC）、瑞典斯德哥尔摩商会仲裁院（SCC）等。

（二）管辖依据

仲裁机构及纠纷适用的准据法可由当事人选择确定。

（三）法律适用

1. 仲裁程序规则：一般适用管辖案件的仲裁机构的仲裁规则。

2. 案件准据法：由当事人选定或仲裁庭选定案件审理适用的准据法，可以是我国国内法或印尼国内法。案件执行阶段，可以适用《承认及执行外国仲裁裁决公约》(《纽约公约》)。

（四）常见法律问题

1. 仲裁协议瑕疵导致仲裁机构选择不当或无效。

2. 仲裁员选择不当、仲裁程序失误、举证不力等导致仲裁败诉。

3. 仲裁前或仲裁过程中，未能对相关财产采取保全措施，仲裁胜诉后，可能无法执行或无法全部执行。

（五）提示与建议

外国仲裁裁决要在印尼申请资产强制执行一般需满足以下条件[①]：

1. 外国仲裁裁决由关于承认及执行国际仲裁裁决的条约（如《纽约公约》）约束的国家签发。

2. 外国仲裁裁决不违反印尼的公共秩序。

3. 被仲裁的事项属于“商事”或“法律完全由争议当事人控制的任何争议”的范围。

4. 双方从雅加达中央地区法院获得执行令（执行）。

B. 国际商事调解

（一）管辖机构

1. 亚太区内调解机构有：亚太仲裁与调解中心（APCAM）、新加坡国际调解中心（SIMC）、马来西亚调解中心（MMC）、印度尼西亚调解中心（PMN）。

2. 国内调解机构有：中国国际贸易促进委员会/中国国际商会调解中心（CCPIT）、一带一路国际商事调解中心（BNRMC）、最高人民法院国际商事法庭（CICC）。

（二）管辖依据

管辖权产生的依据为当事人的意思自治。

（三）法律适用

1. 程序规则：可以适用《新加坡调解公约》《亚太仲裁与调解中心调解规则（2020版）》《新加坡国际调解中心调解规则》《中国国际贸易促进委员会/中国国际商会调解中心调解规则》《一带一路国际商事调解中心调解规则》《最高人民法院国际商事法庭程序规则（试行）》等。

2. 案件准据法适用：由当事人选择案件审理适用的准据法，即我国或

---

① 参见中国国际经济贸易委员会发布的《企业对外投资国别（地区）营商环境指南——印度尼西亚（2022年版）》第139页。

印尼相关法律。

（四）常见法律问题

1. 调解协议须经司法确认才具有强制执行力。[①]

2. 调解员选择不当、调解程序失误、证据可采性[②]等导致调解失败。

3. 启动仲裁或司法程序不能视为对调解协议的豁免或调解程序的终止。

（五）提示与建议

印尼法律规定争议各方应首先通过调解解决纠纷。如果争议双方未能通过调解解决争议，法官将确定开庭日期，开启诉讼程序。[③]

C. 民事诉讼

（一）管辖机构

印尼商事纠纷一般采用三阶段民事法院体系：地区法院、高等法院和最高法院[④]；实行三审终审制，审理时长一般在3年至4年。

（二）管辖依据

1. 法院尊重合同中管辖权的选择。[⑤]

2. 通过《印度尼西亚共和国宪法》《印度尼西亚仲裁和争议解决法》等确定管辖法院。

---

① 在我国，调解书具有强制执行力，调解协议须经法院司法确认才具有强制执行力。但根据《新加坡公约》规定，和解协议无须经司法确认即可得到执行。

② 以下信息不得作为证据使用：调解员的建议、一方当事人在调解程序中的陈述或承认、仅为调解程序准备的文件等。

③ 参见中国国际经济贸易委员会发布的《企业对外投资国别（地区）营商环境指南——印度尼西亚（2022年版）》第136页。

④ 地区法院是初审法院，由司法部经最高法院同意在每个二级行政区设立；高等法院是地方法院的上诉法院，各省都有设立；最高法院是最高审判机构，管辖不服高等法院判决的上诉案件。

⑤ 当事人既可选择向印尼法院起诉，也可选择向我国或第三国法院起诉（侵权纠纷除外）。

（三）法律适用

1. 程序法的适用：适用《印度尼西亚仲裁和争议解决法》《印度尼西亚最高法院调解程序》等。

2. 准据法的适用：可约定适用国际公约、我国或印尼准据法。

（四）常见法律问题

1. 诉讼判决执行。①

2. 管辖权异议。②

3. 上诉期限。③

4. 诉讼费用承担。④

5. 诉讼时效的限制。⑤

（五）提示与建议

1. 任何诉讼文件都必须翻译成印尼语。

2. 如需在印尼诉讼，选择代理律师时应在委托合同中明确委托代理的期限，比如6个月内或1年内应取得判决结果并将此作为律师的工作目标，从而避免案件陷入冗长的程序。

---

① 外国判决无法在印尼执行，且印尼尚未批准任何涉及承认或执行外国法院判决的国际协定或公约。因此，外国法院的判决不能在印尼直接执行，当事人只能向当地法院重新起诉。

② 被告可在任何诉讼阶段提出管辖权异议。

③ 当事人应在地区法院作出裁判意见之日起14日内向地区法院提交上诉申请书。

④ 诉讼费由原告预先支付，最终由败诉方承担，其金额由相关地区法院院长确定。

⑤ 根据印尼《民法典》第1967条规定，一般诉讼时效为30年，通常在相关权利首次出现时开始计算。

第三章　老挝篇

老挝人民民主共和国（The Lao People's Democratic Republic），简称老挝，是中南半岛北部的内陆国家，北邻中国，南接柬埔寨，东临越南，西北达缅甸，西南毗连泰国。老挝区位特点显著，是东南亚唯一的内陆国。近年来，老挝利用处于中南半岛地理中心的区位优势，将自身变成连接半岛各国的陆上交通枢纽。

老挝于1961年同中国建交，2009年两国关系提升为全面战略合作伙伴关系。2019年两国签署了《中国共产党和老挝人民革命党关于构建中老命运共同体行动计划》。2022年两国共同发布了《关于进一步深化中老命运共同体建设的联合声明》。中国发起的"一带一路"倡议与老挝"变陆锁国为陆联国"的发展战略高度契合，中老铁路即是中国"一带一路"倡议与老挝"陆联国"战略对接的重要项目。当前，两国在进出口贸易方面的合作持续走深走实，中国已经成为老挝第一大出口市场、第二大贸易伙伴。此外，老挝是中国—东盟自贸区成员（10+1）及大湄公河次区域（GMS）合作成员，是世界贸易组织（WTO）、国际货币基金组织（IMF）、《区域全面经济伙伴关系协定》（RCEP）等多个国际经济组织或协定的成员，是亚投行的创始成员。

在国内法治方面，老挝是成文法国家，其主要渊源是以宪法为核心的成文法。但习惯法也是老挝的重要法律渊源，是调整老挝居民法律关系的重要依据之一。老挝法院体系由以下四级组成：最高人民法院；地区人民法院；省、首都及未成年人人民法院；县、区、市人民法院和军事法院。诉讼实行三审终审制，即初审、上诉和终审。

本章从以下六个方面介绍老挝参与国际条约的基本状况及相关国内法情况：

第一，国际货物买卖合同：老挝于2019年加入《联合国国际货物销售合同公约》（CISG），2020年公约对其生效。老挝加入CISG时对第1条第1款b项作出了保留声明。老挝于2018年颁布了《民法典》，现行有效，该法第五部分为合同编。

第二，国际货物运输：

1. 海/水上运输：老挝尚未加入《海牙规则》《海牙—维斯比规则》《汉堡规则》，以上条约对其不具有强制适用效力。中老双方曾签订有关客货运输的双/多边协定，包括1994年中老《关于澜沧江—湄公河客货运输协定》、2000年中老缅泰《澜沧江—湄公河商船通航协定》，现行有效。老挝于2022年颁布了《水路法》，现行有效。

2. 铁路运输：老挝非《国际铁路货物联运协定》（SMGS）、《国际铁路货物运输公约》（CIM）的参加国。老挝于2018年颁布了《铁路法》，现行有效。

3. 航空运输：老挝于1956年继承了《华沙公约》，1949年公约对其生效。于1956年加入了《海牙议定书》，1963年议定书对其生效。老挝尚未加入《蒙特利尔公约》《瓜达拉哈拉公约》。老挝于2018年颁布了《民用航空法》，现行有效。

4. 多式联运：目前《联合国国际货物多式联运公约》尚未生效，老挝亦尚未加入该公约。老挝于2012年颁布了《多式联运法》，现行有效。

第三，国际货物运输保险：当前尚无统一的国际保险条约。老挝于2019年颁布了《保险法》，现行有效。

第四，国际贸易支付：

1. 国际托收：ICC《托收统一规则》（URC522）是托收关系的主要法律依据。

2. 信用证支付：ICC《跟单信用证统一惯例》（UCP600）和《关于审核跟单信用证项下单据的国际标准银行实务》（ISBP745）是信用证领域的主要法律依据。

3. 国际保理：老挝尚未加入《国际保理公约》《联合国国际贸易应收款转让公约》。

第五，进出口通关：老挝于2013年加入世界贸易组织（WTO），于2015年向WTO递交了《贸易便利化协定》（TFA）的接受文书，自2017年2月22日生效。2022年1月1日《区域全面经济伙伴关系协定》（RCEP）对老挝生效。

关于海关制度，老挝于2020年颁布了《海关法》；2011年《货物进出口法令》取代了2001年《进出口管理法令》，现行有效；于2016年颁布了《植物保护和检疫法》。此外，有关进出口通关的法律规范参见老挝各部门（农林部等）发布的法令、决定、命令等。

第六，纠纷解决：

1. 国际商事仲裁：老挝已于1998年6月加入《纽约公约》，同年9月公约对其生效，未作任何保留声明。中老两国于1999年签署了《关于民事和刑事司法协助的条约》，条约所指的“裁决”包括仲裁机构作出的裁决，自2001年12月15日起生效。老挝于2018年颁布了《经济纠纷解决法》，规定老挝经济纠纷解决中心/办公室（CEDR/OEDR）作为争端解决机构对当事人提交的争议进行仲裁/调解。2019年老挝最高人民法院发布了《关于人民法院审议经济仲裁裁决的指示》，规定了老挝司法机关对国内及国外商事仲裁裁决在老挝的效力认定以及执行问题。

2. 国际商事调解：老挝于2019年签署了《新加坡调解公约》，但尚未批准核准；于2018年颁布了《经济纠纷解决法》，该法规定老挝经济纠纷解决中心/办公室（CEDR/OEDR）作为争端解决机构对当事人提交的争议进行仲裁/调解；于2012年颁布了《民事诉讼法》，规定各级人民法院都应当提供调解程序，尽可能寻求机会促成当事人达成调解。

3. 民事诉讼：老挝尚未加入海牙国际私法会议2005年《选择法院协议公约》和2019年《承认与执行外国民商事判决公约》。中老于1999年签署了《关于民事和刑事司法协助的条约》，自2001年12月15日起生效。老挝于2015年颁布了《宪法》，规定了人民法院作为国家审判机关，独立行使审判权；于2012年颁布了《民事诉讼法》；于2017年颁布了《人民法院法》。

一、国际货物买卖合同

（一）法律适用

1. 国际层面：中国和老挝均为《联合国国际货物销售合同公约》（CISG）缔约国，适用CISG，效力优于国内法。但根据CISG规定，当事人仍可排除适用。此外，中国和老挝均对CISG第1条第1款b项作出了保留，只对双方的营业地所在国均为缔约国的当事人之间订立的国际货物销售合同才适用CISG。

2. 国别层面：可选择适用我国《民法典》或老挝《民法典》[①]。

（二）核心法律义务

1. 卖方义务：（1）交货义务：合同约定的时间内交货；（2）交单义务：按合同约定的时间、地点和方式移交单据；（3）货物相符：卖方应保证其交付的货物品质、数量和规格与合同约定相符；（4）权利担保：卖方保证对其出售的货物享有完全的所有权或处分权，并承担知识产权担保义务。

2. 买方义务：（1）按合同约定支付货款；（2）接收货物；（3）检验货物：在目的地或转运目的地及时检验。

（三）常见法律问题

1. CISG：（1）交货数量不符合合同要求[②]；（2）货物包装不符合合同要求[③]；（3）货物规格不符合合同要求[④]；（4）卖方违反知识产权担保

---

① 参见老挝《民法典》合同编第十章的“买卖合同”部分，第406—410条。

② 少交货物时，买方可以要求卖方补齐不足部分或者赔偿损失；多交货物时，买方有权拒绝收取多交的货物。需要注意的是如果交货数量与合同不符导致单证不符，卖方有遭到银行拒付的风险。此外，交货数量与合同不符还会给货物顺利通关过境带来风险。

③ 应注意卖方提供的包装是否足以保全和保护货物的安全以避免货物损坏，同时关注包装是否违反进口国的法律规定或者是否含有贬损进口国某些民族风俗习惯的图案或文字。

④ 卖方交货规格低于合同的要求系明显的违约行为，在某些情况下卖方交货规格高于合同的要求，在办理货物进出口手续时有可能要多缴关税；此外，交货规格与合同不符，可能造成货物通关时被认定为“货证不符”。

义务[①]；（5）买方未按合同要求付款[②]；（6）风险的转移与所有权的转移[③]；（7）买方未合理地接收货物[④]。

2. 老挝《民法典》:（1）卖方保证所售资产无权利瑕疵的义务[⑤]；（2）卖

---

① 卖方承担的知识产权担保义务及于两个地方：买方营业地和合同预期的货物转售或使用地。

② 参见本章“五、国际货物贸易支付”部分。

③ 1. 关于合同中有运输条款的货物买卖的风险转移。若合同没有明确交货地点，卖方货交第一承运人后，货物风险转移至买方；若合同明确了交货地点，卖方在该特定地点货交承运人后，货物风险转移至买方；若卖方有义务将货物特定化，在该特定化工作完成之前，风险不能转移给买方。参见CISG第67条。

2. 关于在运输中销售的货物的风险转移，自买卖合同成立时起转移给买方。若情况表明有此需要，风险自货物交付给签发载有运输合同单据的承运人时起即转移给买方，但这种情况须以卖方在订立合同时不知道货物已灭失或损坏为限。参见CISG第68条。

3. 针对不属于CISG第67—68条规定情形，如在卖方营业地或卖方营业地以外的地点交货，此时的风险从货物交由买方处置但其不收取货物从而违反合同时起转移给买方。若买方有义务在卖方营业地以外的某一地点接收货物，当交货时间已到而买方知道货物已在该地点交给其处置时，风险方始移转。如果合同指的是当时未加识别的货物，则这些货物在未清楚注明有关合同以前，不得视为已交给买方处置。参见CISG第69条。

④ 买方不能因货物的质量问题而拒绝接收货物，同时应按时提取货物，未按时提取货物而扩大的损失或产生的费用由买方承担。

⑤ （1）卖方所售资产被法院判决没收：卖方可以出售其所有的任何资产，如果出售给买方的资产被法院判决没收，卖方必须赔偿买方损失。（2）他人对卖方所售资产享有权利：在订立买卖合同时，卖方必须告知买方其他任何人对所售资产的权利，例如该资产是否已出租给另一个人。如果不这样做，买方有权要求终止合同，并要求赔偿损失或降低资产价格。参见老挝《民法典》第406条第2—3款。

方交付资产前的义务及所有权转移的时点①；（3）质量条款（质量要求、卖方义务、买方权利及义务）②；（4）货物或资产的交付③。

（四）提示与建议

1. 建议审查主体是否适格，明确企业是否具有进出口经营权，并核实签约主体、签约人资格。

2. 谨慎约定品质条款，对因技术复杂、内容繁多的产品，可单独在合同附件中约定品质条款，并注明是合同的组成部分。

3. 制定明确、详细的检验条款，在进出口合同中避免使用同一检验条款，并约定由独立第三人进行检验。

---

① 1. 卖方交付资产前的义务：如果所有权在资产交付前转移给买方，卖方有义务保护该资产不受灭失或损坏，直至买方接受交付。

2. 所有权转移的时点：（1）自买方向卖方付款，卖方向买方交付资产之日起。（2）无论卖方是否已交付资产，自买方付清货款之日起算；或无论买方是否已按约定向卖方支付货款，自卖方交付资产之日起算。（3）需要登记的资产，买受人自登记之日起取得所有权，但该资产已经交付或者相互支付价款时除外。参见老挝《民法典》第406条第3—5款。

② （1）质量要求：出售资产的质量必须符合合同约定，合同未约定的或约定不明确的，应当符合老挝《标准法》或有关法律或公认的管理标准，如产品质量应与价格相符，符合合同目标。（2）卖方义务：如果出售的资产不符合第407条第1款规定的标准（质量不合格），卖方必须对买方所遭受的损害承担赔偿责任。（3）买方权利及义务：如果买方知道该资产质量较差，买方有权要求修理、更换质量相同的资产，或者要求降价、解除合同，并要求赔偿损失；买方有检验所购资产的义务，如发现所购资产有瑕疵，应及时通知卖方。否则，买方必须对这些缺陷负责。除非合同或法律另有规定，如货物质量保证规定符合标准。参见老挝《民法典》第407条。

③ （1）出卖人与买受人应当约定货物或者所售资产的交付。如果没有约定卖方将货物或所售资产交付到买方的地址或约定的其他地点，买方必须接受交付给他的货物或出售的资产，但运输费用的支付应由缔约双方协议。（2）出卖人不按照约定的时间交付货物或者所售资产的，买受人可以拒绝货物或所售资产的交付。（3）在买方已支付货物、交货费用的情况下，买方可以要求卖方支付其认为合理的财产损失。（4）卖方交付的货物或者出售的资产数量不全、整体不完整、不符合双方约定的质量的，买方可以拒绝接收货物和支付货款。买方已经支付货款的，卖方应当退还货款，并可能再次赔偿买方的损失。参见老挝《民法典》第410条。

4. 争议发生后要重视固定证据以保障企业权益。

二、国际货物运输

A. 海/水上运输

（一）法律适用

1. 国际层面：调整海/水上运输的国际公约有《海牙规则》《海牙—维斯比规则》《汉堡规则》《鹿特丹规则》。老挝尚未加入《海牙规则》《海牙—维斯比规则》《汉堡规则》，不具有强制适用效力，但当事人可选择适用。《鹿特丹规则》尚未生效，不建议当事人选择。此外，1994年中老《关于澜沧江—湄公河客货运输协定》、2000年中老缅泰《澜沧江—湄公河商船通航协定》对中国、老挝均有效，2001年中老缅泰交通部《关于实施四国政府澜沧江—湄公河商船通航协定的谅解备忘录》对中国和老挝均具有软约束。

2. 国别层面：可约定适用我国《民法典》《海商法》，也可约定适用老挝《水路法》等。

（二）核心法律义务

1. 承运人义务：（1）适航义务，使船舶在开航前和开航时处于适航状态；（2）管理货物；（3）不得进行不合理绕航；（4）依约签发提单。

2. 托运人义务：（1）支付运费；（2）妥善包装货物；（3）办理相关手续。

（三）常见法律问题

1. 承运人的基本义务。[①]

---

① 《海牙规则》规定了适航义务和管货义务，适航义务的时间为“开航前和开航时适航”。《海牙—维斯比规则》对此同《海牙规则》规定一致。《汉堡规则》规定了承运人对货物的灭失、损坏以及延迟交付所造成的损失负赔偿责任。

2. 承运人的责任期间。①

3. 承运人的免责情形。②

4. 承运人的赔偿限额。③

5. 索赔时效。④

6. 诉讼时效。⑤

（四）提示与建议

1. 在合同约定适用中国准据法时应注意国内水路货物运输纠纷诉

---

①《海牙规则》规定为“钩至钩”，即从货物装上船起至卸完船为止的期间。《海牙—维斯比规则》对此同《海牙规则》规定一致。《汉堡规则》规定为“收到交”，即货物在装货港、运送途中和卸货港在承运人掌管下的期间。

②《海牙规则》规定了包括“航行过失”免责在内的17项免责事项。《海牙—维斯比规则》对此同《海牙规则》规定一致。《汉堡规则》取消了“航行过失”免责事项。

③《海牙规则》规定承运人对货物的灭失或损失的赔偿责任，在任何情况下每件或每单位不得超过100英镑，但托运人于装货前已申明该货物的性质和价值，并在提单上注明者不在此限。《海牙—维斯比规则》采取了双重责任限额制，即对货物的灭失或损害责任以每件或每单位10000金法郎或每千克30金法郎为限，两者以高者计。《汉堡规则》提高了承运人的最高赔偿限额，规定承运人对货物灭失或损坏的赔偿责任限额为每件或每单位835特别提款权（SDR），或每千克2.5特别提款权，以高者计。

④《海牙规则》规定收货人在提货时应检查货物，损坏明显的应立即提出索赔；损坏不明显的于3日内提出；在联合检验的情况下，无须出具索赔通知。《海牙—维斯比规则》对此同《海牙规则》规定一致。《汉堡规则》关于索赔通知的时间较《海牙规则》有所延长，规定索赔通知应在收货后的第1个工作日内提交；损害不明显时，在收货后15日内提交；在联合检验的情况下，不需要出具索赔通知。

⑤《海牙规则》规定货方对承运人或船舶提起货物灭失或损害赔偿的诉讼时效为1年，自货物交付之日起算，在货物灭失的情况下，自货物应交付之日起算。《海牙—维斯比规则》规定诉讼时效为1年，双方协商可延长时效；对第三者的追偿诉讼，在1年的诉讼时效期满后，仍有3个月的宽限期。《汉堡规则》规定诉讼时效为2年，自承运人或实际承运人交付货物或交付部分货物，或者自应交付货物的最后一日起算；索赔双方可协商延长时效；对于承运人向收货人赔付后在向第三者追偿时，仍有90天的宽限期。

讼时效。[①]

2. 建议选择经验丰富的船运公司。

3. 谨慎核查提单表面，保持与合同的一致性。

B. 铁路运输

（一）法律适用

1. 国际层面：老挝不是《国际铁路货物运输公约》[②]（CIM）的参加国，虽然是铁路合作组织的成员，但非《国际铁路货物联运协定》[③]（SMGS）的参加国，无法适用该公约和协定。

2. 国别层面：可以约定适用我国《铁路法》和中欧班列规则，或老挝《铁路法》。

（二）核心法律义务

1. 承运人义务[④]：（1）运输货物；（2）管理货物：保持货物原状不被损坏；（3）通知义务[⑤]。

2. 托运人义务[⑥]：（1）正确填写、签发运输单证；（2）按要求包装、标

---

① 根据《最高人民法院关于如何确定沿海、内河货物运输赔偿请求权时效期间问题的批复》，托运人、收货人就沿海、内河货物运输合同向承运人要求赔偿的请求权，或者承运人就沿海、内河货物运输向托运人、收货人要求赔偿请请求权，时效期间为1年，自承运人交付或者应当交付货物之日起计算。

②《国际铁路货物运输公约》要求国际铁路货物运输的发站国与到站国都是公约的缔约国，或者如果发站国与到站国有一国是公约的缔约国，并且运输合同双方当事人协商一致适用公约，这种情况下公约也会被适用。但两国均非公约的缔约国的，不得适用。

③《国际铁路货物联运协定》规定适用公约的情形是国际铁路货物运输的发站国与到站国都是公约的缔约国。

④ 参见老挝《铁路法》第108条。

⑤ 收货人不收货或拒绝收货时，承运人需紧急通知托运人。

⑥ 参见老挝《铁路法》第109条。

记货物；（3）按规定计算、支付运费；（4）通知义务[①]；（5）处理无人收取的货物的义务[②]。

3. 收货人义务[③]：（1）按照合同支付运费；（2）验收货物；（3）通知义务[④]。

（三）常见法律问题

1. 发货人的身份识别。[⑤]

2. 货损索赔主体和索赔对象。[⑥]

3. 货损索赔前置条件和时效。[⑦]

4. 托运人对运单真实性负责。[⑧]

---

① 需向承运人通知货物的种类、性质、件数、重量、数量（含危险品、易碎、易腐烂或易腐烂的货物）。若未通知而造成货损的，予以更换。

② 经承运人通知后，对收货人不收货或拒绝收货时的货物进行处理。

③ 参见老挝《铁路法》第110条。

④ 自收到货物或丢失货物之日起7个工作日内，将货物损坏或丢失情况书面通知承运人和发货人，并向承运人做记录作为证据。

⑤ 如果运单载明的主体确为货运代理身份，应认定货物权利人为运单发货人，进而其有权向运单缔约承运人索赔；如果运单载明的主体与货物权利人之间是运输合同关系，货物权利人必须在得到运单记载“发货人”配合的情况下才能向承运人主张代理关系，进而认定自己为运单下的“发货人”。

⑥ 《国际铁路货物联运协定》赋予了收货人相应索赔权，同时也对收货人、发货人的索赔对象进行了明确规定。《国际铁路货物联运协定》第46条第2款规定，“赔偿请求应附有相应依据并注明赔偿款额，由发货人向缔约承运人，收货人向交付货物的承运人提出。赔偿请求以纸质形式提出，当运送参加者之间有协议时，以电子形式提出”。

⑦ 《国际铁路货物联运协定》明确规定“提出相应赔偿请求后，才可提起诉讼，且只可对受理赔偿请求的承运人提起诉讼”，故提赔是诉讼的前置条件，国内就有法院以原告未在诉讼前向被告提出索赔为由驳回诉请［（2013）杭铁民初字第4号］。

⑧ 托运人应对其在运单中陈述的内容的真实性负责，因记载和声明的事项错误，或未将应填报的事项记入运单而给承运人造成损失的，托运人应该承担责任。

5. 归责原则。[①]

6. 责任限额及管辖。[②]

（四）提示与建议

1. 在填写运单时认真识别发货人身份。[③]

2. 商务记录为《国际货协》下货损索赔的核心证据[④]，应完好留存。

3. 注意索赔前置条件和时效。

C. 航空运输

（一）法律适用

1. 国际层面：中国和老挝均是《华沙公约》《海牙议定书》的成员国，因此可以直接适用该公约。[⑤]

---

① 《国际铁路货物联运协定》对货损的归责原则属于不完全的严格责任，尽管规定承运人对责任期间内货损承担赔偿责任，但同时设置了很多的免责事项，且对于绝大部分免责事由，只要承运人初步证明货损有可能系这些事由所致，在索赔人没有相反证据的情况下，可认定货损中存在免责事项。参见《国际铁路货物联运协定》第39—41条。

② 就责任限额而言，《国际铁路货物联运协定》没有规定责任限额，除了保价运输外，其规定承运人按照货物价格进行赔偿；同时，《国际铁路货物联运协定》对一些具体情况下的货损计算作出了明确规定。参见《国际铁路货物联运协定》第42—44条。

就管辖而言，《国际铁路货物联运协定》明确起诉对象只能是受理赔偿请求的承运人，进而规定由被告所在地进行管辖。

③ 运单发货人的名称处常会被记录为货代或有关的运输企业的名称，而在名称下又填入货物权利人的地址，这时如何认定发货人的身份就会存在争议。

④ 《国际铁路货物联运协定》第37条第2项规定，“对于承运人负有责任的货物灭失、短少、毁损（腐坏）情况，应以商务记录作为证明”。实践中不乏因为该证明文件的缺失导致索赔失败。

⑤ 老挝尚未加入《瓜达拉哈拉公约》和《蒙特利尔公约》。相关国际民用航空运输条约的签署、加入状况参见国际民航组织（ICAO）发布的文件：https://www.icao.int/secretariat/legal/LEB%20Treaty%20Collection%20Documents/composite_table.pdf，2024年5月17日访问。

2. 国别层面：由于上述公约均为强制适用，因此当事人无法选择适用其他法律。

（二）核心法律义务

1. 承运人义务：（1）合法运输货物；（2）对货物进行安检或采取必要安保措施；（3）妥善保管货物。

2. 托运人义务：（1）合法托运货物；（2）依法填写、签发航空货运单证；（3）妥善包装货物；（4）支付运费和其他费用。

（三）常见法律问题

1. 托运人运费支付。[①]

2. “航空运输期间”不同。[②]

3. 不同公约下对承运人责任的规定与限制不同。[③]

（四）提示与建议

1. 空运托运单不是物权凭证，仅是航空货物运输合同的证明。

2. 承运人主张《华沙公约》规定的免责及责任限制的前提是出具包含法定内容的货运单。

3.《华沙公约》禁止承运人规定企图免除责任或低于公约规定赔偿限额的合同条款或承运条件，即低于公约的约定无效。关于承运人责任，公约没规定的，可以援用国内法解决。

---

①（1）买卖合同确立的运费支付义务不能直接对抗运输合同确立的运费支付义务；（2）有确实证据证明运输合同中的托运人不是买卖合同中的卖方的，卖方不承担运费支付义务。

② 包括货物在承运人保管下的整个期间，不论在航空站内、在航空器上或在航空站外降停的任何地点，即“接到交”期间。

③《华沙公约》为不完全过失责任制，保留了航行过失免责；而《蒙特利尔公约》为完全过失责任制。2019年，国际民航组织对1999年《蒙特利尔公约》责任限额作出了修改，自2019年12月28日起实行经修改的限额。参见https://www.icao.int/secretariat/legal/LEB%20Treaty%20Collection%20Documents/2019_Revised_Limits_of_Liability_Under_the_Montreal_Convention_of_1999_zh.pdf，2024年5月17日访问。

4. 建议根据货物属性选择合适的贸易术语。[①]

D. 多式联运

（一）法律适用

1. 国际层面：适用《联合国国际货物多式联运公约》《国际商会多式联运单证统一规则》《联合国贸易和发展会议/国际商会多式联运单证规则》。[②]

2. 国别层面：可以约定适用我国《民法典》《海商法》《民用航空法》，或老挝《多式联运法》。

（二）核心法律义务

1. 多式联运经营人义务：（1）对全程运输承担承运人义务[③]；（2）签发多式联运单据；（3）货物交付义务[④]；（4）维护安全、秩序，保护自然环境和社会[⑤]；（5）余款退还义务[⑥]。

---

① 高新技术企业空运出口建议选择C组贸易术语，进口建议选择F组贸易术语；对于紧急运输的货物，空运方式是首选。

② 目前，《联合国国际货物多式联运公约》尚未生效，我国和老挝亦未加入该公约，该公约的签署、加入状况参见https://treaties.un.org/Pages/ViewDetails.aspx?src=TREATY&mtdsg_no=XI-E-1&chapter=11&clang=_en，2024年5月17日访问。《国际商会多式联运单证统一规则》是一项国际惯例，供当事人自愿采纳。《联合国贸易和发展会议/国际商会多式联运单证规则》作为示范法，供国际货物多式联运当事人选择适用。

③ 将货物从起点运输到终点而不造成任何损害，或者按照合同和多式联运单证规定的条件完整、适当地交付货物。参见老挝《多式联运法》第15条第1款第1项。

④ （1）交付给持有正本提单的人；（2）交付给持有附发货人签名的正本提单的人；（3）交付给持有以发货人名义签发，并持有经认证的正本提单的人；（4）交付给发货人声明或指定的人。参见老挝《多式联运法》第15条第1款第2—5项。

⑤ 参见老挝《多式联运法》第15条第1款第6项。

⑥ （1）将被扣押货物的余款退还给发货人或者收货人。参见老挝《多式联运法》第15条第1款第7项。（2）收货人未取得货物或者无故拒绝接收货物，或者超过合同或者法律规定的期限迟延接收货物的，联运经营人可以及时分配货物，但出售所得的价款必须扣除所发生的费用和损失后退还给收货人。参见老挝《多式联运法》第15条第2款。

2. 发货人义务：（1）保证义务；（2）遵守危险性货物的强制性规则；（3）支付运费①；（4）告知与注明义务②。

3. 收货人义务：（1）验收货物③；（2）通知货损义务④；（3）支付运费⑤；（4）支付额外费用⑥；（5）拒绝接收货物的损害赔偿⑦。

（三）常见法律问题

1. 适用传统运输中的哪种法律制度来确定多式联运经营人责任。

2. 货代和港口经营人是否具有多式联运经营人主体身份。⑧

---

① 发货人有义务按照合同约定完整、准确地向联运经营人支付运费。参见老挝《多式联运法》第12条第2款。

② 发货人有权申报货物的性质、包装件数、标识、序号、重量、尺寸、体积和数量。对危险、易碎、快过期、腐烂的货物，应当告知多式联运经营人有关货物的性质，并在多式联运单证上注明。参见老挝《多式联运法》第12条第1款。

因未申报货物危险性质或者申报货物不符合实际、不依据老挝《多式联运法》第12条规定办理的，发货人必须承担损害赔偿责任。参见老挝《多式联运法》第13条。

③ 根据货物种类、标识、序号、包装件数、运输单位、总重、数量、货物状况等清单进行验收。参见老挝《多式联运法》第20条第1款。

④ 自收货之日起7日内书面通知联运经营人货物的损失。参见老挝《多式联运法》第20条第2款。

⑤ 按照合同或多式联运提单足额、准确地向联运经营人支付运费。参见老挝《多式联运法》第20条第3款。

⑥ 如果出售被扣押货物所得的款项不足，需向多式联运经营人支付额外款项，包括新发生的费用，例如招标、维修货物的费用。参见老挝《多式联运法》第21条第1款。

⑦ 由于不合理地拒绝接收多式联运经营人的货物而产生的总费用和损害。参见老挝《多式联运法》第21条第2款。

⑧ 设立多式联运企业的基本要求参见老挝《多式联运法》第26条。

3. 多式联运经营人的赔偿责任（《联合国多式联运公约》[①]；老挝《多式联运法》[②]）。

---

① 1. 关于赔偿责任期间。多式联运经营人的赔偿责任期间为“收到交”，即自其接管货物之时起到交付货物时止。参见《联合国多式联运公约》第14条。

2. 关于赔偿责任基础。多式联运经营人的赔偿责任基础为推定过失或疏忽原则。参见《联合国多式联运公约》第16条。

3. 关于赔偿责任限制。（1）若多式联运经营人对货物的灭失或损坏造成的损失负赔偿责任，其赔偿责任以灭失或损坏的货物的每件或其他货运单位920特别提款权，以及毛重每千克2.75特别提款权中两者中较高者为准；若根据合同不包括海上或内河运输，则按灭失或损坏货物毛重每千克8.33特别提款权确定。（2）若多式联运经营人对延迟交货造成的损失负赔偿责任，其赔偿责任以相当于迟延交付货物应付运费的2.5倍的数额为限，但不得超过多式联运合同规定的应付运费的总额。（3）多式联运经营人赔偿责任的总和不得超过货物全部灭失的赔偿责任限额。经多式联运经营人和发货人之间协议，多式联运单证中可规定超过规定的赔偿限额。参见《联合国多式联运公约》第18条。

4. 关于索赔时效。货物损坏明显时，收货人应当在不迟于货物交给其后的次一工作日提出索赔；货物损坏不明显的，收货人应在货物交给其之日后连续6日内提出索赔；针对迟延交货，收货人应在货物交给其之日后连续60日内提出索赔。参见《联合国多式联运公约》第24条。

5. 关于诉讼时效。国际多式联运的诉讼时效为2年。诉讼时效受索赔通知的影响，即若货物交付之日后6个月内，或者货物未能交付，在本应交付之日后6个月内，没有提出说明索赔的性质和主要事项的书面索赔通知，则在此期限届满后即失去诉讼时效。参见《联合国多式联运公约》第25条。

② 1.若发生在多式联运期间的货损无法确定：（1）若多式联运合同中包括海上或水路运输，每运输单位最高赔偿金额不得超过666.67特别提款权或损坏货物每千克2特别提款权；（2）若多式联运合同不包括海上或水路运输，最高赔偿金额不得超过受损货物每千克8.33特别提款权。

2.若发生在多式联运期间的货损可以确定，如果有具体的运输合同，依照货物灭失地法律或者有关联运经营人责任范围的条约、国际公约的规定赔偿。货物灭失地法律对联运经营人的责任范围没有规定的，按照老挝《多式联运法》第17条第1款的规定赔偿。

3.发货人在多式联运提单中申报了货物质量和数量的，按照申报货物的实际价值进行赔偿。以上参见老挝《多式联运法》第17条。

4. 多式联运经营人的责任排除条款。[①]

5. 发货人的禁止行为。[②]

6. 多式联运经营人的禁止行为。[③]

7. 收货人的禁止行为。[④]

8. 争端解决及索赔时效。[⑤]

（四）提示与建议

1. 在我国和老挝均未加入《联合国国际货物多式联运公约》的情况下，建议在交易中选择我国法律作为准据法。

---

① 在下列任何情况下，多式联运经营人不承担货物灭失或延迟交货的责任：（1）不可抗力；（2）发货人、收货人及其代表或者代理人的过错；（3）发货人及其代表或代理人在包装过程中有缺陷，标识的粘贴和货物序列号不完整；（4）发货人、收货人或其代表、代理人对货物进行管理、上传、保管；（5）货物本身存在缺陷；（6）抗议、罢工、失业或劳动力不足；（7）在下列情况下，在海上或水路运输中发生货物灭失、延误交货：①船长、船员、海上、水路运输经营人管理船舶的雇员；②因船舶运输经营人的过失或者串谋行为引起的火灾。在海上或者水上运输过程中，由于船舶的技术缺陷造成损失的，联运经营人不负赔偿责任。以上参见老挝《多式联运法》第18条。

② （1）申报的货物信息不符合协议约定，与实际货物不一致；（2）伪造货物运输单证；（3）延迟交货或者支付运输费用；（4）交付违禁或者非法货物；（5）有其他违反法律法规的行为。参见老挝《多式联运法》第32条。

③ （1）未按许可的种类经营，未取得许可证或者许可证过期的；（2）隐瞒、谎报与多式联运有关的信息；（3）妨碍对多式联运的调查检查；（4）延迟交货给收货人的时间；（5）将货物交付给无权收货的个人；（6）收受与多式联运有关的贿赂；（7）更换货物，隐藏、藏匿违禁物品；（8）有其他违反法律法规的行为。参见老挝《多式联运法》第33条。

④ （1）超过规定数量接收不属于自己的货物；（2）申报不准确的货物遗失信息；（3）延迟收货、支付运输费用及协议约定的其他费用；（4）有其他违反法律法规的行为。参见老挝《多式联运法》第34条。

⑤ （1）争端解决途径包括：协商、行政途径、经济争端解决组织、诉讼和国际争端解决机制。参见老挝《多式联运法》第36—41条。（2）索赔时效：申请期限为从货物交付至收货人之日起9个月。参见老挝《多式联运法》第42条。

2. 老挝2012年《多式联运法》现行有效，建议查明相关规定并予以遵守。

三、卖方交付货物（国际贸易术语适用）

A. DDP——完税后交货（指定目的地）

（一）基本含义

DDP全称为“Delivered Duty Paid”，意为“完税后交货（指定目的地）”。卖方在指定的目的地办完清关手续，将在交货的运输工具上尚未卸下的货物交给买方处置，即完成交货。卖方承担将货物运至目的地的一切风险和费用，包括在需要办理海关手续时在目的地应缴纳的任何进口税费。该术语适用于各种运输方式。

（二）核心法律义务

1. 卖方义务：（1）交单义务：必须提供符合销售合同规定的货物和商业发票或有同等作用的电子信息，以及合同可能要求的、证明货物符合合同规定的其他凭证；（2）办理出口和进口清关手续：必须自担风险和费用，取得任何出口许可证和进口许可证或其他官方许可或其他文件，并办理从他国过境所需的一切海关手续，支付关税及其他有关费用；（3）交货义务：必须在约定的日期或交货期限内，在指定的目的地将在交货运输工具上尚未卸下的货物交给买方或买方指定的其他人处置；（4）风险承担：必须承担货物灭失或损坏的一切风险，直至已经按照规定交货为止。

2. 买方义务：（1）受领货物，接受单据，并按合同规定支付货款；（2）协助义务：应卖方要求，并由其负担风险和费用，买方必须给予卖方一切协助，帮助卖方在需要办理海关手续时取得货物进口所需的进口许可证或其他官方许可；（3）风险承担：必须承担按照规定交货时起货物灭失或损坏的一切风险；（4）通知义务：一旦买方有权决定在约定期限内的时间和／或在指定的目的港受领货物的点，买方必须就此给予卖方充分通知；（5）必须支付任何装运前检验的费用，但出口国有关当局强制进行的检验除外。

（三）常见法律问题

1. DDP是各贸易术语中卖方承担的责任最大、负担的费用最多的一个术语，卖方必须承担将货物运至指定目的地的一切风险和费用，包括在需要办理海关手续时在目的地应缴纳的任何“税费”（包括办理海关手续的责任和风险，以及缴纳手续费、关税、税款和其他费用）。

2. 在DDP的交货条件下，卖方是在办理了出口结关手续后在指定目的地交货的，这实际上是卖方已将货物运进了进口方的国内市场。如果卖方直接办理进口手续有困难，也可要求买方协助办理。如果卖方不能直接或间接地取得进口许可或办理进口手续，则不应选择DDP。

3. 关于卸货费用。买方负责在指定目的地将货物从到达的运输工具上卸下，但卖方要保证货物可供卸载。卖方在签订运输合同时应注意运输合同与买卖合同相关交货地点的协调，如果卖方按照运输合同在指定目的地发生了卸货费用，除非双方另有约定，卖方无权向买方要求偿付。

4. 关于卖方的货损风险。卖方对买方没有订立保险合同的义务，但由于整个运输过程的风险要由卖方承担，卖方通常会通过投保规避货物运输风险。

B. DAP——目的地交货（指定目的地）

（一）基本含义

DAP全称为“Delivered at Place”，意为“目的地交货（指定目的地）”。卖方要负责将合同规定的货物按照通常航线和惯常方式，在规定期限内将装载于运输工具上准备卸载的货物交由买方处置，即完成交货，卖方承担将货物运至指定地为止的一切风险。该术语适用于各种运输方式。

（二）核心法律义务

1. 卖方义务：（1）签订运输合同并支付运费；（2）在指定目的地将符合合同约定的货物放在已抵达的运输工具上交给买方处置时即完成交货；（3）向买方发出所需通知，以便买方采取收取货物通常所需的措施；（4）风险承担：承担在指定目的地运输工具上交货之前的一切风险和费用；（5）办理出口清关手续；（6）交单义务：提供商业发票和运输单据或具有同等效力的电子数据交换信息。

2.买方义务:（1）承担在指定目的地运输工具上交货之后的一切风险和费用；（2）办理进口清关手续；（3）按合同约定收取货物，接受交货凭证，支付价款。

（三）常见法律问题

1. DAP是INCOTERMS 2010新增术语，旨在替代INCOTERMS 2000中DAF、DES、DDU术语，即DAP的交货地点可以在两国边境的指定地点，也可以在目的港的船上，还可以在进口国内陆的某一地点。

2. 买卖双方应尽可能清楚地约定指定目的地的交货地址，最好能具体到指定目的地内特定的点。如果没有约定特定的交货点或该交货点不能确定，卖方可以在指定目的地选择最适合其目的地的交货点。

3. 卖方对买方没有订立保险合同的义务，但由于整个运输过程中的风险要由卖方承担，卖方通常会通过投保规避货物运输风险。

四、国际货物运输保险

（一）法律适用

1. 国际层面：目前尚未有统一的国际保险条约，实务中适用当事人与保险公司订立的格式保险合同。

2. 国别层面：可以选择适用我国《保险法》及中国人民保险公司制定的海洋、陆上、航空运输货物保险条款①，也可以约定适用老挝《保险法》②。

---

① 国际上没有统一的货物运输保险法，一般通过各国国内法和当事人订立的保险合同确定权利义务。《英国伦敦保险协会海运货物保险条款》《美国协会货物保险条款》是通常适用的国际海上货物运输保险惯例，规定了保险规则、险别等。

② 根据老挝《保险法》第14条，陆路、水路、航空的货物运输属于强制性一般保险项目。关于保险合同的规定，参见老挝《保险法》第21条。关于保险人与被保险人的权利、义务，参见老挝《保险法》第82、83条。

（二）核心法律义务

1. 保险人义务：（1）出具保险单证；（2）支付保险赔偿金。

2. 被保险人义务：（1）支付保险费；（2）如实告知义务[①]；（3）通知义务；（4）采取必要措施的义务[②]。

（三）常见法律问题

1. 保险单的生效日期应不晚于提单签发日期。

2. 如果损失是因铁路运输企业的故意或者重大过失造成的，不受保价额的限制，按照实际损失赔偿。

3. 海洋、陆上、航空运输货物保险的责任范围、除外责任、责任期间、索赔时效。[③]

（四）提示与建议

1. 在国际货物贸易中，由哪一方负责投保，取决于交易所使用的贸易术语和合同约定。

---

① 保险合同订立前，被保险人应当将其知道的或者在通常业务中应当知道的有关影响保险人据以确定保险费率或者确定是否同意承保的重要情况，如实告知保险人。

② 一旦发生保险事故，被保险人应当立即通知保险人，并采取必要的合理措施，防止或者减少损失。

③ 1. 海洋运输货物保险：（1）责任范围：平安险、水渍险、一切险。（2）除外责任：包括保险人的故意行为或过失所造成的损失；属于发货人责任引起的损失；保险责任开始前，被保险货物已存在品质不良或数量短差所造成的损失等（详见《海洋运输货物保险条款》第2条）。（3）责任期间："仓至仓"条款。（4）索赔时效：2年，从被保险货物在最后卸货港全部卸离运输工具后起算。

2. 陆上运输货物保险：（1）责任范围：陆运险和一切险；（2）除外责任：详见中国人民保险公司陆上运输货物保险条款（火车、汽车）第2条；（3）责任期间："仓至仓"条款；（4）索赔时效：2年，从被保险货物在最后目的地车站全部卸离车辆后起算。

3. 航空运输货物保险：（1）责任范围：航空运输险和航空运输一切险；（2）除外责任：详见中国人民保险公司航空运输货物保险条款第2条；（3）责任期间："仓至仓"条款；（4）索赔时效：2年，从被保险货物在最后卸货地卸离飞机后计算。

2. 建议投保短期出口贸易信用保险以分散风险。[①]

3. 在投保时注意投保单、保险单中对除外责任、纠纷先决条款等格式条款的约定。

五、国际货物贸易支付

A. 托收

（一）法律适用

1. 国际层面：ICC《托收统一规则》（URC522）是托收关系的主要法律依据，通常情况下，银行会选择适用该规则。

2. 国别层面：由于我国未对托收作出专门的法律规定，《托收统一规则》作为国际贸易结算中的国际惯例已经在国际贸易实践中获得了广泛承认和普遍适用，现已成为我国法院解决此类纠纷的主要依据。此外，可以约定适用我国《支付结算办法》。

（二）核心法律义务

1. 付款人义务：履行付款义务，不得无故延迟付款或拒付。

2. 委托人义务：（1）明确指示；（2）及时指示，当银行将发生的意外情况通知委托人时，委托人必须及时指示，否则，因此而发生的损失由委托人自行负责；（3）支付费用。

3. 银行义务：（1）及时收款与转款义务，若买方拒付则无须履行付款义务；（2）通知义务：及时向卖方通知买方拒付的情况。

---

① 短期出口贸易信用保险一般保障信用期限在一年以内的出口收汇风险，承保风险包括买方破产、拖欠、拒收等商业风险和贸易管制、外汇管制、战争等政治风险。

（三）常见法律问题

1. 托收中存在银行免责情形[①]，可能产生银行与外商相互串通而损害另一方的后果。

2. 注意区分付款交单（D/P）与承兑交单（D/A）两种结算方式。对卖方而言，承兑交单风险大于付款交单。

（四）提示与建议

国际贸易中，如果选择托收，建议选用付款交单（D/P）结算方式。大额出口业务建议采用信用证和托收相结合方式，切忌采用承兑交单（D/A）结算方式。

B. 信用证

（一）法律适用

1. 国际层面：ICC《跟单信用证统一惯例》（UCP600）和《关于审核跟单信用证项下单据的国际标准银行实务》（ISBP745）是信用证领域的主要法律依据，通常情况下，银行会选择适用该规则。

2. 国别层面：可以约定适用我国《最高人民法院关于审理信用证纠纷案件若干问题的规定》。目前，在我国对外经济贸易业务中，如采用跟单信用证的支付方式，我国银行一般也以《跟单信用证统一惯例》作为主要依据办理业务。

（二）核心法律义务

1. 开证申请人义务:（1）申请开立信用证；（2）缴付押金、担保及相关费用；（3）及时付款赎单；（4）承担第二付款责任，向受益人付款。

2. 受益人义务:（1）按信用证规定装货、制单、交单；（2）做到“货约一致、单货一致、单证一致、单单一致”；（3）赔偿责任。

---

① 银行对单据的实质、传递延误或遗失、不可抗力、货物、票据、被指示方的行为免责。

（三）常见法律问题

1. 开证行援引免责情形导致卖方无法获得相应款项。[①]

2. 进口商不申请开证或迟延开证。

3. 进口商伪造信用证。[②]

4. “软条款”信用证。[③]

5. 伪造单据。

6. 以保函换取与信用证相符的提单。[④]

7. 信用证欺诈例外原则。[⑤]

---

① 开证行对单据的实质、传递延误或遗失、不可抗力、买卖合同的实际履行状况免责，开证行援引免责情形导致卖方无法获得相应款项。

② 伪造信用证的情形包括：一是进口商故意伪造或冒用银行名义开立信用证；二是进口商伙同资信不良的银行开立信用证。

③ 常见的“软条款”有:（1）以本国法律干预信用证业务。如信用证规定审核标准，除《跟单信用证统一惯例》外，还有进出口国法律。（2）陷阱条款。如进口商修改信用证意思不够明确，造成出口方误解。

④ 以保函换取与信用证相符的提单主要有倒签提单、预借提单及凭保函换取清洁提单。

1. 倒签提单是货物装船的日期晚于信用证规定的装船日期，但仍按信用证规定的日期签署装船日期的提单。

2. 预借提单是在货物实际装船完毕前签发的，并将当天的日期记载于提单签发日期栏内。倒签提单和预借提单均属于欺诈行为。

3. 凭保函换取清洁提单通常情况下也属于欺诈行为，但在特殊情形下，在没有欺诈意图的情况下，由于客观条件所限，承托双方就货物的数量、重量或包装等问题存在认识上的分歧，又无法对所装运的货物的实际数量进行再核实，此时凭保函签发清洁提单是商业习惯允许的变通做法，司法实践中已有案例承认了此种善意保函的效力。此时承运人仍对货损货差向收货人承担责任，但有权依有效的保函向托运人追偿。

⑤ 信用证独立于买卖合同为原则，但也有例外。如果在银行对卖方提交的单据付款或承兑之前，发现或获得确凿证据，证明卖方确有欺诈行为，买方可请求法院向银行颁发禁止令，禁止银行付款。

（四）提示与建议

1. 建议选择资信良好的开证行。

2. 选择适当的信用证类型。①

3. 出口企业应高度关注三个日期：最迟装运日、信用证截止日和交单截止日，逾期可能会导致银行拒付。

4. 审慎对待信用证中的“软条款”，建议少用或不用。

C. 国际保理

（一）法律适用

1. 国际层面：现行的主要规则依据包括《国际保理公约》②、《国际保理业务惯例规则》、《联合国国际贸易应收款转让公约》③。中国和老挝均未加入国际统一私法协会1988年《国际保理公约》和联合国国际贸易法委员会2001年《联合国国际贸易应收款转让公约》。国际保理商联合会（FCI）《国际保理业务惯例规则》作为国际惯例，是保理行业的主要法律依据，通常情况下保理商会选择适用该规则。

2. 国别层面：可以约定适用我国《民法典》有关保理合同的规定，或老挝《民法典》合同编中合同通则、债权转让等方面的规定④。

---

① 出口企业应当结合买卖双方的需求及合同货物的特征，选择适当的信用证类型。如果出口企业注重自身交单的便利性，可以考虑可议付信用证，就近指定议付行；如果买方有融资的需要，或者货物的生产周期较长，可以考虑远期信用证，分期交单付款，但要尽量压缩尾款的比例，以降低货款回收的风险。

② 《国际保理公约》虽已生效，但中国与老挝均未加入，条约现状可参见国际统一私法协会官网：https://www.unidroit.org/instruments/leasing/convention/status，2024年5月17日访问。

③《联合国国际贸易应收款转让公约》尚未生效，条约现状可参见联合国官网：https://uncitral.un.org/en/texts/securityinterests/conventions/receivables/status，2024年5月17日访问。

④ 老挝《民法典》未对保理合同的内涵予以界定，在老挝法中为无名合同。

（二）核心法律义务

1. 债务人（买方）义务：向保理商履行付款的义务，但买方可以根据基础合同约定的付款抗辩条件对抗保理商的付款请求权。

2. 供应商（卖方）义务：（1）向债务人履行通知义务；（2）转让应收账款；（3）接受出口保理商的再转让；（4）支付约定的费用和利息。

（三）常见法律问题

1. 买方付款条件：债务人向保理商的付款义务以供应商的通知义务的履行为前提。

2. 卖方可能面临款项被索回与反转让。

3. 信用额度被取消或被缩减。

（四）提示与建议

作为卖方，应注意以下方面：

1. 尽可能充分了解买方的付款能力及诚信记录。

2. 在签订保理合同时尽量排除“进口保理商有权无条件缩减或撤销信用额度”的规定。

3. 建议选择资信良好、海外机构较多、账务管理严格的国际保理机构。

六、进出口通关

（一）法律适用

1. 国际层面：适用WTO《贸易便利化协定》（TFA）和《区域全面经济伙伴关系协定》（RCEP），其中与中国的贸易关税适用关税减让表的特殊约定。

2. 国别层面：适用老挝《海关法》、《货物进出口法令》[①]、《植物保护和检疫法》，以及《统一制度和进口关税商品目录条令》等。

---

① 老挝2011年颁布的《货物进出口法令》已取代2001年10月11日第205/PM号进出口法令（2001年《进出口管理法令》）。

（二）核心法律义务

1. 进口通关需履行下列义务：（1）进行舱单申报；（2）必须从列明的口岸进口；（3）货物进口通关时，贸易商必须向海关提供以下文件：海关进口申报、商业发票、提货单、打包清单和原产地证书以及某些进口商品所需的进一步许可；（4）依法缴纳关税。

2. 出口通关需履行下列义务：（1）进行舱单申报；（2）必须从中列明的口岸出口；（3）向海关提供以下文件：提单或托运单、货物的商业发票、银行单证（如信用证等）、货物原产地证书、装箱清单、出口许可证（需要时提供）、相关外汇管制单证等。

（三）常见法律问题

1. 进、出口通关：（1）货物可能被禁止或限制进口①；（2）货物可能被禁止或限制出口②；（3）部分货物进口需申请进口许可证③；（4）部分货物出口需申请出口许可证④；（5）因检验检疫影响货物进、

---

① 禁止进口商品包括：枪支、弹药、战争用武器及车辆；鸦片、大麻；危险性杀虫剂；不良性游戏；淫秽刊物等5类商品。参见商务部发布的《对外投资合作国别（地区）指南——老挝（2020年版）》第32页。

② 禁止出口商品包括：枪支、弹药、战争用武器及车辆；鸦片、大麻；法律禁止出口的动物及其制品；原木、锯材、自然林出产的沉香木；自然采摘的石斛花和龙血树；藤条；硝石；古董、佛像、古代圣物等9类商品。参见商务部发布的《对外投资合作国别（地区）指南——老挝（2020年版）》第32页。

③ 进口许可证管理商品包括：活动物、鱼、水生物；食用肉及其制品；奶制品；稻谷、大米；食用粮食、蔬菜及其制品；饮料、酒、醋；养殖饲料；水泥及其制品；燃油；天然气；损害臭氧层的化学物品及其制品；生物化学制品；药品及医疗器械；化肥；部分化妆品；杀虫剂、毒鼠药、细菌；锯材；原木及树苗；书籍、课本；未加工宝石；银块、金条；钢材；车辆及其配件（自行车及手扶犁田机除外）；游戏机；爆炸物等25类商品进口需许可证。参见商务部发布的《对外投资合作国别（地区）指南——老挝（2020年版）》第32页。

④ 出口许可证管理商品包括：活动物（含鱼及水生物）；稻谷、大米；虫胶、树脂、林产品；矿产品；木材及其制品；未加工宝石；金条、银块等7类商品。参见商务部发布的《对外投资合作国别（地区）指南——老挝（2020年版）》第32页。

出口通关。[①]

2. 关税税率[②]：老挝关税分为自主关税、协定关税、优惠关税、减让关税和零关税等5种不同的税率，详情可参见《统一制度和进口关税商品目录条令》及有关关税调整通知等文件。

3. 报关流程[③]：货物进入仓库→过磅→制作仓库临时报关单→打印货物临时报关单→报海关审核→报海关领导签字→打印税单上税→海关检验货物→付仓库费→海关作记录、进关。

4. 报关所需材料[④]：老挝计划投资部批文、企业投资许可证、企业申请报告、企业营业执照（复印件）、企业税务登记（复印件）和货物批文清单（含数量、价格、重量、规格等）。

（四）提示与建议

1. 事先查阅并咨询专业人员货物是否属于被禁止或限制进口或出口类型。

2. 对涉及需申请进口、出口许可证的货物，及时向有关当局申领许可证。

3. 在进口、出口通关前了解并咨询专业人员各项检验检疫程序及具体要求。

---

① 老挝对各类动植物产品的进口有检疫要求，要求对进口产品的特征及进口商的相关信息进行检查。（1）关于动物检疫，根据老挝动物检疫规定，活动物、鲜冻肉及肉罐头等进口商须向农林部动物检疫司申请动物检疫许可证。商品入境时由驻口岸的动物检疫员查验产地国签发的动物检疫证和老挝农林部签发的检疫许可证。（2）关于植物检疫，老挝农林部负责植物检疫工作。进口植物及其产品须在老挝的边境口岸接受驻口岸检查员检查，并出示产品原产国有关机构签发的植物检疫证。参见商务部发布的《对外投资合作国别（地区）指南——老挝（2020年版）》第33页。

② 参见商务部发布的《对外投资合作国别（地区）指南——老挝（2020年版）》第33页。

③ 参见商务部发布的《对外投资合作国别（地区）指南——老挝（2020年版）》第33页。

④ 参见商务部发布的《对外投资合作国别（地区）指南——老挝（2020年版）》第33页。

4. 及时关注老挝发布的最新进出口货物管理清单（禁止进出口、需要办理进出口许可证、符合卫生和植物卫生措施和技术条例要求的货物清单等）。[①]

七、纠纷解决

A. 国际商事仲裁

（一）管辖机构

1. 亚太区内仲裁机构：中国国际经济贸易仲裁委员会（CIETAC）、中国香港国际仲裁中心（HKIAC）、新加坡国际仲裁中心（SIAC）、巴厘岛国际仲裁与调解中心（BIAMC）、亚洲国际仲裁中心（AIAC）、吉隆坡区域仲裁中心（KLRCA）、老挝经济纠纷解决中心/办公室（CEDR/OEDR）[②]。

2. 亚太区外仲裁机构：国际商会仲裁院（ICC）、伦敦国际仲裁院（LCIA）、瑞士苏黎世商会仲裁院（ZCC）、瑞典斯德哥尔摩商会仲裁院（SCC）等。

（二）管辖依据

仲裁机构及纠纷适用的准据法可由当事人选择确定。

（三）法律适用

1. 仲裁程序规则：一般适用管辖案件的仲裁机构的仲裁规则，当事人选择余地不大。[③]

---

① 老挝贸易管理中对不同货物有不同的管理规定，相关最新管制的法令、决定等可登录老挝工贸部官网查阅：https://www.laotradeportal.gov.la/index.php?r=site/displaythemostrecentxx&category=Legal%20Document，2024年5月17日访问。

② 老挝经济纠纷解决中心（CEDR）是老挝中央一级所设立的经济商事争议解决组织；老挝经济纠纷解决办公室（OEDR）是省级经济商事争议解决组织。

③ 若当事人将争议提交给老挝经济纠纷解决中心/办公室（CEDR/OEDR）仲裁，由于老挝没有制定单独的仲裁规则，因而适用《经济纠纷解决法》第二部分第三章有关仲裁程序的规定。

2. 案件准据法：由当事人选定或仲裁庭选定案件审理适用的准据法，可以是老挝国内法或我国国内法。案件执行阶段，可以适用老挝《经济纠纷解决法》《最高人民法院关于人民法院审议经济仲裁裁决的指示》《民事诉讼法》等，以及《承认及执行外国仲裁裁决公约》(《纽约公约》) 和中老《关于民事和刑事司法协助的条约》[①]。

（四）常见法律问题

1. 仲裁协议瑕疵导致仲裁机构选择不当或无效。[②]

2. 争议的可仲裁性问题。[③]

3. 仲裁员选择不当、仲裁程序失误、举证不力等导致仲裁败诉。

4. 仲裁前或仲裁过程中，未能对相关财产采取保全措施，仲裁胜诉后，可能无法执行或无法全部执行。[④]

---

① 中老《关于民事和刑事司法协助的条约》第20条规定了该条约所指的“裁决”包括仲裁机构作出的裁决。根据老挝2012年《民事诉讼法》第362条规定，法院承认和执行外国法院判决或外国仲裁裁决仅限于老挝与判决作出国是承认执行外国判决的双边或多边条约的缔约国。

② 仲裁协议瑕疵包括仲裁机构选择不明确、当事人仲裁意愿的不明确等。就后者而言，当事人应当向CEDR/OEDR提交解决争议的书面协议，既可以是合同中的仲裁条款，也可以是单独的仲裁协议，但必须是书面形式，但该法并未界定仲裁协议的“书面性”为何。

③ 老挝《经济纠纷解决法》第2条规定“经济纠纷”是指国内外法人之间、法人与个人之间、个人与个人之间因违反经济合同或经营活动而产生的利益冲突。第3条第11款规定“经营活动”是指贸易、投资、服务等活动。因此与贸易或经济有关的纠纷可以适用老挝《经济纠纷解决法》。此外，该法还规定了不可仲裁的事项，包括:（1）争议须与违反有关国家稳定、社会安全、公共秩序和环境的法律法规无关；（2）争议未提交至法院审理或法院未对该争议作出判决。不符合以上条件将不可向CEDR/OEDR申请仲裁。参见老挝《经济纠纷解决法》第16条。

④ 当事人可以向经济纠纷解决中心申请采取临时措施，中心认为有必要的可以向法院申请裁定。参见老挝《经济纠纷解决法》第41条。值得注意的是，根据该法规定，仲裁庭无权主动请求法院采取临时措施，当事人也无法越过仲裁庭而直接向法院申请采取临时措施，只能根据当事人的申请进行。

5. 外国或国际仲裁裁决在老挝的承认与执行。[①]

（五）提示与建议

1. 重视纠纷的可仲裁性问题，在拟定仲裁协议时明确纠纷是否具有老挝《经济纠纷解决法》规定的可仲裁性。

2. 建议中方当事人就经济贸易纠纷优先选择机构仲裁，可以选择外国或国际仲裁机构，而不仅限于老挝的CEDR/OEDR。

3. 当发现仲裁员与争议有利益关系或与对方当事人有亲戚关系等影响公正的情形时，要及时提出异议，维护自身合法权益。

4. 了解老挝OEDR在各地区的设立情况，根据自身需求，选择更有利于自身的争端解决机构。

B. 国际商事调解

（一）管辖机构

1. 亚太区内调解机构：亚太仲裁与调解中心（APCAM）、新加坡国际调解中心（SIMC）、老挝经济纠纷解决中心/办公室（CEDR/OEDR）。

2. 国内调解机构：中国国际贸易促进委员会/中国国际商会调解中心（CCPIT）、一带一路国际商事调解中心（BNRMC）、最高人民法院国际商事法庭（CICC）。

（二）管辖依据

管辖权产生的依据为当事人的意思自治。

（三）法律适用

1. 程序规则：可以适用《亚太仲裁与调解中心调解规则（2020版）》《新加坡调解公约》《国际商会调解与仲裁规则》《一带一路国际商事调解

---

① 老挝法院可基于以下理由拒绝承认和执行仲裁裁决：（1）仲裁裁决尚不是最终裁决；（2）仲裁裁决是缺席裁决，并且审理是在被申请人缺席的情况下进行的；（3）该案件属于法院主管范围；（4）该裁决与老挝宪法和法律相冲突；（5）与裁决相关的其他事项（由法院自由裁量）。参见老挝《民事诉讼法》第366条。

中心调解规则》《最高人民法院国际商事法庭程序规则（试行）》，以及老挝《经济纠纷解决法》[①]、《民事诉讼法》[②]等。

2. 案件准据法适用：由当事人选择案件审理适用的准据法，即我国相关国内法或老挝相关国内法。

（四）常见法律问题

1. 调解协议须经司法确认才具有强制执行力。[③]

2. 调解员选择不当、调解程序失误、证据可采性等[④]导致调解失败。

3. 启动仲裁或司法程序不能视为对调解协议的豁免或调解程序的终止。

（五）提示与建议

1. 中方当事人选择将争议提交给老挝经济纠纷解决中心/办公室（CEDR/OEDR）进行调解需要注意提交争议的地点。

2. 申请调解材料的完整性。

3. 当发现调解员与争议有利益关系或与对方当事人有亲戚关系等影响公正的情形时，要及时提出异议，维护自身合法权益。

4. 当争议无法通过调解解决，要及时利用调解—仲裁或调解—诉讼衔接机制，防止纠纷解决的拖延。

---

① 老挝《经济纠纷解决法》第二部分第四章规定了调解员的选任（第26条）、回避与拒绝（第27条）、调解的程序（第28条）、调解延期的情形（第29条）、调解中止的情形（第30条），以及调解终止的情形（第31条）等。

② 老挝《民事诉讼法》第198条规定，在与贸易有关的案件中，调解必须作为前置程序。

③ 在我国，调解书具有强制执行力，调解协议须经法院司法确认才具有强制执行力。但根据《新加坡调解公约》规定，和解协议无须经司法确认即可得到执行。根据老挝《经济纠纷解决法》第48、51、52条规定，经济纠纷解决机构所制作的调解书具有强制执行的效力，当事人可向人民法院申请执行。人民法院在作出强制执行的裁定前需要对调解的合法性予以审查。由此可见，老挝经济纠纷解决机构所制作的调解书也需要经过人民法院司法确认才具有强制执行力。

④ 以下信息不得作为证据使用：调解员的建议、一方当事人在调解程序中的陈述或承认、仅为调解程序准备的文件等。

C. 民事诉讼

（一）管辖机构

老挝法院体系[①]由以下组成：最高人民法院[②]；地区人民法院[③]；省、首都及未成年人民法院[④]；以及县、区、市人民法院[⑤]和军事法院。诉讼实行三审终审制，即初审、上诉和终审。

（二）管辖依据

1. 国别管辖：老挝尚未加入海牙国际私法会议2005年《选择法院协议公约》，中国已签署但尚未批准核准，故无法直接援引适用《选择法院协议公约》确定国别管辖法院。

2. 国内管辖：通过中国《民事诉讼法》及其司法解释或老挝《人民法院法》《民事诉讼法》等确定国内管辖法院。

（三）法律适用

1. 程序法的适用：适用老挝《民事诉讼法》《法院判决执行法》等。

---

① 参见老挝《人民法院法》（2017年修订）第19条。

② 最高人民法院是最高司法机关，依法具有审判案件、管理人民法院组织、监督地方法院和军事法院行政工作的职能。参见老挝《人民法院法》（2017年修订）第20条。

③ 老挝地区人民法院分为北部、中部、南部法院。有权审理省、首都及未成年人民法院已作出一审判决的上诉案件；有权撤销省、首都人民法院已审判但当事人申请撤销判决或人民检察院建议撤销判决的案件。参见老挝《人民法院法》（2017年修订）第22条。

④ 省、首都及未成年人民法院有权对不属于区人民法院管辖范围的案件进行一审审判，或审理已经区人民法院一审判决后上诉的案件。参见老挝《人民法院法》（2017年修订）第24条。此外，在老挝，只有省级（各省和首都）人民法院具有商事案件的一审权。

⑤ 县、区、市人民法院依照老挝《人民法院法》第27条的规定对管辖范围内的案件进行一审审判。县、区、市人民法院有权对以下三类案件进行一审审理：（1）诉讼标的金额不超过3亿基普的案件以及涉及夫妻关系、孩子、夫妻共同财产及债务的案件；（2）判处三年以下有期徒刑的刑事案件，未成年人犯罪除外；（3）法律规定的其他案件。参见老挝《人民法院法》（2017年修订）第26、27条。

2. 准据法的适用：无法直接适用《承认与执行外国民商事判决公约》[①]。可以依据中老《关于民事和刑事司法协助的条约》申请执行[②]，具体审查要求参见我国或老挝国内法。

（四）常见法律问题

1. 判决的承认与执行（中老《关于民事和刑事司法协助的条约》[③]；老挝《民事诉讼法》[④]）。

---

① 老挝未签署2019年《民商事判决公约》，且目前该公约尚未生效，无法直接援引适用。

② 根据老挝2012年《民事诉讼法》第362条第1款规定，老挝法院承认和执行外国法院判决，仅限于老挝与判决作出国是承认和执行外国判决的双边或多边条约的缔约国。

③ 1999年，中国与老挝签订了《中华人民共和国和老挝人民民主共和国关于民事和刑事司法协助的条约》，该条约自2002年12月15日起生效。其中包括：承认与执行法院裁决的条件（第21条）、法院的管辖权（第22条）、承认与执行的申请（第23条）、承认与执行裁决的程序适用各自本国的法律（第24条）、承认与执行的效力（第25条），以及仲裁裁决依据《纽约公约》相互承认与执行（第26条）。其中承认与执行法院裁决的条件包括：（1）根据作出裁决的缔约国法律，该裁决是最终的和可执行的；（2）案件不属于被请求方法院专属管辖；（3）缺席判决情况下，已经根据裁决作出国法律适当地通知应诉；（4）被请求方法院此前未就相同当事人之间同一诉讼标的作出最终裁决；（5）在作出该裁决的诉讼程序开始前，相同当事人未就同一诉讼标的在被请求方法院提起诉讼；（6）根据被请求方法律，裁决时可以执行的；（7）被请求方认为裁决的承认与执行不损害其主权或安全；（8）裁决的承认与执行不违反被请求方的公共秩序或基本利益；（9）裁决或其结果均不与被请求方法律的任何基本原则相抵触；（10）裁决是由有管辖权法院作出的。

④ 根据老挝2012年《民事诉讼法》第362条规定，法院审查外国判决是否符合下列条件：（1）判决是老挝签署或缔结的条约的签署国作出的；（2）判决不影响老挝主权或违反老挝法律；（3）判决不影响老挝的安宁和社会秩序。

此外，2012年《民事诉讼法》第366条还规定如果出现以下情形之一，法院不承认和执行外国判决：（1）判决有正在进行的程序或上诉，且不是终局判决；（2）外国判决败诉方未参加诉讼且判决是缺席判决；（3）外国法院审理的事项本应由老挝法院管辖；（4）该判决与老挝宪法和法律相冲突；（5）与外国判决相关的其他事项。

2. 诉讼时效的限制。[①]

3. 老挝法院判决的依据。[②]

（五）提示与建议

中方当事人就经济贸易纠纷提交老挝法院审理存在一定的风险，需要慎重抉择，包括但不限于：

1. 庭审语言障碍。老挝的官方语言是老挝语，庭审语言通常以老挝语或英语进行，中方当事人在老挝法院进行诉讼将增加翻译成本和案件审理难度。

2. 诉讼审理周期长。老挝实行三审终审制，审理期限较长，时间成本高。

3. 承认与执行可能的障碍。一方面，虽中老已签订《关于民事和刑事司法协助的条约》，但需要注意的是，对于商事类争议的判决能否在两国之间依照该司法协助条约执行尚不明确。另一方面，老挝《民事诉讼法》第366条规定了法院审查的兜底条款，法院自由裁量权较大，不确定性较高。即使当申请承认执行的判决全部符合标准时，仍不确定法院是否会自由裁量拒绝承认与执行。

---

① 老挝《民法典》第52条规定，因建筑物合同纠纷的诉讼时效为10年，除法律另有规定的，其他合同纠纷的诉讼时效为3年。诉讼时效的起始时间为合同终止之日或损失产生之日。

② 老挝是成文法国家，其主要渊源是以宪法为核心的成文法。习惯法也是老挝的重要法律渊源，现仍是调整老挝居民法律关系的重要依据之一。对于某些案件，如果法律规定不清晰或者没有法律规定，老挝法院会依据法律原则或者最高法院的判决案例作出裁判，但法院参照先前判决不同于普通法系国家中的先例。

第四章　越南篇

越南社会主义共和国（The Socialist Republic of Viet Nam），简称越南，位于东南亚的中南半岛东南端，三面环海，地形狭长，略呈S形，北与中国接壤，西与老挝、柬埔寨交界。

越南于1950年同中国建交。中国是越南最大的贸易伙伴，在越南吸引新增投资中位列第四，仅次于新加坡、韩国和日本。在对外经济贸易层面，越南积极参与多/双边和区域贸易机制。越南于1956年加入世界复兴开发银行（WB），1995年加入东盟，2007年正式成为世界贸易组织（WTO）成员。自2022年1月1日起，《区域全面经济合作伙伴关系协定》（RCEP）对包括越南在内的10国正式生效。《全面与进步跨太平洋伙伴关系协定》（CPTPP）于2018年12月对越南生效。此外，越南是亚太经济合作组织（APEC）成员，亚欧会议（ASEM）的创始成员。

在国内法治方面，越南的司法机构由最高人民法院、最高人民检察院及地方法院、地方检察院和军事法院组成。越南法院体系从上至下分为四级，最高人民法院为最高审判机关，下设三级法院：高级人民法院、省级人民法院和最低级别的地区级人民法院。越南实行两审终审制，特殊情况下，最高人民法院有权进行初审、终审。

本章对涉及越南国际贸易实务中的法律适用问题予以介绍，具体从以下六个方面介绍越南参与国际条约的基本状况及相关国内法情况。

第一，国际货物买卖合同：越南于2015年加入《联合国国际货物销售合同公约》（CISG），2017年公约对其生效。越南加入时声明，对CISG第96条作出全部保留。越南于1995年颁布了《民法典》。2015年，越南国会对《民法典》进行了修订，修订后的第15章、第16章规定了合同有关内容。

第二，国际货物运输：

1. 海/水上运输：越南尚未加入《海牙规则》《海牙—维斯比规则》《汉堡规则》。中越曾签订《中华人民共和国政府和越南民主共和国政府关于两国间海上运输的协定》。越南于2005年颁布了《航海法》，现行有效。

2. 铁路运输：越南不是《国际铁路货物运输公约》（CIM）的参加国，是《国际铁路货物联运协定》（SMGS）的参加国。中越曾签订《中华人民共和国铁道部和越南民主共和国交通运输部铁路联运协定》。越南于2017年颁布了《铁路运输法》，现行有效。

3. 航空运输：越南是《华沙公约》和《蒙特利尔公约》的成员国；于2006年颁布了《民用航空法》，现行有效。

4. 多式联运：目前，《联合国国际货物多式联运公约》尚未生效。越南颁布了《第125/2003ND-CP国际多式联运法令》和《多式联运法令》，现行有效。

第三，国际货物运输保险：目前，尚无统一的国际保险条约；越南于2000年颁布了《商业保险法》，现行有效。

第四，国际贸易支付：

1. 国际托收：ICC《托收统一规则》（URC522）是托收关系的主要法律依据。

2. 信用证支付：ICC《跟单信用证统一惯例》（UCP600）和《关于审核跟单信用证项下单据的国际标准银行实务》（ISBP745）是信用证领域的主要法律依据。

3. 国际保理：越南尚未加入《国际保理公约》和《联合国国际贸易应收款转让公约》。

第五，进出口通关：越南于2007年加入了世界贸易组织（WTO），适用WTO《贸易便利化协定》（TFA）。《区域全面经济合作伙伴关系协定》（RCEP）于2022年1月1日对越南生效。《全面与进步跨太平洋伙伴关系协定》（CPTPP）于2018年12月生效。

关于海关制度，越南国内各层级法律规范较多，主要包括2015年《海关法》、2006年颁布并于2012年修订的《税务管理法》、2016年《进出口税法》、2017年《对外贸易管理法》、《关于细化实施商法有关国际货物买卖以及与外国进行货物销售、购买、加工和过境代理活动的法令》、《关于修订和补充2016年9月1日第134/2016/ND-CP号政府法令的若干条款以细化〈进出口税法〉的若干条款和实施措施》、《关于进出口关税实施和管理的指导通知》、《关于修订优惠进口关税中第2710目下若干商品的进口税率的决定》等法律法规。

第六，纠纷解决：

1. 国际商事仲裁：越南于1995年9月加入《纽约公约》，同年12月公约对其生效。越南对《纽约公约》作出了保留：（1）越南适用该公约仅限于承认和执行在另一个缔约国领土上作出的裁决；（2）对非缔约国领土上作出的裁决，越南适用该公约仅限于提供互惠待遇的那些国家；（3）越南适用该公约仅限于根据越南国内法被认为属于商业性质而无论是否属于合同性质的任何问题在法律关系上所产生的分歧。越南于1993年批准成立国际仲裁中心（VIAC），其前身是对外贸易仲裁委员会（1964年成立）和海事仲裁委员会（2003年成立）。

2. 国际商事调解：越南未批准加入《新加坡调解公约》。根据越南第22/2017/ND-CP号法令（即允许采用调解来解决因商业活动引起的争议或与当事人同意选择的商业活动一方的纠纷），越南司法部于2018年颁发许可证成立了越南国际商事调解中心（VICMC），其构成人员主要为越南国际法协会（VSIL）的成员。

3. 民事诉讼：越南尚未加入2019年《承认与执行外国民商事判决公约》。中越于1998年签署了《关于民事和刑事司法协助的条约》，于1999年12月25日生效。越南于2015年颁布了《民事诉讼法》，2014年颁布了《法院组织法》。

一、国际货物买卖合同

（一）法律适用

1. 国际层面：越南是《联合国国际货物销售合同公约》（CISG）缔约国，适用CISG，效力优于国内法。越南对CISG第96条作出了保留，即一方当事人的营业地在越南的情况下，该公约第11、29条或第二部分有关准许以书面以外任何形式成立、更改或终止销售合同，或作出要约、承诺或其他意思表示的任何规定不适用。

2. 国别层面：可选择适用我国《民法典》或越南《民法典》。

（二）核心法律义务

1. 卖方义务：（1）交货义务：合同约定的时间内交货；（2）交单义务：按合同约定的时间、地点和方式移交单据；（3）货物相符：卖方应保证其交付的货物品质、数量和规格与合同约定相符；（4）权利担保：卖方保证对其出售的货物享有完全的所有权或处分权，并承担知识产权担保义务。

2. 买方义务：（1）按合同约定支付货款；（2）接收货物；（3）检验货物：在目的地或转运目的地及时检验。

（三）常见法律问题

1. 交货数量不符合合同要求。[①]

2. 货物包装不符合合同要求。[②]

3. 货物规格不符合合同要求。[③]

4. 卖方违反知识产权担保义务。[④]

5. 买方未按合同要求付款。[⑤]

---

① 少交货物时，买方可以要求卖方补齐不足部分或者赔偿损失；多交货物时，买方有权拒绝收取多交的货物。需要注意的是，如果交货数量与合同不符导致单证不符，卖方有遭到银行拒付的风险。此外，交货数量与合同不符还会给货物顺利通关过境带来风险。

② 注意卖方提供的包装是否足以保全和保护货物的安全以避免货物损坏，同时关注包装是否违反进口国的法律规定或者是否含有贬损进口国某些民族风俗习惯的图案或文字。

③ 卖方交货规格低于合同的要求属于明显的违约行为，在某些情况下卖方交货规格高于合同的要求，在货物办理进出口手续时有可能要多缴关税；此外，交货规格与合同不符，可能造成货物通关时被认定为“货证不符”。

④ 卖方承担的知识产权担保义务及于两个地方：买方营业地和合同预期的货物转售或使用地。

⑤ 参见本章“五、国际货物贸易支付”部分。

6. 风险的转移与所有权的转移。[①]

7. 买方未合理地接收货物。[②]

（四）提示与建议

1. 建议审查主体是否适格，明确企业是否具有进出口经营权，并核实签约主体、签约人资格。

2. 谨慎约定品质条款，对因技术复杂、内容繁多的产品，可单独在合同附件中约定品质条款，并注明是合同的组成部分。

3. 制定明确、详细的检验条款，在进出口合同中避免使用同一检验条款，并约定由独立第三人进行检验。

4. 争议发生后要重视固定证据以保障企业权益。

---

① 1. 关于合同中有运输条款的货物买卖的风险转移。若合同没有明确交货地点，卖方货交第一承运人后，货物风险转移至买方；若合同明确了交货地点，卖方在该特定地点货交承运人后，货物风险转移至买方；若卖方有义务将货物特定化，在该特定化工作完成之前，风险不能转移给买方。参见CISG第67条。

2. 关于在运输中销售的货物的风险转移，自买卖合同成立时起转移给买方。若情况表明有此需要，风险自货物交付给签发载有运输合同单据的承运人时起即转移给买方，但这种情况须以卖方在订立合同时不知道货物已灭失或损坏为限。参见CISG第68条。

3. 针对不属于CISG第67—68条规定情形，如在卖方营业地或卖方营业地以外的地点交货，此时的风险从货物交由买方处置但其不收取货物从而违反合同时起转移给买方。若买方有义务在卖方营业地以外的某一地点接收货物，当交货时间已到而买方知道货物已在该地点交给其处置时，风险方始移转。如果合同指的是当时未加识别的货物，则这些货物在未清楚注明有关合同以前，不得视为已交给买方处置。参见CISG第69条。

② 买方不能因货物的质量问题而拒绝接收货物，同时应按时提取货物，未按时提取货物而扩大的损失或产生的费用由买方承担。

二、国际货物运输

A. 海/水上运输

（一）法律适用

1. 国际层面：调整海/水上运输的国际公约有《海牙规则》《海牙—维斯比规则》《汉堡规则》《鹿特丹规则》。越南尚未加入《海牙规则》《海牙—维斯比规则》《汉堡规则》，不具有强制适用效力，但当事人可选择适用。《鹿特丹规则》尚未生效，不建议当事人选择。

2. 国别层面：可约定适用我国《民法典》《海商法》，也可约定适用越南《航海法》。

（二）核心法律义务

1. 承运人义务：（1）适航义务，使船舶在开航前和开航时处于适航状态；（2）管理货物；（3）不得进行不合理绕航；（4）依约签发提单。

2. 托运人义务：（1）支付运费；（2）妥善包装货物；（3）办理相关手续。

（三）常见法律问题

1. 承运人的基本义务。①

2. 承运人的责任期间。②

3. 承运人的免责情形。③

---

① 《海牙规则》规定了适航义务和管货义务，承运人在开航前和开航时必须谨慎处理，并且应当适当和谨慎地装载、搬运、积载、运送、保管、照料和卸下货物。《海牙—维斯比规则》同《海牙规则》规定一致。《汉堡规则》规定承运人对货物的灭失、损坏以及延迟交付所造成的损失负赔偿责任。

② 《海牙规则》规定为“钩至钩”，即从货物装上船起至卸完船为止的期间。《海牙—维斯比规则》同《海牙规则》规定一致。《汉堡规则》规定为“收到交”，即货物在装货港、运送途中和卸货港在承运人掌管下的期间。

③ 《海牙规则》规定了包括“航行过失”免责在内的17项免责事项。《海牙—维斯比规则》同《海牙规则》规定一致。《汉堡规则》取消了“航行过失”免责事项。

4. 承运人的赔偿限额。[①]

5. 索赔时效。[②]

6. 诉讼时效。[③]

（四）提示与建议

1. 在合同约定适用我国准据法时应注意国内水路货物运输纠纷诉讼时效。[④]

2. 建议选择经验丰富的船运公司。

3. 谨慎核查提单表面，保持与合同的一致性。

---

① 《海牙规则》规定承运人对货物的灭失或损失的赔偿责任，在任何情况下每件或每单位不得超过100英镑，但托运人于装货前已申明该货物的性质和价值，并在提单上注明者不在此限。《海牙—维斯比规则》采取了双重责任限额制，即对货物的灭失或损害责任以每件或每单位10000金法郎或每千克30金法郎为限，两者以高者计。《汉堡规则》提高了承运人的最高赔偿限额，规定承运人对货物灭失或损坏的赔偿责任限额为每件或每单位835特别提款权（SDR），或每千克2.5特别提款权，以高者为准。

② 《海牙规则》规定收货人在提货时应检查货物，损坏明显的应立即提出索赔；损坏不明显的于3日内提出；在联合检验的情况下，不需出具索赔通知。《海牙—维斯比规则》同《海牙规则》规定一致。《汉堡规则》关于索赔通知的时间较《海牙规则》有所延长，规定索赔通知应在收货后的第1个工作日内提交；损害不明显时，在收货后15日内提交；在联合检验的情况下，不需要出具索赔通知。

③ 《海牙规则》规定货方对承运人或船舶提起货物灭失或损害赔偿的诉讼时效为1年，自货物交付之日起算，在货物灭失的情况下，自货物应交付之日起算。《海牙—维斯比规则》规定诉讼时效为1年，双方协商可延长时效；对第三者的追偿诉讼，在1年的诉讼时效期满后，仍有3个月的宽限期。《汉堡规则》规定诉讼时效为2年，自承运人或实际承运人交付货物或交付部分货物，或者自应交付货物的最后一日起算；索赔双方可协商延长时效；对于承运人向收货人赔付后在向第三者追偿时，仍有90天的宽限期。

④ 根据《最高人民法院关于如何确定沿海、内河货物运输赔偿请求权时效期间问题的批复》，托运人、收货人就沿海、内河货物运输合同向承运人要求赔偿的请求权，或者承运人就沿海、内河货物运输向托运人、收货人要求赔偿请求权，时效期间为1年，自承运人交付或者应当交付货物之日起计算。

B. 铁路运输

（一）法律适用

1. 国际层面：越南不是《国际铁路货物运输公约》[①]（CIM）的参加国，是《国际铁路货物联运协定》[②]（SMGS）的参加国。

2. 国别层面：我国是《国际铁路货物联运协定》的参加国，可以约定适用该协定规定，也可以约定适用我国《铁路法》和中欧班列规则，或越南《铁路运输法》。

（二）核心法律义务

1. 承运人义务：（1）运输货物；（2）管理货物。

2. 托运人义务：（1）正确填写、签发运输单证；（2）按要求包装、标记货物；（3）按规定计算、支付运费。

（三）常见法律问题

1. 发货人的身份识别。[③]

2. 货损索赔主体和索赔对象。[④]

---

① 《国际铁路货物运输公约》要求国际铁路货物运输的发站国与到站国都是公约的缔约国，或者如果发站国与到站国有一国是公约的缔约国，并且运输合同双方当事人协商一致适用公约，这种情况下公约也会被适用。

② 《国际铁路货物联运协定》规定适用公约的情形是国际铁路货物运输的发站国与到站国都是公约的缔约国。

③ 如果运单载明的主体确为货运代理身份，应认定货物权利人为运单发货人，进而其有权向运单缔约承运人索赔；如果运单载明的主体与货物权利人之间是运输合同关系，货物权利人必须在得到运单记载“发货人”配合的情况下才能向承运人主张代理关系，进而认定自己为运单下的“发货人”。

④ 《国际铁路货物联运协定》赋予了收货人相应索赔权，同时也对收货人、发货人的索赔对象进行了明确规定。《国际铁路货物联运协定》第46条第2款规定，“赔偿请求应附有相应依据并注明赔偿款额，由发货人向缔约承运人，收货人向交付货物的承运人提出。赔偿请求以纸质形式提出，当运送参加者之间有协议时，以电子形式提出”。

3. 货损索赔前置条件和时效。[①]

4. 托运人对运单真实性负责。[②]

5. 归责原则。[③]

6. 责任限额及管辖。[④]

（四）提示与建议

1. 在填写运单时认真识别发货人身份。[⑤]

2. 商务记录为《国际铁路货物运输协定》下货损索赔的核心证据[⑥]，应完好留存。

3. 注意索赔前置条件和时效。

---

① 《国际铁路货物联运协定》明确规定“提出相应赔偿请求后，才可提起诉讼，且只可对受理赔偿请求的承运人提起诉讼”，即提赔是诉讼的前置条件，国内就有法院以原告未在诉讼前向被告提出索赔为由驳回诉请［（2013）杭铁民初字第4号］。

② 托运人应对其在运单中陈述的内容的真实性负责，因记载和声明的事项错误，或未将应填报的事项记入运单而给承运人造成损失的，托运人应该承担责任。

③ 《国际铁路货物联运协定》对货损的归责原则属于不完全的严格责任，尽管规定承运人对责任期间内货损承担赔偿责任，但同时设置了很多的免责事项，且对于绝大部分免责事由，只要承运人初步证明货损有可能系这些事由所致，在索赔人没有相反证据的情况下，可认定货损中存在免责事项。参见《国际铁路货物联运协定》第39—41条。

④ 就责任限额而言，《国际铁路货物联运协定》没有规定责任限额，除了保价运输外，其规定承运人按照货物价格进行赔偿，同时《国际铁路货物联运协定》对一些具体情况下的货损计算作出了明确规定，参见《国际铁路货物联运协定》第42—44条。

就管辖而言，《国际铁路货物联运协定》明确起诉对象只能是受理赔偿请求的承运人，进而规定由被告所在地进行管辖。

⑤ 运单发货人的名称处常会被记录为货代或有关的运输企业的名称，而在名称下又填入货物权利人的地址，这时如何认定发货人的身份就会存在争议。

⑥ 《国际铁路货物联运协定》第37条第2项规定，“对于承运人负有责任的货物灭失、短少、毁损（腐坏）情况，应以商务记录作为证明”。实践中不乏因为该证明文件的缺失导致索赔失败。

C. 航空运输

（一）法律适用

1. 国际层面：中国和越南均是《华沙公约》和《蒙特利尔公约》的成员国，根据后者规定，直接适用《蒙特利尔公约》。[①]

2. 国别层面：由于上述公约为强制适用，因此当事人无法选择适用其他法律。

（二）核心法律义务

1. 承运人义务：（1）合法运输货物；（2）对货物进行安检或采取必要安保措施；（3）妥善保管货物。

2. 托运人义务：（1）合法托运货物；（2）依法填写、签发航空货运单证；（3）妥善包装货物；（4）支付运费和其他费用。

（三）常见法律问题

1. 托运人运费支付。[②]

2. “航空运输期间”不同。[③]

---

① 《蒙特利尔公约》第55条规定，“在下列情况下，本公约应当优先于国际航空运输所适用的任何规则：一、该项国际航空运输在本公约当事国之间履行，而这些当事国同为下列条的当事国：一九二九年十月十二日在华沙签订的《统一国际航空运输某些规则的公约》（简称华沙公约）”。根据该条规则，当两方均为《蒙特利尔公约》和《华沙公约》缔约国时，应当直接适用《蒙特利尔公约》。

②（1）买卖合同确立的运费支付义务不能直接对抗运输合同确立的运费支付义务；（2）有确实证据证明运输合同中的托运人不是买卖合同中的卖方的，卖方不承担运费支付义务。

③ 包括货物在承运人保管下的整个期间，不论在航空站内、在航空器上或在航空站外降停的任何地点，即“接到交”期间。

3. 不同公约下对承运人责任的规定与限制不同。[①]

（四）提示与建议

1. 空运托运单不是物权凭证，仅是航空货物运输合同的证明。

2. 承运人主张《华沙公约》规定的免责及责任限制的前提是出具包含法定内容的货运单。

3.《华沙公约》禁止承运人规定企图免除责任或低于公约规定赔偿限额的合同条款或承运条件，即低于公约的约定无效。关于承运人责任，公约没有规定的，可以援用国内法解决。

4. 建议根据货物属性选择合适的贸易术语。[②]

D. 多式联运

（一）法律适用

1. 国际层面：适用《联合国国际货物多式联运公约》《国际商会多式联运单证统一规则》《联合国贸易和发展会议/国际商会多式联运单证规则》。[③]

2. 国别层面：可以约定适用我国《民法典》《海商法》《民用航空法》或越南《民法典》《航海法》《第125/2003ND-CP国际多式联运法令》《多式联运法令》。

---

① 《华沙公约》为不完全过失责任制，保留了航行过失免责；而《蒙特利尔公约》为完全过失责任制。2019年，国际民航组织对1999年《蒙特利尔公约》责任限额作出了修改，自2019年12月28日起实行经修改的限额。详见https://www.icao.int/secretariat/legal/LEB%20Treaty%20Collection%20Documents/2019_Revised_Limits_of_Liability_Under_the_Montreal_Convention_of_1999_zh.pdf，2024年5月18日访问。

② 高新技术企业空运出口建议选择C组贸易术语，进口建议选择F组贸易术语；对于紧急运输的货物，空运方式是首选。

③ 目前，《联合国国际货物多式联运公约》尚未生效，我国和越南亦未加入该公约，该公约的签署、加入状况参见https://treaties.un.org/Pages/ViewDetails.aspx?src=TREATY & mtdsg_no=XI-E-1&chapter=11&clang=_en，2024年5月18日访问。《国际商会多式联运单证统一规则》是一项国际惯例，供当事人自愿采纳。《联合国贸易和发展会议/国际商会多式联运单证规则》作为示范法，供国际货物多式联运当事人选择适用。

（二）核心法律义务

1. 多式联运经营人义务

（1）对全程运输承担承运人义务；（2）签发多式联运单据；（3）确保货物交付。

2. 发货人义务

（1）保证义务；（2）遵守危险性货物的强制性规则。

（三）常见法律问题

1. 适用传统运输中的哪种法律制度来确定多式联运经营人责任。

2. 货代和港口经营人是否具有多式联运经营人主体身份。

3. 多式联运经营人的赔偿责任。①

---

① 1. 关于赔偿责任期间。多式联运经营人的赔偿责任期间为“收到交”，即自其接管货物之时起到交付货物时止。参见《联合国多式联运公约》第14条。

2. 关于赔偿责任基础。多式联运经营人的赔偿责任基础为推定过失或疏忽原则。参见《联合国多式联运公约》第16条。

3. 关于赔偿责任限制。（1）若多式联运经营人对货物的灭失或损坏造成的损失负赔偿责任，其赔偿责任以灭失或损坏的货物的每件或其他货运单位920特别提款权，以及毛重每千克2.75特别提款权中两者中较高者为准。若根据合同不包括海上或内河运输，则按灭失或损坏货物毛重每千克8.33特别提款权确定。（2）若多式联运经营人对延迟交货造成的损失负赔偿责任，其赔偿责任以相当于迟延交付货物应付运费的2.5倍的数额为限，但不得超过多式联运合同规定的应付运费的总额。（3）多式联运经营人赔偿责任的总和不得超过货物全部灭失的赔偿责任限额。经多式联运经营人和发货人之间协议，多式联运单证中可规定超过规定的赔偿限额。参见《联合国多式联运公约》第18条。

4. 关于索赔时效。货物损坏明显时，收货人应当在不迟于货物交给其后的次一工作日提出索赔。货物损坏不明显的，收货人应在货物交给其之日后连续6日内提出索赔。针对迟延交货，收货人应在货物交给其之日后连续60日内提出索赔。参见《联合国多式联运公约》第24条。

5. 关于诉讼时效。国际多式联运的诉讼时效为2年。诉讼时效受索赔通知的影响，即若货物交付之日后6个月内，或者货物未能交付，在本应交付之日后6个月内，没有提出说明索赔的性质和主要事项的书面索赔通知，则在此期限届满后即失去诉讼时效。参见《联合国多式联运公约》第25条。

（四）提示与建议

在我国和越南均未加入《联合国国际货物多式联运公约》的情况下，建议在交易中选择我国法律作为准据法。

三、卖方交付货物（国际贸易术语适用）

A. DAT——运输终端交货（指定目的地或目的港）①

（一）基本含义

DAT全称为“Delivered at Terminal”，意为“运输终端交货（指定目的地或目的港）”。卖方在指定港口或目的地的指定运输终端将货物从抵达的运输工具上卸下，交由买方处置时，即为交货。“运输终端”意味着任何地点，而不论该地点是否有遮盖，例如码头、仓库、集装箱堆积场或公路、铁路、空运货站。卖方应承担将货物运至指定运输终端并将其卸下的一切风险和费用（除进口费用外）。该术语适用于任何运输方式或多式联运。

（二）核心法律义务

1. 卖方义务：（1）卖方必须提供符合买卖合同约定的货物和商业发票，以及合同可能要求的其他与合同相符的证据；（2）办理出口清关手续；（3）风险承担：承担将货物运至指定运输终端并将其卸下之前的一切费用和风险。

2. 买方义务：（1）买方必须按照买卖合同约定支付价款；（2）办理进口清关手续；（3）风险承担：承担卖方卸下货物后发生的一切费用和风险。

---

① DAT是INCOTERMS2010的术语，INCOTERMS2020已将DAT改为DPU，参见DPU部分。

（三）常见法律问题

1. 约定卸货地点。[①]

2. 卖方运输风险规避。[②]

3. 与DEQ的区分。[③]

B. DAF——边境交货（指定地点）[④]

（一）基本含义

DAF全称为“Delivered at Frontier”，意为“边境交货（指定地点）”。卖方在边境地指定的地点和具体交货点，在毗邻国家海关边界前，将仍处于交货的运输工具上尚未卸下的货物交给买方处置，办妥货物出口清关手续但尚未办理进口清关手续时，即完成交货。

（二）核心法律义务

1. 卖方义务：（1）卖方必须提供符合买卖合同约定的货物和商业发票，以及合同可能要求的其他与合同相符的证据；（2）卖方必须自付费用订立运输合同，将货物运至边境指定的交货地点和具体交货点；（3）办理出口清关手续；（4）风险承担：承担在边境的指定的交货地点，将仍处于交货运输工具上尚未卸下的货物交给买方处置前的一切风险。

---

① 由于卖方承担在特定地点交货前的风险，特别建议双方尽可能确切地约定运输终端，建议明确至约定港口或目的地的运输终端内的特定的点。

② 卖方虽然对买方没有订立保险合同的义务，但卖方须承担整个运输过程中的风险。因此，可通过投保规避货物运输风险。

③ 使用DAT时，卖方在指定港口或目的地的运输终端交货。且卖方要负责将货物从到达的运输工具上卸下，这一点与INCOTERMS2000中的DEQ类似。但DEQ是在目的港码头交货，卖方承担的责任仅限于将货物运至目的地港口并卸至码头，不负责再将货物由码头搬运到其他地方。DAT的交货地点虽然不再受码头的限制，但卖方承担的责任仍只是将货物交到合同约定的运输终端。如果双方希望由卖方再将货物从运输终端运到另外的地点，并承担其间的风险和费用，则应当使用DAP或DDP。

④ DAF是INCOTERMS2000的术语，已被DAP取代，参见DAP部分。

2. 买方义务:（1）买方必须按照买卖合同约定支付价款；（2）办理进口清关手续；（3）通知义务：一旦买方有权决定在约定期限内或在指定的地点受领货物，买方必须就此给予卖方充分通知；（4）卸货义务：在边境的指定的交货地点将货物从交货运输工具上卸下以受领货物的卸货费；（5）承担卖方交货后发生的一切费用和风险。

（三）常见法律问题

1. “边境”的定义。[①]

2. 运输方式界定。[②]

3. 卖方运输风险规避。[③]

四、国际货物运输保险

（一）法律适用

1. 国际层面：目前尚未有统一的国际保险条约，实务中适用当事人与保险公司订立的格式保险合同。

2. 国别层面：可以选择适用我国《保险法》及中国人民保险公司制定的海洋、陆上、航空运输货物保险条款[④]，也可约定适用越南《商业保险法》。

---

① “边境”一词可用于任何边境，包括出口国边境，因而用指定地点和具体交货点准确界定所指边境。

② 该术语可用于陆地边界交货的各种运输方式，当在目的港船上或码头交货时，应使用DES或DEQ。

③ 卖方虽然对买方没有订立保险合同的义务，但卖方须承担整个运输过程中的风险。因此，可通过投保规避货物运输风险。

④ 国际上没有统一的货物运输保险法，一般通过各国国内法和当事人订立的保险合同确定权利义务。《英国伦敦保险协会海运货物保险条款》《美国协会货物保险条款》是通常适用的国际海上货物运输保险惯例，规定了保险规则、险别等。

（二）核心法律义务

1. 保险人义务：（1）出具保险单证；（2）支付保险赔偿金。

2. 被保险人义务：（1）支付保险费；（2）如实告知义务[①]；（3）通知义务；（4）采取必要措施的义务[②]。

（三）常见法律问题

1. 保险单的生效日期应不晚于提单签发日期。

2. 如果损失是因铁路运输企业的故意或者重大过失造成的，不受保价额的限制，按照实际损失赔偿。

3. 海洋、陆上、航空运输货物保险的责任范围、责任免除、责任期间、索赔时效。[③]

（四）提示与建议

1. 在国际货物贸易中，由哪一方负责投保，取决于交易所使用的贸易术语和合同约定。

---

① 保险合同订立前，被保险人应当将其知道的或者在通常业务中应当知道的有关影响保险人据以确定保险费率或者确定是否同意承保的重要情况，如实告知保险人。

② 一旦发生保险事故，被保险人应当立即通知保险人，并采取必要的合理措施，防止或者减少损失。

③ 1. 海洋运输货物保险：（1）责任范围：平安险、水渍险、一切险。（2）除外责任：除外责任包括保险人的故意行为或过失所造成的损失；属于发货人责任引起的损失；保险责任开始前，被保险货物已存在品质不良或数量短差所造成的损失等（详见《海洋运输货物保险条款》第2条）。（3）责任期间："仓至仓"条款。（4）索赔时效：2年，从被保险货物在最后卸货港全部卸离运输工具后起算。

2. 陆上运输货物保险：（1）责任范围：陆运险和一切险。（2）除外责任：详见中国人民保险公司陆上运输货物保险条款（火车、汽车）第2条；（3）责任期间："仓至仓"条款；（4）索赔时效：2年，从被保险货物在最后目的地车站全部卸离车辆后起算。

3. 航空运输货物保险：（1）责任范围：航空运输险和航空运输一切险；（2）除外责任：详见中国人民保险公司航空运输货物保险条款第2条；（3）责任期间："仓至仓"条款；（4）索赔时效：2年，从被保险货物在最后卸货地卸离飞机后计算。

2. 建议投保短期出口贸易信用保险以分散风险。[①]

3. 在投保时注意投保单、保险单中对除外责任、纠纷先决条款等格式条款的约定。

五、国际货物贸易支付

A. 托收

（一）法律适用

1. 国际层面：ICC《托收统一规则》（URC522）是托收关系的主要法律依据，通常情况下，银行会选择适用该规则。

2. 国别层面：由于我国未对托收作出专门的法律规定，《托收统一规则》作为国际贸易结算中的国际惯例已经在国际贸易实践中获得了广泛承认和普遍适用，现已成为我国法院解决此类纠纷的主要依据。此外，可以约定适用我国《支付结算办法》。

（二）核心法律义务

1. 付款人义务：履行付款义务，不得无故延迟付款或拒付。

2. 委托人义务：（1）明确指示；（2）及时指示，当银行将发生的意外情况通知委托人时，委托人必须及时指示，否则，因此而发生的损失由委托人自行负责；（3）支付费用。

3. 银行义务：（1）及时收款与转款义务，若买方拒付则无须履行付款义务；（2）通知义务：及时向卖方通知买方拒付的情况。

① 短期出口贸易信用保险一般保障信用期限在一年以内的出口收汇风险，承保风险包括买方破产、拖欠、拒收等商业风险和贸易管制、外汇管制、战争等政治风险。

（三）常见法律问题

1. 托收中存在银行免责情形[①]，可能产生银行与外商相互串通而损害另一方的后果。

2. 注意区分付款交单（D/P）与承兑交单（D/A）两种结算方式。对卖方而言，承兑交单风险大于付款交单。

（四）提示与建议

国际贸易中，如果选择托收，建议选用付款交单（D/P）结算方式。大额出口业务建议采用信用证和托收相结合方式，切忌采用承兑交单（D/A）结算方式。

B. 信用证

（一）法律适用

1. 国际层面：ICC《跟单信用证统一惯例》（UCP600）和《关于审核跟单信用证项下单据的国际标准银行实务》（ISBP745）是信用证领域的主要法律依据，通常情况下，银行会选择适用该规则。

2. 国别层面：可以约定适用我国《最高人民法院关于审理信用证纠纷案件若干问题的规定》或越南的相关法律。目前，在我国对外经济贸易业务中，如采用跟单信用证的支付方式，我国银行一般也以《跟单信用证统一惯例》作为主要依据办理业务。

（二）核心法律义务

1. 开证申请人义务：（1）申请开立信用证；（2）缴付押金、担保及相关费用；（3）及时付款赎单；（4）承担第二付款责任，向受益人付款。

2. 受益人义务：（1）按信用证规定装货、制单、交单；（2）做到“货约一致、单货一致、单证一致、单单一致”；（3）赔偿责任。

---

① 银行对单据的实质、传递延误或遗失、不可抗力、货物、票据、被指示方的行为免责。

（三）常见法律问题

1. 开证行援引免责情形[①] 导致卖方无法获得相应款项。
2. 进口商不申请开证或迟延开证。
3. 进口商伪造信用证。[②]
4. “软条款”信用证。[③]
5. 伪造单据。
6. 以保函换取与信用证相符的提单。[④]
7. 信用证欺诈例外原则。[⑤]

---

① 开证行对单据的实质、传递延误或遗失、不可抗力、买卖合同的实际履行状况免责。

② 伪造信用证的情形包括：一是进口商故意伪造或冒用银行名义开立信用证；二是进口商伙同资信不良的银行开立信用证。

③ 常见的“软条款”有:（1）以本国法律干预信用证业务。如信用证规定审核标准，除《跟单信用证统一惯例》外，还有进出口国法律。（2）陷阱条款。如进口商修改信用证意思不够明确，造成出口方误解。

④ 以保函换取与信用证相符的提单主要有倒签提单、预借提单及凭保函换取清洁提单。

1. 倒签提单是货物装船的日期晚于信用证规定的装船日期，但仍按信用证规定的日期签署装船日期的提单。

2. 预借提单是在货物实际装船完毕前签发的，并将当天的日期记载于提单签发日期栏内。倒签提单和预借提单均属于欺诈行为。

3. 凭保函换取清洁提单通常情况下也属于欺诈行为，但在特殊情形下，在没有欺诈意图的情况下，由于客观条件所限，承托双方就货物的数量、重量或包装等问题存在认识上的分歧，又无法对所装运的货物的实际数量进行再核实，此时凭保函签发清洁提单是商业习惯允许的变通做法，司法实践中已有案例承认了此种善意保函的效力。此时承运人仍对货损货差向收货人承担责任，但有权依有效的保函向托运人追偿。

⑤ 信用证独立于买卖合同为原则，但也有例外。如果在银行对卖方提交的单据付款或承兑之前，发现或获得确凿证据，证明卖方确有欺诈行为，买方可请求法院向银行颁发禁止令，禁止银行付款。

（四）提示与建议

1. 建议选择资信良好的开证行。

2. 选择适当的信用证类型。[①]

3. 出口企业应高度关注三个日期：最迟装运日、信用证截止日和交单截止日，逾期可能会导致银行拒付。

4. 审慎对待信用证中的“软条款”，建议少用或不用。

5. 越南信用证使用的注意事项。[②]

C. 国际保理

（一）法律适用

1. 国际层面：现行的主要规则依据包括《国际保理公约》[③]、《国际保理业务惯例规则》、《联合国国际贸易应收款转让公约》[④]。中国和越南均未加入国际统一私法协会1988年《国际保理公约》和联合国国际贸易法委员会2001年《联合国国际贸易应收款转让公约》。《国际保理业务惯例规则》是保理行业的主要法律依据，通常情况下保理商会选择适用该规则。

2. 国别层面：可以约定适用我国《民法典》有关保理合同的规定，或者越南《民法典》中有关合同通则、债权转让的规定。

---

① 出口企业应当结合买卖双方的需求及合同货物的特征，选择适当的信用证类型。如果出口企业注重自身交单的便利性，可以考虑可议付信用证，就近指定议付行；如果买方有融资的需要，或者货物的生产周期较长，可以考虑远期信用证，分期交单付款，但要尽量压缩尾款的比例，以降低货款回收的风险。

② 越南的船期比较短，L/C的交单期会比较短，一定要控制交单时间；另外，要完全按照信用证上的信息做单据，避免人为制造不符点的嫌疑。

③ 《国际保理公约》虽已生效，但中国与越南均未加入，条约现状可参见国际统一私法协会官网：https://www.unidroit.org/instruments/leasing/convention/status，2024年5月18日访问。

④《联合国国际贸易应收款转让公约》尚未生效，条约现状可参见联合国官网：https://uncitral.un.org/en/texts/securityinterests/conventions/receivables/status，2024年5月18日访问。

（二）核心法律义务

1. 债务人（买方）义务：承诺向保理商履行付款的义务，但买方可以根据基础合同约定的付款抗辩条件对抗保理商的付款请求权。

2. 供应商（卖方）义务：（1）向债务人履行通知义务；（2）转让应收账款；（3）接受出口保理商的再转让；（4）支付约定的费用和利息。

（三）常见法律问题

1. 买方付款条件：债务人向保理商的付款义务以供应商的通知义务的履行为前提。

2. 卖方可能面临款项被索回与反转让。

3. 信用额度被取消或被缩减。

（四）提示与建议

作为卖方，应注意以下方面：

1. 尽可能充分了解买方的付款能力及诚信记录。

2. 在签订保理合同时尽量排除“进口保理商有权无条件缩减或撤销信用额度”的规定。

3. 建议选择资信良好、海外机构较多、账务管理严格的国际保理机构。

六、进出口通关

（一）法律适用

1. 国际层面：适用WTO《贸易便利化协定》（TFA）和《区域全面经济伙伴关系协定》（RCEP），其中与中国的贸易关税适用关税减让表的特殊约定。

2. 国别层面：适用越南《海关法》、《税务管理法》、《进出口税法》、《对外贸易管理法》、越南政府《关于细化实施商法有关国际货物买卖以及与外国进行货物销售、购买、加工和过境代理活动的法令》、越南政府《关于修订和补充2016年9月1日第134/2016/ND-CP号政府法令的若干条款以细化〈进出口税法〉的若干条款和实施措施》、越南财政部《关于进出口关税实施和管理的指导通知》、越南财政部《关于修订优惠进口关税中第2710目下若干商品的进口税率的决定》等法律法规。

（二）核心法律义务

1. 接受海关监管，包括但不限于接受海关检查、遵守进出口管制[①]和检验检疫规定。

2. 依法申报并缴纳进口关税[②]以及根据越南法令需要申报和缴纳的其他税项，包括但不限于增值税（VAT）等。

3. 依法申报，填写和提交越南法令要求的相应的清关文件。[③]

---

① 进出口管制清单请参阅187/2013/ND-CP、12/2018/TT-BCT、34/2013/TT-BCT、38/2014/ND-CP、113/2017/ND-CP等法律法规及其附件。该系列法律法规及其附件可登录https://vbpl.vn/pages/portal.aspx查阅，2024年5月18日访问。

② 第122/2016/ND-CP号越南政府法令公布了进口关税和优惠进口关税表、商品清单及其统一税、复合关税和配额外进口关税。此外，越南还对进口商品征收以下税项：

（1）增值税（VAT）：货物进口商必须为供应链中的附加值缴纳额外税款。越南对进口商品的增值税税率可以是0、5%或10%。某些商品，例如不能在越南生产的日用品，免征增值税。

（2）特别消费税（SCT）：被视为奢侈品的消费品需缴纳SCT。需缴纳SCT的产品亦需缴纳增值税。

（3）环境保护税（EPT）：根据越南法律和相关规定，可能对环境产生有害影响的商品需缴纳EPT。具体税率可登录https://www.vietnamtradeportal.gov.vn查阅，2023年6月25日访问。

③ 进出口货物的公司必须向海关提交文件档案，其中至少包括公司的商业登记证和进出口商业代码登记证。从事进口的企业，建议应当在国家工商登记网站（National Business Registration Portal website）和越南国家单一窗口网站（Viet Nam National Single Window Portal website）进行注册。2024年5月18日访问。

进口通关需提交以下文件：提货单、进口货物报关单、进口许可证（限制货物）、原产地证书、放货单、商业发票、海关进口报关单、检查报告、打包清单、交货单（通过海港进口的货物）、技术标准/卫生证书、码头处理收据。

出口通关需提交以下文件：电子出口报关单（E-Form HQ/2015/XK）、提货单、合同、原产地证书、商业发票、海关出口报关单、出口许可证、打包清单、技术标准/卫生证书。

（三）常见法律问题

1.货物可能被禁止或限制进口、出口。[①]

2.部分货物进口、出口需申请进口、出口许可证或接受特别管理。[②]

3.因检验检疫影响货物进口、出口通关。

（四）提示与建议

1. 事先查阅并咨询专业人员货物是否属于被禁止或限制进口或出口类型。

2. 对涉及需申请进口、出口许可证或者特别管理[③]的货物，及时向有关当局申领许可证或者向当局申请。

3. 在进口、出口通关前了解并咨询专业人员各项检验检疫程序及具体要求。

七、纠纷解决

A. 国际商事仲裁

（一）管辖机构

1. 亚太区内仲裁机构：中国国际经济贸易仲裁委员会（CIETAC）、中国香港国际仲裁中心（HKIAC）、新加坡国际仲裁中心（SIAC）、巴厘岛

---

① 进出口管制清单请参阅187/2013/ND-CP、12/2018/TT-BCT、34/2013/TT-BCT、38/2014/ND-CP、113/2017/ND-CP等法律法规。该系列法律法规可登陆https://vbpl.vn/pages/portal.aspx查阅，2024年5月18日访问。

② 需进口许可或特殊管理的货物主要包括：烟草材料、烟草制品、卷烟纸；专门用于卷烟生产的机器和设备以及备件等。参见https://vntr.moit.gov.vn/search，2024年5月18日访问。

③ 根据越南政府第187/2013/ND-CP号《关于细化实施商法有关国际货物买卖以及与外国进行货物销售、购买、加工和过境代理活动的法令》及其附件，特别管理措施包括但不限于符合越南相关国内法的规定、符合特殊情形、许可测试等措施。详情见上述法令附件，参见https://faolex.fao.org/docs/pdf/vie170808.pdf.，2024年5月18日访问。

国际仲裁与调解中心（BIAMC）、亚洲国际仲裁中心（AIAC）、越南国际仲裁中心（VIAC）[①]、吉隆坡国际仲裁中心（KLRCA）等。

2. 亚太区外仲裁机构：国际商会仲裁院（ICC）、英国伦敦仲裁院（LCIA）、瑞士苏黎世商会仲裁院（ZCC）、瑞典斯德哥尔摩商会仲裁院（SCC）等。

（二）管辖依据

仲裁机构及纠纷适用的准据法可由当事人选择确定。

（三）法律适用

1. 仲裁程序规则：一般适用管辖案件的仲裁机构的仲裁规则，当事人选择余地不大。越南国际仲裁中心的规则为《越南国际仲裁中心仲裁规则》[②]。

2. 案件准据法：由当事人选定或仲裁庭选定案件审理适用的准据法，可以是越南国内法或我国国内法。案件执行阶段，可以适用《承认及执行外国仲裁裁决公约》(《纽约公约》)。

（四）常见法律问题

1. 仲裁协议瑕疵导致仲裁机构选择不当或无效。

2. 仲裁员选择不当、仲裁程序失误、举证不利等导致仲裁败诉。

3. 仲裁前或仲裁过程中，未能对相关财产采取保全措施，仲裁胜诉后，可能无法执行或无法全部执行。

4. 越南存在拒绝承认和执行中国仲裁的先例，在执行外国仲裁裁决方

---

① 越南国际仲裁中心（VIAC）是一家独立、专业、长期的仲裁机构，通过仲裁和调解解决国内纠纷和涉外纠纷。VIAC的目标是促进仲裁或替代性争端解决方法（ADR）的发展，致力于建立客观、公正、可靠的争端解决机制，以确保争端解决的有效性和便利性。VIAC的仲裁员来自越南各领域的高级专家。

② 可登录https://www.viac.vn/images/Arbitration/Administered-of-Arbitration/Rules-of-Arbitration/[Printed-out-version]-VIAC-RULES-OF-ARBITRATION-2017---Chinese-translation.pdf.查阅，2024年5月18日访问。

面没有良好的记录。[①]

（五）提示与建议

1. 重视纠纷的可仲裁性问题。

2. 在约定仲裁协议时明确具体的仲裁机构。

3. 建议中方当事人就经济贸易纠纷优先选择仲裁的方式，可以选择外国或国际仲裁机构，而不仅限于越南的国际仲裁中心（VIAC）。

4. 当发现仲裁员与争议有利益关系或与对方当事人有亲戚关系等影响公正的情形时，要及时提出异议，维护自身合法权益。

B. 国际商事调解

（一）管辖机构

1. 亚太区内调解机构：亚太仲裁与调解中心（APCAM）、新加坡国际调解中心（SIMC）、越南国际商事调解中心（VICMC）、越南调解中心（VMC）。

2. 国内调解机构：中国国际贸易促进委员会/中国国际商会调解中心（CCPIT）、一带一路国际商事调解中心（BNRMC）、最高人民法院国际商事法庭（CICC）。

（二）管辖依据

管辖权产生的依据为当事人的意思自治。

（三）法律适用

1. 程序规则：可以适用《亚太仲裁与调解中心调解规则（2020版）》《新加坡调解公约》《越南国际商事调解中心规则》《越南调解中心规则》

---

① 2014年越南河内市高级人民法院拒绝承认和执行中国国际经济贸易仲裁委员会（CIETAC）作出的仲裁裁决。根据2003年一个非官方报道的上诉案件（Tyco v. Leighton）和随后的案件，越南法院广泛地解释了“违反越南法律的基本原则”这一规定的含义，而狭义地解释了“商业活动”。这些解释给希望外国仲裁裁决得到执行的上诉人带来了重大风险。

《国际商会调解与仲裁规则》《一带一路国际商事调解中心调解规则》《最高人民法院国际商事法庭程序规则（试行）》。

2. 案件准据法适用：由当事人选择案件审理适用的准据法，即我国相关国内法或越南相关国内法。

（四）常见法律问题

1. 调解协议须经司法确认才具有强制执行力。①

2. 调解员选择不当、调解程序失误、证据可采性等②导致调解失败。

3. 启动仲裁或司法程序不能视为对调解协议的豁免或调解程序的终止。

4. 越南不是《新加坡公约》成员国带来的影响。③

（五）提示与建议

1. 重视提交材料的完整性。

2. 当发现调解员与争议有利益关系或与对方当事人有亲戚关系等影响公正的情形时，要及时提出异议，维护自身合法权益。

C. 民事诉讼

（一）管辖机构

越南法院体系从上至下分为四级，最高人民法院为最高审判机关，下设三级法院：高级人民法院、省级人民法院和最低级别的地区级人民法院④。越南实行两审终审制，特殊情况下，最高人民法院有权进行初审、终审。法官和陪审员独立审判。法庭的组成人员都是单数，由3人或者5人

---

① 在我国，调解书具有强制执行力，调解协议须经法院司法确认才具有强制执行力。但根据《新加坡调解公约》规定，和解协议无须经司法确认即可得到执行。

② 以下信息不得作为证据使用：调解员的建议、一方当事人在调解程序中的陈述或承认、仅为调解程序准备的文件等。

③ 越南不是《新加坡调解公约》成员国，且中国与越南亦未签订相关国际条约，所以只有基于互惠的基础进行申请并获得批准后才能得到承认和执行，且申请结果具有不确定性。

④ 地区级人民法院审理一审案件；省级人民法院审理一审案件以及地区级人民法院提出的上诉、抗诉案件。

组成。平均而言，从立案到判决需要6个月至8个月[①]，但实践中一审案件诉讼过程可能需要1年至2年。同时，诉讼案件的立案和结案效率也会受到现实因素影响，因此有较多不确定性。

（二）管辖依据

1. 国别管辖：越南尚未加入海牙国际私法会议2005年《选择法院协议公约》，中国已签署但尚未批准核准，故无法直接援引适用《选择法院协议公约》确定国别管辖法院。

2. 国内管辖：通过中国《民事诉讼法》及其司法解释或越南《民事诉讼法》等确定国内管辖法院。

（三）法律适用

1. 程序法的适用：适用越南《民事诉讼法》。

2. 准据法的适用：无法直接适用《承认与执行外国民商事判决公约》。[②]

（四）常见法律问题

1. 判决的承认与执行。[③]

2. 诉讼时效的限制。[④]

（五）提示与建议

1. 聘请越南当地律师或者翻译，解决语言障碍问题。

2. 考量通过诉讼方式解决纠纷的成本，包括但不限于：诉讼审理周期长、承认与执行障碍、国内地方保护等。

---

① 一审程序中，民事纠纷、婚姻和家庭纠纷应当在4个月内审结；商业贸易纠纷、劳资纠纷应当在2个月内审结。

② 越南未签署2019年《民商事判决公约》，且目前该公约尚未生效，无法直接援引适用。

③ 越南和中国签署了《关于民事和刑事司法协助的条约》，因此，中国法院判决可以在越南承认和执行、越南法院的判决亦可在中国承认和执行。但从近年情况来看，执行较为困难，原因在于法院缺乏强制执行力，而越南企业资信状况难以摸清、难以控制。

④ 《越南民法典》规定，民事纠纷和商事纠纷的诉讼时效为自权利受到侵害之日起2年。

第五章　新加坡篇

新加坡共和国（Republic of Singapore），简称新加坡，位于马来半岛南端、马六甲海峡出入口。新加坡属外贸驱动型经济，以电子、石油化工、金融、航运、服务业为主，高度依赖中、美、日、欧和周边市场，外贸总额是GDP的三倍。

新加坡于1990年同中国建交，2008年同我国签署《中国—新加坡自由贸易协定》，是第一个同我国签署自贸协定的亚洲国家。2018年两国签署《关于升级〈中国—新加坡自由贸易协定〉的议定书》，2020年启动后续谈判。2023年4月，双方实质性完成中新自贸协定升级后续谈判。当前，新加坡是我国在东盟国家中第五大贸易伙伴，自2013年起我国连续10年是新加坡最大贸易伙伴国。此外，新加坡是世界贸易组织（WTO）、国际货币基金组织（IMF）和亚太经合组织（APEC）的成员国，已加入《区域全面经济伙伴关系协定》（RCEP）和《全面与进步跨太平洋伙伴关系协定》（CPTPP）。

在国内法治方面，新加坡属于普通法系国家，法律渊源包括宪法、法律、附属法例和判例法。新加坡法院体系由最高法院、地方法院和家庭法院组成。最高法院由高等法院和上诉法院组成，上诉法院为终审法院。针对国际商事争议，新加坡在高等法院下设立了新加坡国际商事法庭。

本章从以下六个方面介绍新加坡参与国际条约的基本状况及相关国内法情况。[①]

第一，国际货物买卖合同：新加坡于1995年加入《联合国国际货物销售合同公约》（CISG），1996年公约对其生效。新加坡加入CISG时对第1条

---

① 新加坡国内法体系受英国法律影响较大，属于普通法系。其法律渊源可分为成文法和不成文法，成文法主要包括宪法、法律及附属法规，不成文法包括英国普通法、判例及习惯法等。新加坡的法律制度总体比较完善，企业面临的风险主要是合规风险。

第1款b项作出了保留声明。新加坡于1909年颁布了《民法》，现行有效。不同于我国《民法典》，新加坡《民法》旨在合并民法中的某些条款，没有对民事法律关系进行详细规定。对于合同等具体制度，由单独立法和判例法等进行规制。新加坡合同法领域的成文法主要包括：1959年《合同落空法》、1967年《错误陈述法》、1977年《显失公平合同条款法》、1979年《货物销售法》、1987年《未成年人合同法》、2001年《合同法（第三方权利）》、2003年《消费者保护法（公平交易）》等。

第二，国际货物运输：

1. 海/水上运输：新加坡未加入《海牙规则》；于1972年加入了《海牙—维斯比规则》；于1978年签署了《汉堡规则》，但尚未批准《汉堡规则》。中新两国于1997年签订了《中华人民共和国政府和新加坡共和国政府海运协定》，并于2005年签订了《中华人民共和国政府和新加坡共和国政府海运协定修改议定书》，以促进两国海运合作。新加坡国内有关海/水上运输的现行法律包括1972年《海上货物运输法》、1992年《提单法》、1995年《商船法》等。

2. 铁路运输：新加坡不是《国际铁路货物联运协定》（SMGS）、《国际铁路货物运输公约》（CIM）的参加国。新加坡于1905年颁布了《铁路法》，现行有效。

3. 航空运输：新加坡于1971年9月加入《华沙公约》，同年12月公约对其生效。于1967年加入了《海牙议定书》，1968年议定书对其生效。于2007年9月加入了《蒙特利尔公约》，同年11月公约对其生效。新加坡没有加入1961年《瓜达拉哈拉公约》。

4. 多式联运：目前，《联合国国际货物多式联运公约》尚未生效，新加坡亦未加入该公约。新加坡于2021年颁布了《多式联运法》，现行有效。

第三，国际货物运输保险：当前，尚无统一的国际保险条约。新加坡于1966年颁布了《保险法》，现行有效。

第四，国际贸易支付：

1. 国际托收：ICC《托收统一规则》（URC522）是托收关系的主要法律依据。

2. 信用证支付：ICC《跟单信用证统一惯例》（UCP600）和《关于审

核跟单信用证项下单据的国际标准银行实务》（ISBP745）是信用证领域的主要法律依据。

3. 国际保理：新加坡尚未加入《国际保理公约》和《联合国国际贸易应收款转让公约》。

第五，进出口通关：新加坡于1995年加入世界贸易组织（WTO），于2015年向WTO递交了《贸易便利化协定》（TFA）的接受文书，TFA自2017年2月22日对其生效。2022年1月1日《区域全面经济伙伴关系协定》（RCEP）对新加坡生效。新加坡于1960年颁布了《海关法》，现行有效。其他有关进出口通关的法律规范包括1966年《自由贸易区法》、1995年《进出口管理法》、2000年《化学武器（禁止）法》、2002年《战略物资（管制）法》等。

第六，纠纷解决：

1. 国际商事仲裁：新加坡于1986年8月加入《纽约公约》，同年11月公约对其生效。新加坡在加入时作出了互惠保留，即新加坡适用《纽约公约》仅限于承认和执行在另一个缔约国领土上作出的裁决。中新两国于1999年签订了《关于民事和商事司法协助的条例》，其中约定的双方司法协助内容包括了仲裁裁决的承认与执行。新加坡针对国际仲裁，于1994年颁布了《国际仲裁法》，现行有效。

2. 国际商事调解：新加坡于2020年2月加入了《新加坡调解公约》，同年12月公约对其生效。此外，新加坡国际调解中心（SIMC）于2014年成立，可在《新加坡国际调解中心调解规则》的基础上提供国际调解服务。

3. 民事诉讼：新加坡于2016年6月加入了海牙国际私法会议2005年《选择法院协议公约》，同年10月公约对其生效。新加坡尚未加入2019年《承认与执行外国民商事判决公约》。中新两国于1999年签订了《关于民事和商事司法协助的条例》，但其内容并未涉及法院判决的承认与执行。2018年双方最高法院签署了《关于承认与执行商事案件金钱判决的指导备忘录》，但该备忘录不具有法律约束力。新加坡1959年《外国判决互惠执行法》为部分外国法院判决在新加坡的承认与执行提供了支持，但其要求它们所涉及的司法管辖区必须与新加坡有相互承认和执行判决的规定，或者与新加坡签订了双边或多边协定。新加坡国内诉讼法律规范主要有1969

年《最高法院司法制度法》、1970年《地方法院司法制度法》、2021年《法庭规则》、2021年《新加坡国际商事法院规则》等。

一、国际货物买卖合同

（一）法律适用

1.国际层面：中国和新加坡均为《联合国国际货物销售合同公约》（CISG）缔约国，适用CISG，效力优于国内法。但根据CISG规定，当事人仍可排除适用。此外，新加坡对CISG第1条第1款b项作出了保留，即新加坡仅在当事方营业地所在国均为缔约国情况下适用CISG。[①]

2.国别层面：可选择适用我国《民法典》。新加坡的合同法承袭英国的判例法，成文化比例较小。[②] 对于新加坡境内的货物销售，新加坡专门制定了《货物销售法》[③]。

（二）核心法律义务

1. 卖方义务：（1）交货义务：按合同约定的时间和地点交货；（2）交单义务：按合同约定的时间、地点和方式移交单据；（3）货物相符：卖方应保证其交付的货物品质、数量和规格与合同约定相符；（4）权利担保：卖方保证对其出售的货物享有完全的所有权或处分权，并承担知识产权担

---

① 为落实CISG，新加坡于1995年颁布了《货物销售（联合国公约）法》。

② 新加坡合同法的主要内容涉及合同的订立（要约、承诺、对价、立约意图）、订约能力、合同条款、合同相对性、合同终止、合同无效或撤销（错误、错误陈述、胁迫、不当影响、不合理交易）、合法性和公共政策、违约和救济等。新加坡合同法主要在以下领域有成文法：《合同法（第三方权利）》《货物销售法》《合同落空法》《显失公平合同条款法》《错误陈述法》《消费者保护法（公平交易）》《未成年人合同法》等。

③ 相较于合同法基本规则，《货物销售法》在合同订立形式、默示条款、交付、所有权转移、灭失风险、买卖双方权利义务、违约损失的计算等方面规定了一些特殊规则。对于涉及消费者的买卖，还应同时遵守《消费者保护法（公平交易）》的相关规定。

保义务。

2. 买方义务：（1）按合同约定支付货款；（2）接收货物；（3）检验货物：在目的地或转运目的地及时检验。

（三）常见法律问题

1. 交货数量不符合合同要求。①
2. 货物包装不符合合同要求。②
3. 货物规格不符合合同要求。③
4. 卖方违反知识产权担保义务。④
5. 买方未按合同要求付款。⑤

---

① 少交货物时，买方可以要求卖方补齐不足部分或者赔偿损失；多交货物时，买方有权拒绝收取多交的货物。需要注意的是，如果交货数量与合同不符导致单证不符，卖方有遭到银行拒付的风险。此外，交货数量与合同不符还会给货物顺利通关过境带来风险。

② 注意卖方提供的包装是否足以保全和保护货物的安全以避免货物损坏，同时关注包装是否违反进口国的法律规定或者是否含有贬损进口国某些民族风俗习惯的图案或文字。

③ 卖方交货规格低于合同的要求属于明显的违约行为，在某些情况下卖方交货规格高于合同的要求，在货物办理进出口手续时有可能要多缴关税；此外，交货规格与合同不符，可能造成货物通关时被认定为“货证不符”。

④ 卖方承担的知识产权担保义务及于两个地方：买方营业地和合同预期的货物转售或使用地。

⑤ 参见本章“五、国际货物贸易支付”部分。

6. 风险的转移与所有权的转移。[①]

7. 买方未合理地接收货物。[②]

（四）提示与建议

1. 建议审查主体是否适格，明确企业是否具有进出口经营权，并核实签约主体、签约人资格。

2. 谨慎约定品质条款，对因技术复杂、内容繁多的产品，可单独在合同附件中约定品质条款，并注明是合同的组成部分。

3. 制定明确、详细的检验条款，在进出口合同中避免使用同一检验条款，并约定由独立第三人进行检验。

4. 对于陈述条款，应确保如实陈述。如果事后发现错误，应当及时纠正，以避免合同损失。

5. 交易合同中避免出现固定价格等被新加坡《竞争法》所禁止的安排。

6. 鉴于新加坡在大多数领域仍沿袭判例法，部分领域（如担保、侵权）与我国国内法差异较大，建议在进行跨境交易时选择中国法律作为适

---

① 1. 关于合同中有运输条款的货物买卖的风险转移。若合同没有明确交货地点，卖方货交第一承运人后，货物风险转移至买方；若合同明确了交货地点，卖方在该特定地点货交承运人后，货物风险转移至买方；若卖方有义务将货物特定化，在该特定化工作完成之前，风险不能转移给买方。参见CISG第67条。

2. 关于在运输中销售的货物的风险转移，自买卖合同成立时起转移给买方。若情况表明有此需要，风险自货物交付给签发载有运输合同单据的承运人时起即转移给买方，但这种情况须以卖方在订立合同时不知道货物已灭失或损坏为限。参见CISG第68条。

3. 针对不属于CISG第67—68条情形，如在卖方营业地或卖方营业地以外的地点交货，此时的风险从货物交由买方处置但其不收取货物从而违反合同时起转移给买方。若买方有义务在卖方营业地以外的某一地点接收货物，当交货时间已到而买方知道货物已在该地点交给其处置时，风险方始移转。如果合同指的是当时未加识别的货物，则这些货物在未清楚注明有关合同以前，不得视为已交给买方处置。参见CISG第69条。

② 买方不能因货物的质量问题而拒绝接收货物，同时应按时提取货物，未按时提取货物而扩大的损失或产生的费用由买方承担。

用法。

7. 争议发生后要重视固定证据以保障企业权益。

二、国际货物运输

A. 海/水上运输

（一）法律适用

1. 国际层面：调整海上运输的国际公约有《海牙规则》《海牙—维斯比规则》《汉堡规则》《鹿特丹规则》。新加坡没有加入《海牙规则》。于1978年签署了《汉堡规则》，但尚未正式加入该规则。新加坡是《海牙—维斯比规则》的缔约国，装港或卸港为新加坡的提单运输可以适用《海牙—维斯比规则》。中国没有加入以上三个规则，但当事人可以自愿选择适用。《鹿特丹规则》尚未生效，不建议当事人选择。

2. 国别层面：可约定适用我国《民法典》《海商法》，也可约定适用新加坡《海上货物运输法》《提单法》《商船法》等。

（二）核心法律义务

1. 承运人义务：（1）适航义务，使船舶在开航前和开航时处于适航状态；（2）管理货物；（3）不得进行不合理绕航；（4）依约签发提单。

2. 托运人义务：（1）支付运费；（2）妥善包装货物；（3）办理相关手续。

（三）常见法律问题

1. 承运人的基本义务。①

---

① 《海牙规则》规定了适航义务和管货义务，适航义务的时间为开航前和开航时，不要求承运人承担整个运输期间的船舶适航义务。《海牙—维斯比规则》同《海牙规则》规定一致。《汉堡规则》规定承运人对货物的灭失、损坏以及延迟交付所造成的损失负赔偿责任。

2. 承运人的责任期间。[①]
3. 承运人的免责情形。[②]
4. 承运人的赔偿限额。[③]
5. 索赔时效。[④]
6. 诉讼时效。[⑤]

（四）提示与建议

1. 在合同约定适用中国准据法时应注意国内水路货物运输纠纷诉

---

① 《海牙规则》规定为“钩至钩”，即从货物装上船起至卸完船为止的期间。《海牙—维斯比规则》同《海牙规则》规定一致。《汉堡规则》规定为“收到交”，即货物在装货港、运送途中和卸货港在承运人掌管下的期间。

② 《海牙规则》规定了包括“航行过失”免责在内的17项免责事项。《海牙—维斯比规则》同《海牙规则》规定一致。《汉堡规则》取消了“航行过失”免责事项。

③ 《海牙规则》规定承运人对货物的灭失或损失的赔偿责任，在任何情况下每件或每单位不得超过100英镑，但托运人于装货前已申明该货物的性质和价值，并在提单上注明者不在此限。《海牙—维斯比规则》采取了双重责任限额制，即对货物的灭失或损害责任以每件或每单位10000金法郎或每千克30金法郎为限，两者以高者计。《汉堡规则》提高了承运人的最高赔偿限额，规定承运人对货物灭失或损坏的赔偿责任限额为每件或每单位835特别提款权（SDR），或每千克2.5特别提款权，以高者为准。

④ 《海牙规则》规定收货人在提货时应检查货物，损坏明显的应立即提出索赔；损坏不明显的于3日内提出；在联合检验的情况下，不需出具索赔通知。《海牙—维斯比规则》同《海牙规则》规定一致。《汉堡规则》关于索赔通知的时间较《海牙规则》有所延长，规定索赔通知应在收货后的第1个工作日内提交；损害不明显时，在收货后15日内提交；在联合检验的情况下，不需出具索赔通知。

⑤ 《海牙规则》规定货方对承运人或船舶提起货物灭失或损害赔偿的诉讼时效为1年，自货物交付之日起算，在货物灭失的情况下，自货物应交付之日起算。《海牙—维斯比规则》规定诉讼时效为1年，双方协商可延长时效；对第三者的追偿诉讼，在1年的诉讼时效期满后，仍有3个月的宽限期。《汉堡规则》规定诉讼时效为2年，自承运人或实际承运人交付货物或交付部分货物，或者自应交付货物的最后一日起算；索赔双方可协商延长时效；对于承运人向收货人赔付后在向第三者追偿时，仍有90日的宽限期。

讼时效。[①]

2. 建议选择经验丰富的船运公司。

3. 谨慎核查提单表面，保持与合同的一致性。

B. 铁路运输

（一）法律适用

1. 国际层面：新加坡不是《国际铁路货物运输公约》[②]（CIM）的参加国，也未加入《国际铁路货物联运协定》[③]（SMGS），无法适用该公约和协定。

2. 国别层面：可以约定适用我国《铁路法》和中欧班列规则，或新加坡《铁路法》。

---

① 根据《最高人民法院关于如何确定沿海、内河货物运输赔偿请求权时效期间问题的批复》，托运人、收货人就沿海、内河货物运输合同向承运人要求赔偿的请求权，或者承运人就沿海、内河货物运输向托运人、收货人要求赔偿请请求权，时效期间为1年，自承运人交付或者应当交付货物之日起计算。

②《国际铁路货物运输公约》要求国际铁路货物运输的发站国与到站国都是公约的缔约国，或者如果发站国与到站国有一国是公约的缔约国，并且运输合同双方当事人协商一致适用公约，这种情况下公约也会被适用。

③《国际铁路货物联运协定》规定适用公约的情形是国际铁路货物运输的发站国与到站国都是公约的缔约国。

（二）核心法律义务

1. 承运人义务：（1）运输货物[①]；（2）管理货物[②]；（3）通知义务[③]。

① 铁路运输企业应当按照合同约定的期限或者国务院铁路主管部门规定的期限，将货物、包裹、行李运到目的站；逾期运到的，铁路运输企业应当支付违约金。铁路运输企业逾期30日仍未将货物、包裹、行李交付收货人或者旅客的，托运人、收货人或者旅客有权按货物、包裹、行李灭失向铁路运输企业要求赔偿。参见中华人民共和国《铁路法》第16条。

② 铁路运输企业应当对承运的货物、包裹、行李自接受承运时起到交付时止发生的灭失、短少、变质、污染或者损坏，承担赔偿责任：（1）托运人或者旅客根据自愿申请办理保价运输的，按照实际损失赔偿，但最高不超过保价额。（2）未按保价运输承运的，按照实际损失赔偿，但最高不超过国务院铁路主管部门规定的赔偿限额；如果损失是铁路运输企业的故意或者重大过失造成的，不适用赔偿限额的规定，按照实际损失赔偿。托运人或者旅客根据自愿可以向保险公司办理货物运输保险，保险公司按照保险合同的约定承担赔偿责任。托运人或者旅客根据自愿，可以办理保价运输，也可以办理货物运输保险；还可以既不办理保价运输，也不办理货物运输保险。不得以任何方式强迫办理保价运输或者货物运输保险。参见中华人民共和国《铁路法》第17条。

③ 自铁路运输企业发出领取货物通知之日起满30日仍无人领取的货物，或者收货人书面通知铁路运输企业拒绝领取的货物，铁路运输企业应当通知托运人。参见中华人民共和国《铁路法》第22条。

2. 托运人义务：（1）如实填报托运单[①]；（2）按要求包装、标记货物[②]；（3）处理无人收货的义务[③]。

3. 收货人义务[④]：（1）按照合同支付运费；（2）验收货物。

（三）常见法律问题

1. 发货人的身份识别。[⑤]

---

① 托运人应当如实填报托运单，铁路运输企业有权对填报的货物和包裹的品名、重量、数量进行检查。经检查，申报与实际不符的，检查费用由托运人承担；申报与实际相符的，检查费用由铁路运输企业承担，因检查对货物和包裹中的物品造成的损坏由铁路运输企业赔偿。托运人因申报不实而少交的运费和其他费用应当补交，铁路运输企业按照国务院铁路主管部门的规定加收运费和其他费用。参见中华人民共和国《铁路法》第19条。

② 托运货物需要包装的，托运人应当按照国家包装标准或者行业包装标准包装；没有国家包装标准或者行业包装标准的，应当妥善包装，使货物在运输途中不因包装原因而受损坏。铁路运输企业对承运的容易腐烂变质的货物和活动物，应当按照国务院铁路主管部门的规定和合同的约定，采取有效的保护措施。参见中华人民共和国《铁路法》第20条。

③ 自铁路运输企业发出领取货物通知之日起满30日仍无人领取的货物，或者收货人书面通知铁路运输企业拒绝领取的货物，铁路运输企业应当通知托运人，托运人自接到通知之日起满30日未作答复的，由铁路运输企业变卖；所得价款在扣除保管等费用后尚有余款的，应当退还托运人，无法退还、自变卖之日起180日内托运人又未领回的，上缴国库。参见中华人民共和国《铁路法》第22条。

④ 货物、包裹、行李到站后，收货人或者旅客应当按照国务院铁路主管部门规定的期限及时领取，并支付托运人未付或者少付的运费和其他费用；逾期领取的，收货人或者旅客应当按照规定交付保管费。参见中华人民共和国《铁路法》第21条。

⑤ 如果运单载明的主体确为货运代理身份，应认定货物权利人为运单发货人，进而其有权向运单缔约承运人索赔；如果运单载明的主体与货物权利人之间是运输合同关系，货物权利人必须在得到运单记载“发货人”配合的情况下才能向承运人主张代理关系，进而认定自己为运单下的“发货人”。

2. 货损索赔主体和索赔对象。①

3. 货损索赔前置条件和时效。②

4. 托运人对运单真实性负责。③

5. 归责原则。④

6. 责任限额及管辖。⑤

（四）提示与建议

1. 在填写运单时认真识别发货人身份。⑥

① 《国际铁路货物联运协定》赋予了收货人相应索赔权，同时也对收发货人的索赔对象进行了明确规定。《国际铁路货物联运协定》第46条第2款规定，赔偿请求应附有相应依据并注明赔偿款额，由发货人向缔约承运人，收货人向交付货物的承运人提出。赔偿请求以纸质形式提出，当运送参加者之间有协议时，以电子形式提出。

② 《国际铁路货物联运协定》明确规定“提出相应赔偿请求后，才可提起诉讼，且只可对受理赔偿请求的承运人提起诉讼”，即提赔是诉讼的前置条件，国内就有法院以原告未在诉讼前向被告提出索赔为由驳回诉请［（2013）杭铁民初字第4号］。

③ 托运人应对其在运单中陈述的内容的真实性负责，因记载和声明的事项错误，或未将应填报的事项记入运单而给承运人造成损失的，托运人应该承担责任。

④ 《国际铁路货物联运协定》对货损的归责原则属于不完全的严格责任，尽管规定承运人对责任期间内货损承担赔偿责任，但同时设置了很多的免责事项，且对于绝大部分免责事由，只要承运人初步证明货损有可能系这些事由所致，在索赔人没有相反证据的情况下，可认定货损中存在免责事项。参见《国际铁路货物联运协定》第39—41条。

⑤ 就责任限额而言，《国际铁路货物联运协定》没有规定责任限额，除保价运输外，其规定承运人按照货物价格进行赔偿，同时《国际铁路货物联运协定》对一些具体情况下的货损计算作出了明确规定。参见《国际铁路货物联运协定》第42—44条。

就管辖而言，《国际铁路货物联运协定》明确起诉对象只能是受理赔偿请求的承运人，进而规定由被告所在地进行管辖。

⑥ 运单发货人的名称处常会被记录为货代或有关的运输企业的名称，而在名称下又填入货物权利人的地址，这时如何认定发货人的身份就会存在争议。

2. 商务记录为《国际铁路货物联运协定》下货损索赔的核心证据[①]，应完好留存。

3. 注意索赔前置条件和时效。

C. 航空运输

（一）法律适用

1. 国际层面：中国和新加坡均是《华沙公约》《海牙议定书》《蒙特利尔公约》的成员国[②]，因此可以直接适用公约。

2. 国别层面：由于上述公约均为强制适用，因此当事人无法选择适用其他法律。[③]

（二）核心法律义务

1. 承运人义务：（1）合法运输货物；（2）对货物进行安检或采取必要安保措施；（3）妥善保管货物。

2. 托运人义务：（1）合法托运货物；（2）依法填写、签发航空货运单证；（3）妥善包装货物；（4）支付运费和其他费用。

---

① 《国际铁路货物联运协定》第37条第2项规定，“对于承运人负有责任的货物灭失、短少、毁损（腐坏）情况，应以商务记录作为证明”。实践中不乏因为该证明文件的缺失导致索赔失败的案例。

② 我国是《瓜达拉哈拉公约》的缔约国，而新加坡不是。相关国际民用航空运输条约的签署、加入状况参见国际民航组织（ICAO）发布的文件：https://www.icao.int/secretariat/legal/LEB%20Treaty%20Collection%20Documents/composite_table.pdf，2024年5月14日访问。

③ 为落实《蒙特利尔公约》，新加坡于2007年颁布了《航空运输法（1999年蒙特利尔公约）》。

（三）常见法律问题

1. 托运人运费支付。[①]

2. “航空运输期间”不同。[②]

3. 不同公约下对承运人责任的规定与限制不同。[③]

（四）提示与建议

1. 空运托运单不是物权凭证，仅是航空货物运输合同的证明。

2. 承运人主张《华沙公约》规定的免责及责任限制的前提是出具包含法定内容的货运单。

3.《华沙公约》禁止承运人规定企图免除责任或低于公约规定赔偿限额的合同条款或承运条件，即低于公约的约定无效。关于承运人责任，公约没有规定的，可以援用国内法解决。

4. 建议根据货物属性选择合适的贸易术语。[④]

D. 多式联运

（一）法律适用

1. 国际层面：适用《联合国国际货物多式联运公约》《国际商会多式联运单证统一规则》《联合国贸易和发展会议/国际商会多式联运单证

---

① （1）买卖合同确立的运费支付义务不能直接对抗运输合同确立的运费支付义务；（2）有确实证据证明运输合同中的托运人不是买卖合同中的卖方，则卖方不承担运费支付义务。

② 包括货物在承运人保管下的整个期间，不论在航空站内、在航空器上或在航空站外降停的任何地点，即“接到交”期间。

③ 《华沙公约》为不完全过失责任制，保留了航行过失免责；而《蒙特利尔公约》为完全过失责任制。2019年，国际民航组织对1999年《蒙特利尔公约》责任限额作出了修改，自2019年12月28日起实行经修改的限额。详见https://www.icao.int/secretariat/legal/LEB%20Treaty%20Collection%20Documents/2019_Revised_Limits_of_Liability_Under_the_Montreal_Convention_of_1999_zh.pdf，2024年5月21日访问。

④ 高新技术企业空运出口建议选择C组贸易术语，进口建议选择F组贸易术语；对于紧急运输的货物，空运方式是首选。

规则》。[①]

2. 国别层面：可以约定适用我国《民法典》《海商法》《民用航空法》，或新加坡《多式联运法》。

（二）核心法律义务

1. 多式联运经营人义务：（1）对全程运输承担承运人义务；（2）签发多式联运单据；（3）确保货物交付。

2. 发货人义务：（1）保证义务[②]；（2）遵守危险性货物的强制性规则[③]。

（三）常见法律问题

1. 适用传统运输中的哪一种法律制度来确定多式联运经营人责任。

2. 货代和港口经营人是否具有多式联运经营人主体身份。

---

① 目前，《联合国国际货物多式联运公约》尚未生效，我国和新加坡亦未加入该公约，该公约的签署、加入状况参见https://treaties.un.org/Pages/ViewDetails.aspx?src=TREATY&mtdsg_no=XI-E-1&chapter=11&clang=_en，2024年5月21日访问。《国际商会多式联运单证统一规则》是一项国际惯例，供当事人自愿采纳。《联合国贸易和发展会议/国际商会多式联运单证规则》是一个供国际货物多式联运当事人选择适用的规则。

② 多式联运经营人接管货物时，应视为发货人已向多式联运经营人保证，其在多式联运单据中所提供的货物品类、标志、件数、重量和数量，如属危险货物、其危险性等事项，概属准确无误。发货人应就联运经营人由于这些项目不准确或不充分而引起或造成的所有灭失、损坏和费用予以赔偿。

③ 发货人应遵守国内法或国际公约中关于承运危险性货物的强制性规则，并应在任何情况下，在联运经营人掌管危险性货物之前，将危险性货物的确切性质，书面通知联运经营人，并在必要时说明其防范措施。发货人应对由此种货物被掌管、运送或附带的服务工作而引起的一切灭失、损害、延迟交货或费用承担责任。

3. 多式联运经营人的赔偿责任。[①]

（四）提示与建议

在我国和新加坡均未加入《联合国国际货物多式联运公约》的情况下，建议在交易中选择我国法律作为准据法。

三、卖方交付货物（国际贸易术语适用）

A. DES——目的港船上交货（指定目的港）[②]

（一）基本含义

DES全称为“Delivered Ex Ship”，意为“目的港船上交货（指定目的

---

① 1. 关于赔偿责任期间。多式联运经营人的赔偿责任期间为“收到交”，即自其接管货物之时起到交付货物时止。参见《联合国多式联运公约》第14条。

2. 关于赔偿责任基础。多式联运经营人的赔偿责任基础为推定过失或疏忽原则。参见《联合国多式联运公约》第16条。

3. 关于赔偿责任限制。（1）若多式联运经营人对货物的灭失或损坏造成的损失负赔偿责任，其赔偿责任以灭失或损坏的货物的每件或其他货运单位920特别提款权，以及毛重每千克2.75特别提款权中两者中较高者为准；若根据合同不包括海上或内河运输，则按灭失或损坏货物毛重每千克8.33特别提款权确定。（2）若多式联运经营人对延迟交货造成的损失负赔偿责任，其赔偿责任以相当于迟延交付货物应付运费的2.5倍的数额为限，但不得超过多式联运合同规定的应付运费的总额。（3）多式联运经营人赔偿责任的总和不得超过货物全部灭失的赔偿责任限额。经多式联运经营人和发货人之间协议，多式联运单证中可规定超过规定的赔偿限额。参见《联合国多式联运公约》第18条。

4. 关于索赔时效。货物损坏明显时，收货人应当在不迟于货物交给其后的次一工作日提出索赔；货物损坏不明显的，收货人应在货物交给其之日后连续6日内提出索赔；针对迟延交货，收货人应在货物交给其之日后连续60日内提出索赔。参见《联合国多式联运公约》第24条。

5. 关于诉讼时效。国际多式联运的诉讼时效为2年。诉讼时效受索赔通知的影响，即若货物交付之日后6个月内，或者货物未能交付，在本应交付之日后6个月内，没有提出说明索赔的性质和主要事项的书面索赔通知，则在此期限届满后即失去诉讼时效。参见《联合国多式联运公约》第25条。

② DES是INCOTERMS2000的术语，已被DAP取代，参见DAP部分。

港）”。卖方在指定的目的港，货物在船上交给买方处置，但不办理货物进口清关手续，卖方即完成交货。卖方必须承担货物运至指定的目的港卸货前的一切风险和费用。

（二）核心法律义务

1. 卖方义务：（1）卖方必须提供符合买卖合同约定的货物和商业发票，以及合同可能要求的其他与合同相符的证据；（2）办理出口清关手续；（3）卖方必须自付费用订立运输合同，将货物运至指定目的港的指定地点；（4）卖方承担将货物于船上交给买方处置之前的一切风险。

2. 买方义务：（1）办理进口清关手续；（2）买方必须于货物运至指定目的港时受领货物；（3）买方承担卖方交货后的一切毁损和灭失的风险。

（三）常见法律问题

1. 运输方式限制。[①]

2. 与DEQ的区分。[②]

B. DEQ——目的港码头交货（指定目的港）[③]

（一）基本含义

DEQ全称为“Delivered Ex Quay”，意为“目的港码头交货（指定目的港）”。卖方在指定的目的港码头将货物交给买方处置，不办理进口清关手续，即完成交货。卖方应承担将货物运至指定的目的港并卸至码头的一切风险和费用。

---

① 只有当货物经由海运或内河运输或多式联运在目的港船上货时，才能使用该术语。

② 倘若买卖双方同意由卖家承担卸货费用和风险时，则应采用DEQ。因为只有货物需要通过海洋运输或内河运输又或者是多式联运在船上交货时，才可以适用DES。

③ DEQ是INCOTERMS2000的术语，2010年的DAT和2020年的DPU已经取代了DEQ。

（二）核心法律义务

1. 卖方义务：（1）卖方必须提供符合合同规定的货物和商业发票或具有同等作用的电子信息，以及合同可能要求的、证明货物符合合同规定的其他凭证；（2）办理出口清关手续；（3）卖方必须自付费用订立运输合同，将货物运至指定目的港的指定地点；（4）承担在指定的目的港码头上将货物交给买方处置前的一切风险。

2. 买方义务：（1）办理进口清关手续；（2）买方必须于货物运至指定目的港的指定码头时受领货物；（3）承担将货物运至指定的目的港并卸至码头的一切风险和费用。

（三）常见法律问题

1. 运输方式限制。[①]

2. 与DDP、DDU的区分。[②]

四、国际货物运输保险

（一）法律适用

1. 国际层面：目前尚未有统一的国际保险条约，实务中适用当事人与保险公司订立的格式保险合同。

2. 国别层面：可以选择适用我国《保险法》及中国人民保险公司制定的海洋、陆上、航空运输货物保险条款[③]，也可约定适用新加坡《保险法》。

---

① 只有当货物经由海运、内河运输或多式联运且在目的港码头卸货时，才能使用该术语。

② 如果当事方希望卖方负担将货物从码头运至港口以内或以外的其他地点（仓库、终点站、运输站等）的义务时，则应使用DDU或DDP。

③ 国际上没有统一的货物运输保险法，一般通过各国国内法和当事人订立的保险合同确定权利义务。《英国伦敦保险协会海运货物保险条款》《美国协会货物保险条款》是通常适用的国际海上货物运输保险惯例，规定了保险规则、险别等。

（二）核心法律义务

1. 保险人义务：（1）出具保险单证；（2）支付保险赔偿金。

2. 被保险人义务：（1）支付保险费；（2）如实告知义务①；（3）通知义务；（4）采取必要措施的义务②。

（三）常见法律问题

1. 保险单的生效日期应不晚于提单签发日期。

2. 如果损失是因铁路运输企业的故意或者重大过失造成的，不受保价额的限制，按照实际损失赔偿。

3. 海洋、陆上、航空运输货物保险的责任范围、除外责任、责任期间、索赔时效。③

（四）提示与建议

1. 在国际货物贸易中，由哪一方负责投保，取决于交易所使用的贸易术语和合同约定。

---

① 保险合同订立前，被保险人应当将其知道的或者在通常业务中应当知道的有关影响保险人据以确定保险费率或者确定是否同意承保的重要情况，如实告知保险人。

② 一旦发生保险事故，被保险人应当立即通知保险人，并采取必要的合理措施，防止或者减少损失。

③ 1. 海洋运输货物保险：（1）责任范围：平安险、水渍险、一切险。（2）除外责任：除外责任包括保险人的故意行为或过失所造成的损失；属于发货人责任引起的损失；保险责任开始前，被保险货物已存在品质不良或数量短差所造成的损失等（详见中国人民保险公司海洋运输货物保险条款第2条）。（3）责任期间："仓至仓"条款。（4）索赔时效：2年，自被保险货物在最后卸货港全部卸离运输工具后起算。

2. 陆上运输货物保险：（1）责任范围：陆运险和一切险；（2）除外责任：详见中国人民保险公司陆上运输货物保险条款（火车、汽车）第2条；（3）责任期间："仓至仓"条款；（4）索赔时效：2年，从被保险货物在最后目的地车站全部卸离车辆后起算。

3. 航空运输货物保险：（1）责任范围：航空运输险和航空运输一切险；（2）除外责任：详见中国人民保险公司航空运输货物保险条款第2条；（3）责任期间："仓至仓"条款；（4）索赔时效：2年，从被保险货物在最后卸货地卸离飞机后计算。

2. 建议投保短期出口贸易信用保险以分散风险。[①]

3. 在投保时注意投保单、保险单中对除外责任、纠纷先决条款等格式条款的约定。

五、国际货物贸易支付

A. 托收

（一）法律适用

1. 国际层面：ICC《托收统一规则》（URC522）是托收关系的主要法律依据，通常情况下，银行会选择适用该规则。

2. 国别层面：由于我国未对托收作出专门的法律规定，《托收统一规则》作为国际贸易结算中的国际惯例在国际贸易实践中获得了广泛承认和普遍适用，已成为我国法院解决此类纠纷的主要依据，可以约定适用我国《支付结算办法》或新加坡《支付服务法》。

（二）核心法律义务

1. 付款人义务：履行付款义务，不得无故延迟付款或拒付。

2. 委托人义务：（1）明确指示；（2）及时指示；[②]（3）支付费用。

3.银行义务：（1）及时收款与转款义务，若买方拒付则无须履行付款义务；（2）通知义务：及时向卖方通知买方拒付的情况。

（三）常见法律问题

1. 托收中存在银行免责情形[③]，可能产生银行与外商相互串通而损害另一方的后果。

---

① 短期出口贸易信用保险一般保障信用期限在一年以内的出口收汇风险，承保风险包括买方破产、拖欠、拒收等商业风险和贸易管制、外汇管制、战争等政治风险。

② 当银行将发生的意外情况通知委托人时，委托人必须及时指示；否则，因此而发生的损失由委托人自行负责。

③ 银行对单据的实质、传递延误或遗失、不可抗力、货物、票据、被指示方的行为免责。

2. 注意区分付款交单（D/P）与承兑交单（D/A）两种结算方式。对于卖方而言，承兑交单风险大于付款交单。

（四）提示与建议

国际贸易中，如果选择托收，建议选用付款交单（D/P）方式结算。大额出口业务建议采用信用证和托收相结合方式，切忌采用承兑交单（D/A）结算方式。

B. 信用证

（一）法律适用

1. 国际层面：ICC《跟单信用证统一惯例》（UCP600）和《关于审核跟单信用证项下单据的国际标准银行实务》（ISBP745）是信用证领域的主要法律依据，通常情况下，银行会选择适用该规则。

2. 国别层面：可以约定适用我国《最高人民法院关于审理信用证纠纷案件若干问题的规定》或新加坡《支付服务法》。目前，在我国对外经济贸易业务中，如采用跟单信用证的支付方式，我国银行一般也以《跟单信用证统一惯例》作为主要依据办理业务。

（二）核心法律义务

1. 开证申请人义务：（1）申请开立信用证；（2）缴付押金、担保及相关费用；（3）及时付款赎单；（4）承担第二付款责任，向受益人付款。

2. 受益人义务：（1）按信用证规定装货、制单、交单；（2）做到“货约一致、单货一致、单证一致、单单一致”；（3）赔偿责任。

（三）常见法律问题

1. 开证行援引免责情形导致卖方无法获得相应款项。[①]

2. 进口商不申请开证或迟延开证。

---

① 开证行对单据的实质、传递延误或遗失、不可抗力、买卖合同的实际履行状况免责。

3. 进口商伪造信用证。[①]

4. “软条款”信用证。[②]

5. 伪造单据。

6. 以保函换取与信用证相符的提单。[③]

7. 信用证欺诈例外原则。[④]

（四）提示与建议

1. 建议选择资信良好的开证行。

2. 选择适当的信用证类型。[⑤]

---

① 伪造信用证的情形包括：一是进口商故意伪造或冒用银行名义开立信用证；二是进口商伙同资信不良的银行开立信用证。

② 常见的“软条款”有：（1）以本国法律干预信用证业务。如信用证规定审核标准，除了《跟单信用证统一惯例》外，还有进出口国法律。（2）陷阱条款。如进口商修改信用证意思不够明确，造成出口方误解。

③ 以保函换取与信用证相符的提单主要有倒签提单、预借提单及凭保函换取清洁提单。

1. 倒签提单是货物装船的日期晚于信用证规定的装船日期，但仍按信用证规定的日期签署装船日期的提单。

2. 预借提单是在货物实际装船完毕前签发的，并将当天的日期记载于提单签发日期栏。倒签提单和预借提单均属于欺诈行为。

3. 凭保函换取清洁提单通常情况下也属于欺诈行为，但在特殊情形下，在没有欺诈意图的情况下，由于客观条件所限，承托双方就货物的数量、重量或包装等问题存在认识上的分歧，又无法对所装运的货物的实际数量进行再核实，此时凭保函签发清洁提单是商业习惯允许的变通做法，司法实践中已有案例承认了此种善意保函的效力。此时承运人仍对货损货差向收货人承担责任，但有权依有效的保函向托运人追偿。

④ 信用证独立于买卖合同为原则，但也有例外。如果在银行对卖方提交的单据付款或承兑之前，发现或获得确凿证据，证明卖方确有欺诈行为，买方可请求法院向银行颁发禁止令，禁止银行付款。

⑤ 出口企业应当结合买卖双方的需求及合同货物的特征，选择适当的信用证类型。如果出口企业注重自身交单的便利性，可以考虑可议付信用证，就近指定议付行；如果买方有融资的需要，或者货物的生产周期较长，可以考虑远期信用证，分期交单付款，但要尽量压缩尾款的比例，以降低货款回收的风险。

3. 出口企业应高度关注三个日期：最迟装运日、信用证截止日和交单截止日，逾期可能会导致银行拒付。

4. 审慎对待信用证中的“软条款”，建议少用或不用。

C. 国际保理

（一）法律适用

1. 国际层面：现行的主要规则依据包括《国际保理公约》[①]、《国际保理业务惯例规则》、《联合国国际贸易应收款转让公约》[②]。中国和新加坡均未加入国际统一私法协会1988年《国际保理公约》和联合国国际贸易法委员会2001年《联合国国际贸易应收款转让公约》。国际保理商联合会（FCI）《国际保理业务惯例规则》作为国际惯例，是保理行业的主要法律依据，通常情况下保理商会选择适用该规则。

2. 国别层面：可以约定适用我国《民法典》有关保理合同的规定，或新加坡合同法的相关规定。

（二）核心法律义务

1. 债务人（买方）义务：承诺向保理商履行付款的义务，但买方可以根据基础合同约定的付款抗辩条件对抗保理商的付款请求权。

2. 供应商（卖方）义务：（1）向债务人履行通知义务；（2）转让应收账款；（3）接受出口保理商的再转让；（4）支付约定的费用和利息。

（三）常见法律问题

1. 买方付款条件：债务人向保理商的付款义务以供应商的通知义务的履行为前提。

---

①《国际保理公约》虽已生效，但中国与新加坡均未加入，条约现状可参见国际统一私法协会官网：https://www.unidroit.org/instruments/leasing/convention/status，2024年5月21日访问。

②《联合国国际贸易应收款转让公约》尚未生效，条约现状可参见联合国官网：https://uncitral.un.org/en/texts/securityinterests/conventions/receivables/status，2024年5月21日访问。

2. 卖方可能面临款项被索回与反转让。

3. 信用额度被取消或被缩减。

（四）提示与建议

作为卖方，应注意以下方面：

1. 尽可能充分了解买方的付款能力及诚信记录。

2. 在签订保理合同时尽量排除“进口保理商有权无条件缩减或撤销信用额度”的规定。

3. 建议选择资信良好、海外机构较多、账务管理严格的国际保理机构。

六、进出口通关

（一）法律适用

1. 国际层面：适用WTO《贸易便利化协定》（TFA）和《区域全面经济伙伴关系协定》（RCEP），其中与中国的贸易关税适用关税减让表的特殊约定。

2. 国别层面：适用新加坡《海关法》《自由贸易区法》《进出口管理法》《战略物资（管制）法》《化学武器（禁止）法》等。

（二）核心法律义务

1. 进口通关需履行下列义务①：（1）部分货物进口需申请进口许可证。（2）所有由海运或空运进口的货物，必须首先存放在自由贸易区内。如果无法存放，可经海关允许将货物存入海关许可的场所，如持证仓库。②（3）在获得进口许可证等相关手续后，连同发票、装箱单和提单/航空运

---

① 新加坡海关官网介绍了货物进口的一般流程，详见https://www.customs.gov.sg/businesses/importing-goods/overview/，https://www.customs.gov.sg/businesses/importing-goods/import-procedures/，2024年5月21日访问。

② 白酒和烟草制品在货物抵达之日起可以暂时存放在自由贸易区，最多可存放30日，此后必须转移至持证仓库。

单等证明文件提交给检查站人员进行验货清关。[①]（4）如果需要在进口货物前对货物进行包装或装卸，必须在海关的监管下进行。[②]（5）在进口后10日内向海运公司或航空公司提交进口许可证。[③]（6）依法缴纳关税和消费税。[④]（7）按要求提供担保。[⑤]（8）有关货物的采购、进口、出售、出口的相关证明文件应至少保存5年，以备海关随时查验。[⑥]

2. 出口通关需履行下列义务[⑦]：（1）部分货物出口需申请出口许可证。（2）在获得出口许可证等相关手续后，连同发票、装箱单和提单/航空运单等证明文件提交给检查站人员进行验货清关。[⑧]（3）在出口后7日内向海

① 通过海路进口集装箱货物时，无须出示海关许可证的打印件和证明文件。如果通过空运或陆运进口集装箱货物，则必须出示海关许可证和发票、装箱单和提单/空运提单等证明文件，以供核实。

② 当地货运代理人、报关代理人或进口商必须在预定的作业时间前至少1个工作日内通过“海关监管系统”提请海关监督，海关将收取相关费用。

③ 由于海运或航空公司的代理人需要在进口后17日内向新加坡海关提交清单对账单，对于通过海运或空运进口的货物，进口商必须在进口后10日内向海运公司或航空公司提交进口许可证。

④ 进口货物存放在自由贸易区或海关许可的场所期间，无须缴纳关税或消费税。一旦货物直接通关进入本地流通，则需支付关税或消费税。获得关税豁免或消费税减免的货物，或根据新加坡海关的临时进口计划或新加坡税务局的相关计划进口的货物，无须缴纳关税和/或消费税。

⑤ 涉及应税货物的交易、未经批准的目的临时进口货物以及经营持证场所时，必须提供担保。

⑥ 这些文件包括：商业发票、账簿、提单或空运单、装箱单、原产地证书、分析证书、保险证书，与进口商或出口商或其代理人购买、进口、销售或出口货物有关的贸易条件的任何文件或记录，以及其他相关文件或记录。

⑦ 新加坡海关官网介绍了货物出口的一般流程，详见https://www.customs.gov.sg/businesses/exporting-goods/overview/，https://www.customs.gov.sg/businesses/exporting-goods/export-procedures，2024年5月21日访问。

⑧ 对于集装箱货物，如果许可证条件中有规定或货物属于应税或受管制货物，需要出示货物和经批准的海关出口许可证以及发票、装箱单、提单/空运单等证明文件。

运公司或航空公司提交出口许可证。[①]（4）有关货物的采购、进口、出售、出口的相关证明文件应至少保存5年，以备海关随时查验。[②]（5）货物原产地证书。[③]

（三）常见法律问题

1. 进口通关：（1）货物可能被禁止或限制进口[④]；（2）部分货物进口需申请进口许可证[⑤]；（3）因检验检疫影响货物进口通关[⑥]。

2. 出口通关：（1）货物可能被禁止或限制出口[⑦]；（2）部分货物出口

---

① 由于海运或航空公司的代理人需要在出口后14日内向新加坡海关提交清单对账单，对于通过海运或空运出口的货物，出口商必须在出口后7日内向海运公司或航空公司提交出口许可证。

② 这些文件包括：商业发票、账簿、提单或空运单、装箱单、原产地证书、分析证书、保险证书，与进口商或出口商或其代理人购买、进口、销售或出口货物有关的贸易条件的任何文件或记录，以及其他相关文件或记录。

③ 货物原产地证书分为普通原产地证书和优惠原产地证书，前者只能作为原产地证明，后者还可以作为关税优惠证书。普通原产地证书可以由新加坡海关或新加坡中华总商会、新加坡国际商会、新加坡制造联合会等授权机构签发，优惠原产地证书只能由新加坡海关签发。

④ 参见https://www.customs.gov.sg/businesses/importing-goods/controlled-and-prohibited-goods-for-import，https://www.customs.gov.sg/businesses/united-nations-security-council-sanctions/，2024年5月21日访问。

⑤ 主要包括医药品、危险品、化学品、武器和弹药等受管制的产品，参见https://www.customs.gov.sg/businesses/overview，2024年5月21日访问。

⑥ 新加坡对进口商品检验检疫的标准和程序十分严格，检验检疫对象主要包括农产品、食品、动物、植物、药品、化妆品等。

⑦ 参见《战略物资（管制）令》附表，以及https://www.customs.gov.sg/businesses/united-nations-security-council-sanctions/，2024年5月21日访问。

需申请出口许可证[①]；（3）因检验检疫影响货物出口通关。

（四）提示与建议

1. 事先查阅并咨询专业人员货物是否属于被禁止或限制进口或出口类型。

2. 对涉及需申请进口、出口许可证的货物，及时向有关当局申领许可证。

3. 在进口、出口通关前了解并咨询专业人员各项检验检疫程序及具体要求。

4. 注意新加坡海关提示的企业进出口易犯错误类型。[②]

七、纠纷解决

A. 国际商事仲裁

（一）管辖机构

1. 亚太区内仲裁机构：中国国际经济贸易仲裁委员会（CIETAC）、中

---

① 以下情况需要出口许可证：出口本地制造的货物或本地消费税已付货物、从自由贸易区出口货物、从特许仓库出口应税货物、从零消费税仓库出口非应税货物以及主要出口商计划下的货物、根据临时进口计划进口的货物的再出口、打算再进口的货物的临时出口。出口受《战略物资（管制）法》管制的货物需要战略物资出口许可证，主要包括木材和木料、化学品、放射性物品等。参见https://www.customs.gov.sg/businesses/overview，2024年5月21日访问。

② 新加坡海关提示的企业进出口易犯错误类型包括：（1）生产过期或无效的海关许可证清关货物；（2）没有办理海关许可证；（3）未按要求出示货物和许可证，或获得海关认可；（4）作出不正确的申报、陈述；（5）没有在规定时间内退回所需的许可证/文件；（6）临时进口后未转口或缴纳税款/商品和服务税；（7）没有转口货物暂时在卡内进口；（8）银行间转账不成功；（9）支票付款时未缴纳关税和/或消费税；（10）在许可条件下，未能获得海关对集装箱卸货的监督；（11）未经许可拆卸海关集装箱封条等。

国香港国际仲裁中心（HKIAC）、新加坡国际仲裁中心（SIAC）[①]、巴厘岛国际仲裁与调解中心（BIAMC）、亚洲国际仲裁中心（AIAC）、吉隆坡区域仲裁中心（KLRCA）等。

2. 亚太区外仲裁机构：国际商会仲裁院（ICC）、英国伦敦仲裁院（LCIA）、瑞士苏黎世商会仲裁院（ZCC）、瑞典斯德哥尔摩商会仲裁院（SCC）等。

（二）管辖依据

仲裁机构及纠纷适用的准据法可由当事人选择确定。

（三）法律适用

1. 仲裁程序规则：一般适用管辖案件的仲裁机构的仲裁规则，当事人选择余地不大。

2. 案件准据法：由当事人选定或仲裁庭选定案件审理适用的准据法，可以选择我国相关国内法或新加坡相关国内法。案件执行阶段，可以适用《承认及执行外国仲裁裁决公约》(《纽约公约》)[②]。

（四）常见法律问题

1. 仲裁协议瑕疵导致仲裁机构选择不当或无效。

2. 仲裁员选择不当、仲裁程序失误、举证不力等导致仲裁败诉。

3. 仲裁前或仲裁过程中，未能对相关财产采取保全措施，仲裁胜诉后，可能无法执行或无法全部执行。

---

① 新加坡《国际仲裁法》吸收了联合国国际贸易法委员会（UNCITRAL)《国际商事仲裁示范法》的主要理念和制度，且明确规定，除第八章外，《国际商事仲裁示范法》在新加坡具有法律效力。

② 我国在加入《纽约公约》时作出了商事保留和互惠保留，即我国仅对在缔约国领土内作出的商事仲裁裁决适用公约。新加坡作出了互惠保留，即新加坡仅对在缔约国领土内作出的仲裁裁决适用公约。

（五）提示与建议

选择新加坡国际仲裁中心作为仲裁机构时，注意仲裁规则的选择①以及证据规则的适用②。

B. 国际商事调解

（一）管辖机构

1. 亚太区内调解机构：亚太仲裁与调解中心（APCAM）、新加坡国际调解中心（SIMC）。

2. 国内调解机构：中国国际贸易促进委员会/中国国际商会调解中心（CCPIT）、一带一路国际商事调解中心（BNRMC）、最高人民法院国际商事法庭（CICC）。

（二）管辖依据

管辖权产生的依据为当事人的意思自治。

（三）法律适用

1. 程序规则：可以适用《亚太仲裁与调解中心调解规则（2020版）》、《新加坡调解公约》③、《新加坡国际调解中心调解规则》、《国际商会调解与仲裁规则》、《一带一路国际商事调解中心调解规则》、《最高人民法院国际商事法庭程序规则（试行）》等。

2. 案件准据法适用：由当事人选择案件审理适用的准据法，即我国相关国内法或新加坡相关国内法。

---

① 新加坡国际仲裁中心（SIAC）提供了多种仲裁规则供当事人选择，如SIAC仲裁规则、国际商会仲裁规则、UNCITRAL仲裁规则等。其中，UNCITRAL仲裁规则主要适用于临时仲裁，SIAC可以为临时仲裁的当事方指定仲裁员，并按照UNCITRAL仲裁规则审理争议。

② 需要注意的是，新加坡《证据法》不适用于仲裁程序，即传闻证据规则、外部证据规则或非法证据排除规则等在仲裁程序中均不适用。仲裁庭有权决定证据的可采纳性、关联性、重要性以及证明力。

③ 为落实《新加坡调解公约》，新加坡于2020年颁布了《新加坡调解公约法》。

（四）常见法律问题

1. 调解协议须经司法确认才具有强制执行力。[①]

2. 调解员选择不当、调解程序失误、证据可采性等[②]导致调解失败。

3. 启动仲裁或司法程序不能视为对调解协议的豁免或调解程序的终止。

（五）提示与建议

注意新加坡国际调解中心与新加坡国际仲裁中心签订的“仲裁—调解—仲裁”协议。[③]

C. 民事诉讼

（一）管辖机构

新加坡法院体系由最高法院、地方法院和家庭法院组成。最高法院由高等法院和上诉法院组成，上诉法院为终审法院。针对国际商事争议，新加坡在高等法院下设立了新加坡国际商事法庭（SICC）[④]。新加坡诉讼实行三审终审制，案件最多可经历“地方法院—高等法院—上诉法院”三

---

① 在我国，调解书具有强制执行力，调解协议须经法院司法确认才具有强制执行力。但《新加坡调解公约》规定，和解协议无须经司法确认即可得到执行。

② 以下信息不得作为证据使用：调解员的建议、一方当事人在调解程序中的陈述或承认、仅为调解程序准备的文件等。

③ SIMC与SIAC签订了“仲裁—调解—仲裁”协议，根据该协议，争议双方可以在仲裁开始前或在仲裁程序中接受SIMC调解。若调解成功，当事人可以申请SIAC的仲裁庭在和解协议的基础上出具仲裁裁决。

④ 新加坡国际商事法庭可以审理满足以下条件的案件：（1）具有国际性和商业性的诉讼请求；（2）诉讼当事方以书面协议形式提交管辖；（3）诉讼当事方未以特权命令形式或与其相关的其他形式（如强制令、禁止令、撤销令或拘留审查的命令）寻求任何救济。需要注意的是，新加坡国际商事法庭对以上案件的管辖不是强制性的。即便具备以上情形，只要新加坡商事法庭认为不合适，仍可以拒绝受理案件（但是不能仅以争议双方与新加坡没有联系为由拒绝受理案件）。高等法院也可以将其正在审理的国际案件移交给国际商事庭进行审理。此外，需要注意的是，新加坡国际商事法庭的诉讼程序不适用国内诉讼程序规则，其适用的证据规则也不受新加坡法律约束。

级审理[①]。

（二）管辖依据

通过《新加坡共和国宪法》《最高法院司法制度法》《地方法院司法制度法》《2021年法庭规则》《2021年新加坡国际商事法院规则》等确定管辖法院。

（三）法律适用

1. 程序法的适用：适用新加坡《最高法院司法制度法》《地方法院司法制度法》《2021年法庭规则》《2021年新加坡国际商事法院规则》等。

2. 准据法的适用：无法直接适用《承认及执行外国民商事判决公约》，但可以约定适用我国相关国内法或新加坡相关国内法。

---

① 新加坡的普通民商事案件实行两审终审制。涉外商事案件由于讲究效率，亦实行两审终审制。

（四）常见法律问题

1. 判决的承认与执行。[①]

2. 诉讼时效的限制。[②]

---

① 新加坡1959年《外国判决互惠执行法》（不适用于根据《选择法院协议法》可以在新加坡承认或执行的任何判决）为外国法院判决在新加坡的承认与执行提供了支持，但要求它们所涉及的司法管辖区必须与新加坡具有相互承认和执行判决的规定，或与新加坡签订了双边或多边协定。中国法院的判决不能根据该法获得新加坡法院的承认和执行。中国和新加坡在1999年签订了《关于民事和商事司法协助的条例》，其中约定的双方司法协助内容并未涉及法院判决的承认与执行。2018年双方最高法院签署了《关于承认与执行商事案件金钱判决的指导备忘录》，但该备忘录明确声明不具有法律约束力。中新两国均加入了2005年《海牙选择法院协议公约》。该公约已经在新加坡生效，且新加坡为落实该公约颁布了2016年《选择法院协议法》，但该公约尚未对我国生效。此外，新加坡尚未加入2019年《民商事判决公约》。

虽然双方暂无生效的关于互相承认和执行判决的法律依据，但在司法实践中，新加坡高等法院曾对中国法院的民事判决予以执行，中国法院也有承认和执行新加坡法院商事判决的实例，因此两国的判决并非不能得到对方的承认和执行。根据备忘录第17条，申请人可根据普通法的规定提出请求，在新加坡法院执行中国法院的判决。被申请执行的判决必须满足如下基本条件：（1）该项判决应是商事案件中要求某一自然人或者法人向另一自然人或者法人支付固定或者可确定数额金钱的判决；（2）判决必须是终局性和确定性的；（3）作出判决的中国法院必须对案件争议事项具有司法管辖权。新加坡法院在承认和执行中国法院判决过程中，并不对判决进行实质性审查。但是，根据备忘录第22条规定，新加坡法院可对于下列情形不予承认和执行中国法院判决：（1）判决是以欺诈手段取得的；（2）判决违反新加坡的公共政策；（3）新加坡法院认为作出判决的程序与自然正义的原则相抵触，包括但不限于：①当事人没有获得有关司法程序的通知或者没有获得陈述意见的合理机会；②审判组织成员与案件结果有个人利害关系。

② 新加坡《时效法》规定，合同或侵权之诉的诉讼时效是6年，执行判决的时效是12年。在欺诈、隐瞒及错误的情况下，时效期可延后计算，即在原告发觉或经合理努力而应可发觉该欺诈行为、隐瞒或错误（视属何情况而定）之时时效才开始计算。需要注意的是，新加坡《外国诉讼时效法》规定，在适用外国法律或外国法院判决的情况下，诉讼时效应作为一项实体问题处理。相应地，诉讼时效将按照当事人协议约定的适用法律进行判定。

3. 法律渊源的多样性。[①]

（五）提示与建议

1. 争议解决方式和适用法律的选择。[②]

2. 诉讼费用承担。[③]

---

① 由于新加坡曾是英国的殖民地，其国内法体系深受英国影响，成文法与判例法在商事活动中均为法律渊源，成文法没有明确规定的，判例法可以作补充。

② 新加坡的争议解决机制较为完善，但程序和制度也较为复杂，企业在选择新加坡当地的法院或仲裁机构时，应当认真考虑争议解决方式的选择。同时，所适用的法律不仅决定了案件审理的实体依据，还决定了诉讼时效，需引起企业重视。

③ 在新加坡诉讼需要考虑的成本包括法院费用、开庭费用、律师费、上诉费以及其他法院服务的费用（翻译费等）。新加坡开庭费用以天为单位计算。

第六章　泰国篇

泰王国（The Kingdom of Thailand），简称泰国，地处中南半岛中部，东南临太平洋泰国湾，西南濒安达曼海（印度洋）。西部及西北部与缅甸交界，东北部与老挝毗邻，东连柬埔寨，南接马来西亚。泰国位于东盟中心位置，区位优势明显，政策透明度和贸易自由化程度较高，是东盟第二大经济体。

泰国于1975年同中国建交，2012年两国关系提升为全面战略合作伙伴关系。2022年11月，中泰两国共同发布《中华人民共和国和泰王国关于构建更为稳定、更加繁荣、更可持续命运共同体的联合声明》。2023年，中国已经连续11年成为泰国第一大贸易伙伴，继续保持泰国最大进口来源国、第二大出口市场。此外，泰国是世界贸易组织（WTO）、亚太经济合作组织（APEC）、国际货币基金组织（IMF）、《区域全面经济伙伴关系协定》（RCEP）等多个国际经济组织或协定的成员，是亚投行的创始成员。

在国内法治方面，泰国属于大陆法系，以成文法作为法院判决的主要依据。此外，泰国的法律制度受到普通法传统的影响，最高法院的意见和判决也可成为下级法院案件判决说理的依据，是泰国法律发展的重要基础。泰国司法系统由宪法法院、司法法院、行政法院和军事法院构成，司法法院主要审理不属于宪法法院、行政法院和军事法院审理的所有案件，分最高法院、上诉法院和初审法院三级。

本章对涉泰国国际贸易实务中的法律适用问题予以介绍，具体从以下六个方面介绍泰国参与国际条约的基本状况及相关国内法情况。

第一，国际货物买卖合同：

泰国未加入《联合国国际货物销售合同公约》（CISG）。其1925年《民商法典》现行有效，该法第三卷为“合同”，第三卷第一编为“买卖合同”。

第二，国际货物运输：

1. 海/水上运输：泰国尚未加入《海牙规则》《海牙—维斯比规则》

《汉堡规则》，以上条约对其不具有强制适用效力。中泰双方曾签订有关客货运输的协定，即2000年中老缅泰《澜沧江—湄公河商船通航协定》，2001年中老缅泰交通部《关于实施四国政府澜沧江—湄公河商船通航协定的谅解备忘录》，现行有效。泰国1991年《海上货物运输法》现行有效。

2. 铁路运输：泰国不是《国际铁路货物联运协定》（SMGS）、《国际铁路货物运输公约》（CIM）的参加国。泰国1925年《民商法典》现行有效，其合同卷运输合同编规定了“货物运输合同”。

3. 航空运输：泰国尚未加入《华沙公约》《海牙议定书》《瓜达拉哈拉公约》；加入了《蒙特利尔公约》，具有强制适用效力。

4. 多式联运：《联合国国际货物多式联运公约》尚未生效，泰国亦尚未加入该公约。泰国2005年《多式联运法》现行有效。

第三，国际货物运输保险：当前尚无统一的国际保险条约。泰国1925年《民商法典》现行有效，其合同卷保险章规定了“关于运输保险的特别规定”。

第四，国际贸易支付：

1. 国际托收：ICC《托收统一规则》（URC522）是托收关系的主要法律依据。

2. 信用证支付：ICC《跟单信用证统一惯例》（UCP600）和《关于审核跟单信用证项下单据的国际标准银行实务》（ISBP745）是信用证领域的主要法律依据。

3. 国际保理：泰国尚未加入《国际保理公约》《联合国国际贸易应收款转让公约》。泰国1925年《民商法典》第二卷“债”规定了合同通则以及债的变更等内容。

第五，进出口通关：泰国于2015年加入世界贸易组织（WTO），于2015年10月5日向WTO递交了《贸易便利化协定》（TFA）的接受文书，TFA自2017年2月22日对其生效。2022年1月1日《区域全面经济伙伴关系协定》（RCEP）对泰国生效。泰国《海关法》（2017年修订）、1979年《货物进出口法》及其修订（2015年）、1979年《食品法》、2015年《动物疫病法》、2008年《植物检疫法》等现行有效。

第六，纠纷解决：

1. 国际商事仲裁：泰国于1959年12月21日加入《纽约公约》，1960年3月20日公约对其生效，且未作任何保留声明。中泰两国于1994年签署了《关于民商事司法协助和仲裁合作的协定》。泰国2002年《仲裁法》规定了仲裁实体及程序规则。

2. 国际商事调解：泰国未签署《新加坡调解公约》。泰国的调解分为庭内调解和庭外调解。在民事诉讼过程中，法院在适当的情况下有权安排调解。对于金钱债务纠纷，当事人也可以选择由司法办公室下属的调解中心（TMC）、泰国仲裁中心（THAC）、泰中国际仲裁与调解中心（TCIAC）等机构进行庭外调解。调解过程保密，调解结果具有法律约束力。

3. 民事诉讼：泰国尚未加入海牙国际私法会议2005年《选择法院协议公约》和2019年《承认与执行外国民商事判决公约》。中泰两国于1994年签署了《关于民商事司法协助和仲裁合作的协定》，但双方仅在民商事的送达文书和调查取证方面互相合作，故双方的民事判决不能得到相互承认与执行。泰国1934年《民事诉讼法》现行有效，但未规定外国法院判决的承认与执行问题。

一、国际货物买卖合同

（一）法律适用

1. 国际层面：中国为《联合国国际货物销售合同公约》（CISG）缔约国，但泰国非CISG缔约国。根据CISG规定，如果根据国际私法规则导致适用缔约国法律的，也应当适用CISG。但由于中国对CISG第1条第1款b项作出了保留，只对双方的营业地所在国均为缔约国的当事人之间订立的国际货物销售合同才适用CISG。因此，如果双方约定适用中国法，仍应当适用中国法律。此外，即使泰国并非缔约国，若当事人明确选择CISG调整案涉争议，我国法院也可以根据当事人的选择适用CISG，这一选择可以被视为当事人将CISG作为双方订立合同的内容。

2. 国别层面：可选择适用我国《民法典》，或泰国《民商法典》[①]。

（二）核心法律义务

1. 卖方义务[②]：（1）交货义务：合同约定的时间内交货；（2）交单义务：按合同约定的时间、地点和方式移交单据；（3）货物相符：卖方应保证其交付的货物品质、数量和规格与合同约定相符；（4）权利担保：卖方保证对其出售的货物享有完全的所有权或处分权，并承担知识产权担保义务。

2. 买方义务[③]：（1）按合同约定支付货款；（2）接收货物；（3）检验货物：在目的地或转运目的地及时检验。

（三）常见法律问题

1. CISG：（1）交货数量不符合合同要求[④]；（2）货物包装不符合合同要求[⑤]；（3）货物规格不符合合同要求[⑥]；（4）卖方违反知识产权担保义务[⑦]；（5）买方未按合同要求付款[⑧]；（6）风险的转移与所有权的转

---

① 参见泰国《民商法典》第三卷“合同”第一编“买卖合同”部分，第453—517条。

② 参见泰国《民商法典》第461—471条。

③ 参见泰国《民商法典》第486—490条。

④ 少交货物时，买方可以要求卖方补齐不足部分或者赔偿损失；多交货物时，买方有权拒绝收取多交的货物。需要注意的是，如果交货数量与合同不符导致单证不符，卖方有遭到银行拒付的风险。此外，交货数量与合同不符还会给货物顺利通关过境带来风险。

⑤ 注意卖方提供的包装是否足以保全和保护货物的安全以避免货物损坏，同时关注包装是否违反进口国的法律规定或者是否含有贬损进口国某些民族风俗习惯的图案或文字。

⑥ 卖方交货规格低于合同的要求属于明显的违约行为，在某些情况下卖方交货规格高于合同的要求，在货物办理进出口手续时有可能要多缴关税；此外，交货规格与合同不符，可能造成货物通关时被认定为“货证不符”。

⑦ 卖方承担的知识产权担保义务及于两个地方：买方营业地和合同预期的货物转售或使用地。

⑧ 参见本章“五、国际货物贸易支付”部分。

移[①]；（7）买方未合理地接收货物[②]。

2. 泰国《民商法典》:（1）关于瑕疵、损毁的责任[③]；（2）所有权转

---

① 1. 关于合同中有运输条款的货物买卖的风险转移。若合同没有明确交货地点，卖方货交第一承运人后，货物风险转移至买方；若合同明确了交货地点，卖方在该特定地点货交承运人后，货物风险转移至买方；若卖方有义务将货物特定化，在该特定化工作完成之前，风险不能转移给买方。参见CISG第67条。

2. 关于在运输中销售的货物的风险转移，自买卖合同成立时起转移给买方。若情况表明有此需要，风险自货物交付给签发载有运输合同单据的承运人时起即转移给买方，但这种情况须以卖方在订立合同时不知道货物已灭失或损坏为限。参见CISG第68条。

3. 针对不属于CISG第67—68条规定情形，如在卖方营业地或卖方营业地以外的地点交货，此时的风险从货物交由买方处置但其不收取货物从而违反合同时起转移给买方。若买方有义务在卖方营业地以外的某一地点接收货物，当交货时间已到而买方知道货物已在该地点交给其处置时，风险方始移转。如果合同指的是当时未加识别的货物，则这些货物在未清楚注明有关合同以前，不得视为已交给买方处置。参见CISG第69条。

② 买方不能因货物的质量问题而拒绝接收货物，同时应按时提取货物，未按时提取货物而扩大的损失或产生的费用由买方承担。

③ 出售的产品存在瑕疵、损毁，使其贬值，或不再适合于正常用途，或与合同规定的用途不符的，卖方应对财产的瑕疵、损毁承担责任。对卖方知道或不知道产品存在瑕疵或损毁的情况，本规定均适用。参见泰国《民商法典》第472条。在下列情况下，卖方不承担责任:（1）若买方在出售时知悉该瑕疵，或行使一般审慎人所期望的谨慎就能发现该瑕疵;（2）若货物交付时瑕疵明显，且买方毫无保留地接受该财产;（3）财产是公开拍卖的。参见泰国《民商法典》第473条。瑕疵责任自发现之日起满1年的，不得提起诉讼。参见泰国《民商法典》第474条。

如果发现瑕疵、损毁超过1年的，有关财产瑕疵、损毁的责任的起诉不予受理。参见泰国《民商法典》第475条。

移的时点[①]；（3）接受财产过程中的瑕疵担保和权利担保责任[②]；（4）免责条款。[③]

（四）提示与建议

1. 建议审查交易主体是否适格，明确企业是否具有进出口经营权，并核实签约主体、签约人资格。

2. 谨慎约定品质条款，对技术复杂、内容繁多的产品，可单独在合同附件中约定品质条款，并注明是合同的组成部分。

3. 制定明确、详细的检验条款，在进出口合同中避免使用同一检验条款，并约定由独立第三人进行检验。

4. 争议发生后要重视固定证据以保障企业权益。

二、国际货物运输

A. 海/水上运输

（一）法律适用

1. 国际层面：调整海/水上运输的国际公约有《海牙规则》《海牙—维斯比规则》《汉堡规则》《鹿特丹规则》。泰国尚未加入《海牙规则》《海

---

① 出售财产的所有权从订立买卖合同之日起转让给买受人。参见《泰王国民商法典》第458条。如果买卖合同受某一条件或时间条款的限制，在条件成就或时间已到时，财产的所有权发生转移。参见泰国《民商法典》第459条。在出售未经确定的财产的情形下，在对财产进行编号、计数、称重、测量或选择或确定其身份之前，所有权不发生转移。在出售特定财产的情况下，如果出卖人为确定价格而有义务计算、称重、测量或作出其他有关财产的行为或事情，在这种行为或事情完成之前，所有权不发生转移。参见泰国《民商法典》第460条。

② 参见泰国《民商法典》第475—482条。

③ 买卖合同的双方可协议，卖方不承担任何有关财产瑕疵、损坏或买方权利丧失的责任。参见泰国《民商法典》第483条。除非合同对免责有其他规定，不得排除卖方逃避返还价款的责任。参见泰国《民商法典》第484条。合同规定的免责条款不包括卖方逃避由其过错造成的后果，或卖方知道却隐瞒真相而造成的后果的责任。参见泰国《民商法典》第485条。

牙—维斯比规则》《汉堡规则》，不具有强制适用效力，但当事人可选择适用。《鹿特丹规则》尚未生效，不建议当事人选择。此外，2000年中老缅泰《澜沧江—湄公河商船通航协定》，现行有效。2001年中老缅泰交通部《关于实施四国政府澜沧江—湄公河商船通航协定的谅解备忘录》对中国和泰国均具有软约束力。

2. 国别层面：可约定适用我国《民法典》《海商法》，也可约定适用泰国《海上货物运输法》等。

（二）核心法律义务

1. 承运人义务[①]：（1）适航义务，使船舶在开航前和开航时处于适航状态；（2）管理货物；（3）不得进行不合理绕航；（4）依约签发提单。

2. 托运人义务[②]：（1）支付运费；（2）妥善包装货物；（3）办理相关手续。

（三）常见法律问题

1. 承运人的基本义务。[③]

2. 承运人的责任期间。[④]

---

① 参见泰国《海上货物运输法》第一章“承运人的义务和权利”，第8—17条。

② 参见泰国《海上货物运输法》第三章“托运人的义务和权利”，第31—38条。

③ 《海牙规则》规定了适航义务和管货义务，适航义务的时间为“开航前和开航时适航”。《海牙—维斯比规则》同《海牙规则》规定一致。《汉堡规则》规定了承运人对货物的灭失、损坏以及延迟交付所造成的损失负赔偿责任。

泰国《海上货物运输法》关于承运人基本义务规定：（1）装船前或开航前，承运人应当承担的义务：①使船舶在航行路线上安全适航；②确保船舶有足够的人手、设备及供应，以应付其需要；③使货仓和船舶的所有其他部分，如冷藏室，使货物的运输与接收、运输和保存是适当和安全的。在履行本条规定的义务时，承运人必须作出一切正常和合理地期望从事海上货物运输的人的行为。参见泰国《海上货物运输法》第8条。（2）承运人收到托运货物后，经托运人要求，应当开具提单。参见泰国《海上货物运输法》第12条。（3）货物到达卸货港或约定的目的地时，承运人必须毫不迟延地通知收货人。参见泰国《海上货物运输法》第16条。

④ 《海牙规则》规定为“钩至钩”，即从货物装上船起至卸完船为止的期间。《海牙—维斯比规则》同《海牙规则》规定一致。《汉堡规则》规定为“收到交”，即货物在装货港、运送途中和卸货港在承运人掌管下的期间。

3. 承运人的免责情形。[①]

---

①《海牙规则》规定了包括“航行过失”免责在内的17项免责事项。《海牙—维斯比规则》同《海牙规则》规定一致。《汉堡规则》取消了“航行过失”免责事项。

泰国《海上货物运输法》第五章关于“承运人责任排除”的规定：

1. 如果承运人能够证明其已按照本法第8条第2款或第9款履行了义务，则承运人对因不符合第8条第1款的规定而造成的灭失、损坏或迟延交付不承担责任。参见泰国《海上货物运输法》第51条。

2. 承运人对货物的灭失、损坏或者延误，经证明是下列原因造成的，不负赔偿责任：（1）不可抗力；（2）海上或者其他可航水域的危险或者事故；（3）战争行为或者武装冲突；（4）内战、暴乱、恐怖主义或者内乱的；（5）国家或者领土的统治者或者依照法律规定对船舶采取的扣押、限制或者任何方式的干扰，但这种干扰不是承运人的过失或者疏忽造成的；（6）实施传染病检疫限制；（7）在港口罢工、停工或者故意减速，妨碍装卸或者船舶进出港的；（8）海盗行为；（9）承运人或者收货人的过失，如包装、打捆方式与货物的状况不适当，或者在货物、包装物上标记不清或者不充分的；（10）货物本身的状况；（11）船舶的潜在缺陷，经尽职检查和从事船舶检验职业的人所应有的正常技能不能发现或者不知道的；（12）因履行职责或者未按照引航人的指示行事而造成的航行错误；（13）非因承运人的过失、疏忽或串谋，也非因承运人的代理人或雇员的过失、疏忽而引起的任何其他原因。参见泰国《海上货物运输法》第52条。

3. 承运人对火灾造成的灭失、损坏或者延迟交货不承担责任，除非索赔人证明火灾是承运人或者承运人的代理人或者雇员的过失或者疏忽引起的。参见泰国《海上货物运输法》第53条。

4. 对于为扑灭火灾、避免或者减轻火灾的损害性后果而采取的一切合理措施所造成的灭失、损坏或者延迟交付，承运人不承担责任，除非索赔人能证明，灭失、损坏或者延迟交付是承运人或者承运人的代理人或者雇员在采取这些措施时的过失或者疏忽造成的。参见泰国《海上货物运输法》第54条。

5. 经证明，灭失、损坏或者迟延交付是采取海上人命救助措施或者采取合理的海上财产救助措施造成的，承运人不负赔偿责任；但是，发生共同海损的，承运人仍按比例承担赔偿责任。参见泰国《海上货物运输法》第55条。

6. 在运输活动物过程中，运输活动物本身或者动物自身状况存在特殊风险而造成的灭失、损坏或者延迟交付，有下列情形之一的，承运人不负赔偿责任：（1）承运人已遵守托运人对该动物作出的特别指示；（2）灭失、损坏或者迟延交付可能是动物自身的风险或者状况造成的。如果证明全部或者部分灭失、损坏或者迟延交付是承运人或者承运人的代理人或者雇员的过失造成的，不适用第1款的规定。参见泰国《海上货物运输法》第56条。

7. 所载货物是货币、银行票据、债券、股票、债券、权证、珠宝或者其他贵重物品的，承运人对该等货物的灭失或者损坏不负赔偿责任，但托运人在交付货物时已将其性质和价值通知承运人的除外。在通知货物价值的情况下，承运人只对不超过通知价值的金额承担责任。参见泰国《海上货物运输法》第57条。

4. 承运人的赔偿限额。①

5. 索赔时效。②

---

① 《海牙规则》规定承运人对货物的灭失或损失的赔偿责任，在任何情况下每件或每单位不得超过100英镑，但托运人于装货前已申明该货物的性质和价值，并在提单上注明者不在此限。《海牙—维斯比规则》采取了双重责任限额制，即对货物的灭失或损害责任以每件或每单位10000金法郎或每千克30金法郎为限，两者以高者计。《汉堡规则》提高了承运人的最高赔偿限额，规定承运人对货物灭失或损坏的赔偿责任限额为每件或每单位835特别提款权（SDR），或每千克2.5特别提款权，以高者为准。

泰国《海上货物运输法》第六章规定了关于承运人赔偿责任限制及损害赔偿计算。（1）赔偿责任限额：①除第60条另有规定外，承运人所载货物全部或者部分灭失或者损坏的，承运人的赔偿责任以每装运单位10000泰铢或者该货物毛重每千克30泰铢为限，以较高者为准。②如果灭失或者损坏货物的价值是按照第61条计算的，并且其价值似乎低于根据第1款规定的责任限制，应采用这种计算所显示的价值。③迟延交付货物的，承运人的赔偿责任以仅为迟延交付的货物应付运费的2.5倍为限，但不得超过海上货物运输合同规定的应付运费总额。④根据第1款和第3款规定，承运人对同一运输单位承担责任的，承运人的责任以不超过第1款规定的数额为限。参见泰国《海上货物运输法》第58条。（2）计算较高数额的规则参见第59条。（3）第58条规定的承运人责任限制不适用的情形参见第60条。（4）根据第58条确定计算货物灭失或损坏价值的规则。参见泰国《海上货物运输法》第61条。

② 《海牙规则》规定收货人在提货时应检查货物，损坏明显的应立即提出索赔；损坏不明显的于3日内提出；在联合检验的情况下，不需出具索赔通知。《海牙—维斯比规则》同《海牙规则》规定一致。《汉堡规则》关于索赔通知的时间较《海牙规则》有所延长，规定索赔通知应在收货后的第1个工作日内提交；损害不明显时，在收货后15日内提交；在联合检验的情况下，无须出具索赔通知。

收货人自收到货物之日起60日内未书面通知承运人的，因迟延交付造成的损失，要求损害赔偿的权利消灭。参见泰国《海上货物运输法》第48条。

6. 诉讼时效。[①]

7. 免责条款。[②]

（四）提示与建议

1. 在合同约定适用中国准据法时应注意国内水路货物运输纠纷诉讼时效。[③]

2. 建议选择经验丰富的船运公司。

---

① 《海牙规则》规定货方对承运人或船舶提起货物灭失或损害赔偿的诉讼时效为1年，自货物交付之日起算，在货物灭失的情况下，自货物应交付之日起算。《海牙—维斯比规则》规定诉讼时效为1年，双方协商可延长时效；对第三者的追偿诉讼，在1年的诉讼时效期满后，仍有3个月的宽限期。《汉堡规则》规定诉讼时效为2年，自承运人或实际承运人交付货物或交付部分货物，或者自应交付货物的最后一日起算；索赔双方可协商延长时效；对于承运人向收货人赔付后在向第三者追偿时，仍有90日的宽限期。

泰国《海上货物运输法》关于诉讼时效的规定：除第47条和第48条另有规定外，对海上货物运输合同所载货物的灭失、损坏或者迟延交付要求损害赔偿的权利，如果自承运人交付货物之日起1年内未提起司法或者仲裁诉讼，或者在承运人未交付货物时，自第41条第2款规定的交付时间或第41条第1款规定的合理时间过去之日起计算。第41条规定为：第39条规定的延迟交付发生在下列情形：①与托运人约定交付时间的，承运人未在约定的时间内交付货物；②未约定交付时间的，承运人未在勤勉的承运人为履行应尽的义务，考虑到具体情况，在合理要求交付的时间内交付货物。参见《海上货物运输法》第41条、第46条。

② 海上货物运输合同的任何条款，直接地或者间接地含有下列标的之一或者产生下列效果的，均属无效：（1）免除承运人依照本法规定的义务或者责任；（2）以低于第58条或者第60条规定的方式确定承运人的赔偿责任；（3）将本法规定由承运人承担的举证责任转移给托运人或者第三人；（4）以海上货物运输合同项下的货物为保险标的的保险合同，以承运人为受益人。第17条第1款规定的条款无效不影响合同中其他条款的效力，应视为合同各方有意将其他条款与第1款规定的无效条款分开。第1款的规定不排除当事人通过协议确定承运人的义务和责任超过本法规定的义务和责任。参见泰国《海上货物运输法》第17条。

③ 根据《最高人民法院关于如何确定沿海、内河货物运输赔偿请求权时效期间问题的批复》，托运人、收货人就沿海、内河货物运输合同向承运人要求赔偿的请求权，或者承运人就沿海、内河货物运输向托运人、收货人要求赔偿请请求权，时效期间为1年，自承运人交付或者应当交付货物之日起计算。

3. 谨慎核查提单表面，保持与合同的一致性。[①]

B. 铁路运输

（一）法律适用

1. 国际层面：泰国不是《国际铁路货物运输公约》[②]（CIM）、《国际铁路货物联运协定》[③]（SMGS）的参加国，无法适用该公约和协定。

2. 国别层面：可以约定适用我国《铁路法》和中欧班列规则，或泰国《民商法典》[④]。

（二）核心法律义务

1. 承运人义务：（1）运输货物；（2）出具托运单并签字[⑤]；（3）管理货物：保持货物原状不被损坏；（4）通知义务[⑥]。

---

① 泰国《海上货物运输法》第二章（第18—30条）对提单作了规定，第18条规定提单应当载明的事项。

②《国际铁路货物运输公约》要求国际铁路货物运输的发站国与到站国都是公约的缔约国，或者如果发站国与到站国有一国是公约的缔约国，并且运输合同双方当事人协商一致而适用公约，这种情况下公约也会被适用。

③《国际铁路货物联运协定》规定适用公约的情形是国际铁路货物运输的发站国与到站国都是公约的缔约国。

④ 泰国《民商法典》第三卷“合同”第八编“运输合同”第一章为“货物运输合同”规定（第610—633条）。

⑤ 如果托运人要托运单，承运人应出具，且托运单必须由承运人签字。参见泰国《民商法典》第613条。

⑥（1）货到通知收货人：货物到达目的地后，承运人应尽早通知收货人。参见泰国《民商法典》第622条。（2）无人或拒绝收货时通知托运人：如果找不到收货人，或收货人拒绝收货，承运人应立即通知托运人，并听其安排。参见泰国《民商法典》第631条第1款。（3）提存或拍卖的通知：当无人收货或收货人拒绝收货时，如果条件不允许立即通知托运人，或托运人未及时下达指示，或所下达的指示无法执行，承运人有权将货物提存。如果货物属于时鲜类产品，时间长了会损坏，或其价值将不足以抵运费的，承运人可将其拍卖。承运人应立即通知托运人或收货人货物提存或拍卖的情况，除非无法做到。承运人疏忽大意未通知的，必须承担赔偿损失的责任。参见泰国《民商法典》第631条第2—4款。

2. 托运人义务:（1）出具并对货物清单签字确认[①]；（2）按要求包装、标记货物；（3）按规定计算、支付运费；（4）通知义务[②]；（5）处理无人收货的义务[③]。

3. 收货人义务:（1）按照合同支付运费；（2）验收货物；（3）通知义务[④]。

（三）常见法律问题

1. 发货人的身份识别。[⑤]

2. 货损索赔主体和索赔对象。[⑥]

3. 货损索赔前置条件和时效。[⑦]

4. 托运人对运单真实性负责。[⑧]

---

① 如果承运人要货物清单，托运人应出具。参见泰国《民商法典》第612条。

② 如果托运的货物为危险品，或是可能给人或财产造成损害的，托运人必须在签订合同前说明该货物的自然属性，如果没有这样做，托运人必须对该货物造成的各种损害承担责任。参见泰国《民商法典》第619条。

③ 经承运人通知后，对收货人不收货或拒绝收货进行处理。

④ 货物有丢失或损坏的情况应在8日内通知承运人，从接收货物之日算起。参见泰国《民商法典》第623条第2款。

⑤ 如果运单载明的主体确为货运代理身份，应认定货物权利人为运单发货人，进而其有权向运单缔约承运人索赔；如果运单载明的主体与货物权利人之间是运输合同关系，货物权利人必须在得到运单记载“发货人”配合的情况下才能向承运人主张代理关系，进而认定自己为运单下的“发货人”。

⑥ 货物送达目的地且收货人要求交付货物后，收货人取得托运人在合同中的全部权利。参见泰国《民商法典》第627条。

⑦《国际铁路货物联运协定》明确规定“提出相应赔偿请求后，才可提起诉讼，且只可对受理赔偿请求的承运人提起诉讼”，即提赔是诉讼的前置条件，国内有法院以原告未在诉讼前向被告提出索赔为由驳回诉请［（2013）杭铁民初字第4号］。

泰国《民商法典》第624条有关索赔时效的规定：货物自交付之日起超过1年或自应当交付之日起超过1年的，任何对承运人有关货物丢失或损坏或延迟交付的起诉都不予受理，承运人在履行合同中有缺乏善意行为的情况除外。

⑧ 托运人应对其在运单中陈述的内容的真实性负责，因记载和声明的事项错误，或未将应填报的事项记入运单而给承运人造成损失的，托运人应该承担责任。

5. 归责原则。[①]
6. 责任期间及限额。[②]
7. 免责条款。[③]

（四）提示与建议

1. 在填写运单时认真识别发货人身份。[④]
2. 泰国法中提取货物的条件。[⑤]
3. 注意索赔前置条件和时效。

---

① 1. 泰国《民商法典》对货损或延迟交付的归责原则属于不完全的严格责任，尽管规定承运人对责任期间内货损或延迟交付承担赔偿责任，但同时设置了很多的免责事项，如货损或延迟交付是由于不可抗力，或由于货物的自然属性，或由于托运人或收货人的过错造成的。参见泰国《民商法典》第616条。

2. 承运人必须对其他承运人或自己委托的人的过错造成的货物的损坏丢失或延迟交付均应承担责任。参见泰国《民商法典》第617条。

3. 如果货物由多个承运人分段运送，则全体承运人对货物的损坏丢失或延迟交付均应承担连带责任。参见泰国《民商法典》第618条。

4. 对金银、纸币、银行卡、有价证券、汇票、股票、债券、商品寄存单、金银珠宝和其他有价值的物品，如果承运人在接收货物时没有获悉货物的价值或自然属性，不承担责任。参见泰国《民商法典》第620条第1款。

② 1. 承运人的责任期间：承运人的责任在收货人无保留意见地接收货物并支付了运费和附加费用之后结束。如果货物有丢失或损坏但无法从外观上看出来的，或承运人有不正当行为或严重疏忽的情形，承运人的责任在收货人无保留意见地接收货物并支付了运费和附加费用之后结束。参见泰国《民商法典》第623条。

2. 特定货物的赔偿范围：如果托运人告知了第620条第1款所指货物的价值，承运人只承担告知价值部分的责任。参见泰国《民商法典》第620条第2款。

3. 延迟交付的赔偿范围：延迟交付货物时的赔偿，不得超过全部货物损失时应赔偿的金额。参见泰国《民商法典》第621条。

③ 收据、提单或其他诸如此类的承运人出具的材料，如果存在免除或减轻承运人责任的条款，该内容无效，除非托运人明确同意免除或减轻承运人的责任。参见泰国《民商法典》第625条。

④ 运单发货人的名称处常会被记录为货代或有关的运输企业的名称，在名称下又填入货物权利人的地址，这时如何认定发货人的身份就会存在争议。

⑤ 尽管出具了托运单，但只有在收货人买回并提供了适合的担保时才可提取货物。参见泰国《民商法典》第615条。

C. 航空运输

（一）法律适用

1. 国际层面：中国和泰国均是《蒙特利尔公约》的成员国，因此可以直接适用该公约。[①]

2. 国别层面：由于《蒙特利尔公约》强制适用，因此当事人无法选择适用其他法律。

（二）核心法律义务

1. 承运人义务：（1）合法运输货物；（2）对货物进行安检或采取必要安保措施；（3）妥善保管货物。

2. 托运人义务：（1）合法托运货物；（2）依法填写、签发航空货运单证；（3）妥善包装货物；（4）支付运费和其他费用。

（三）常见法律问题

1. 托运人运费支付。[②]

2. “航空运输期间”不同。[③]

---

① 泰国尚未加入《华沙公约》《海牙议定书》《瓜达拉哈拉公约》。相关国际民用航空运输条约的签署、加入状况参见国际民航组织（ICAO）发布的文件：https://www.icao.int/secretariat/legal/LEB%20Treaty%20Collection%20Documents/composite_table.pdf，2024年5月24日访问。

②（1）买卖合同确立的运费支付义务不能直接对抗运输合同确立的运费支付义务；（2）如果有确实证据证明运输合同中的托运人不是买卖合同中的卖方，则卖方不承担运费支付义务。

③《华沙公约》中国际航空货物运输期间制度的判断标准有二：（1）货物需在承运人的掌管之下；（2）货物需处于机场内或航空器上，遇有紧急情况飞机迫降在机场外的，则为货物处于承运人掌管之下的任何地方。《蒙特利尔公约》就航空运输期间的规定与《华沙公约》不同，其第18条第3款删除了《华沙公约》第18条第3款关于货物应当“处于机场内或者在航空器上”的规定，仅以承运人是否掌管货物作为航空运输期间的唯一判断标准。依《蒙特利尔公约》，无论货物于何时何地受损，只要货物由承运人掌管，货物权利人即可依公约提起诉讼，承运人亦得援用公约责任限额。

3. 不同公约下对承运人责任的规定与限制不同。[①]

（四）提示与建议

1. 空运托运单不是物权凭证，仅是航空货物运输合同的证明。

2.《蒙特利尔公约》禁止承运人规定企图免除责任或低于公约规定赔偿限额的合同条款或承运条件，即低于公约的约定无效。[②] 关于承运人责任，公约没有规定的，可以援用国内法解决。

3. 建议根据货物属性选择合适的贸易术语。[③]

4. 诉讼时效。[④]

D. 多式联运

（一）法律适用

1. 国际层面：适用《联合国国际货物多式联运公约》《国际商会多式联运单证统一规则》《联合国贸易和发展会议/国际商会多式联运单证规则》。[⑤]

2. 国别层面：可以约定适用我国《民法典》《海商法》《民用航空法》，

---

① 《华沙公约》为不完全过失责任制，保留了航行过失免责；而《蒙特利尔公约》为完全过失责任制。2019年，国际民航组织对1999年《蒙特利尔公约》责任限额作出了修改，自2019年12月28日起实行经修改的限额。参见https://www.icao.int/secretariat/legal/LEB%20Treaty%20Collection%20Documents/2019_Revised_Limits_of_Liability_Under_the_Montreal_Convention_of_1999_zh.pdf，2024年5月24日访问。

② 参见《蒙特利尔公约》第47条。

③ 高新技术企业空运出口建议选择C组贸易术语，进口建议选择F组贸易术语；对于紧急运输的货物，空运方式是首选。

④ 自航空器到达目的地点之日、应当到达目的地点之日或者运输终止之日起两年期间内未提起诉讼的，丧失对损害赔偿的权利。上述期间的计算方法，依照案件受理法院的法律确定。参见《蒙特利尔公约》第35条。

⑤ 目前，《联合国国际货物多式联运公约》尚未生效，我国和泰国亦未加入该公约，该公约的签署、加入状况参见https://treaties.un.org/Pages/ViewDetails.aspx?src=TREATY & mtdsg_no=XI-E-1&chapter=11&clang=_en，2024年5月24日访问。《国际商会多式联运单证统一规则》是一项国际惯例，供当事人自愿采纳。《联合国贸易和发展会议/国际商会多式联运单证规则》作为示范法，供国际货物多式联运当事人选择适用。

或泰国2005年《多式联运法》。

（二）核心法律义务

1. 多式联运经营人义务[①]：（1）赔偿货物灭失、损坏或迟延交货所造成的损失[②]；（2）签发多式联运单据；（3）货物交付义务[③]；（4）通知义务[④]。

---

① 参见泰国《多式联运法》第一章“多式联运合同”第三部分“多式联运经营人的责任与义务”，第20—27条。

② （1）除第27条另有规定外，如果货物灭失、损坏或者延迟交付的原因自多式联运经营人接管货物之日起至货物交付之日止发生，多式联运经营人应当对货物灭失、损坏或者延迟交付所造成的损失承担赔偿责任，除非多式联运经营人证明，他、他的受雇人、代理人或者他为履行多式联运合同提供服务的任何其他人已采取一切合理要求的措施，以避免此种灭失、损坏或交货延误的发生，包括由此产生的后果。参见泰国《多式联运法》第20条第1款。（2）多式联运经营人对因迟延交付所造成的损失不负赔偿责任，但托运人在接收货物前已通知多式联运经营人，如果迟延交付，多式联运经营人应对可能发生的损失负责，并且多式联运经营人在接收货物前已同意对迟延交付所造成的损失负责的除外。参见泰国《多式联运法》第20条第2款。（3）延迟交货的情形：①多式联运经营人未在明确约定的时间内交付货物的；②在没有此种协议的情况下，多式联运经营人未在考虑到有关情况而合理要求其交付货物的时间内交付货物。参见泰国《多式联运法》第21条。

③ （1）签发以持票人为抬头的可转让形式的多式联运提单，多式联运经营人应当将货物交付持有多式联运提单正本的人。（2）多式联运提单是凭指示签发的可转让提单的，多式联运经营人应当将货物交付给向其交出任何一份经批注的正本多式联运提单的人。（3）多式联运提单是以具名人为抬头的可转让形式签发的，多式联运经营人应当在证明多式联运提单上具名的人的身份，并将其中任何一份正本多式联运提单交给多式联运经营人后，将货物交付多式联运提单上具名的人。但是，多式联运提单以指示式多式联运提单或者空白背书方式转让的，适用第2项的规定。（4）签发的多式联运提单为不可转让形式的，多式联运经营人应当将货物交付在多式联运提单上记载姓名的人，经证明其身份，即为收货人。（5）未向托运人签发单证的，多式联运经营人应当将货物交付托运人或者根据多式联运合同取得托运人、收货人权利的人的指示。参见泰国《多式联运法》第22条。

④ 找不到收货人或者收货人拒绝收货的，多式联运经营人应当立即通知托运人并征求其指示。参见泰国《多式联运法》第23条。

2. 发货人义务[①]：（1）告知与注明义务[②]；（2）遵守危险性货物的强制性规则[③]。

3. 收货人义务：（1）验收货物、通知货损义务。[④]

（三）常见法律问题

1. 适用传统运输中的哪种法律制度来确定多式联运经营人责任。

---

① 参见泰国《多式联运法》第一章“多式联运合同”第二部分“发货人的责任与义务”，第16—19条。

② （1）当货物由多式联运经营人从发货人或者代表发货人的其他人处接管时，发货人应被视为已向多式联运经营人保证其通知或提供的关于货物的一般性质、标志、号码、重量、体积、数量和货物的危险特性的一切细节的准确性，以便载列在多式联运提单上。尽管发货人已将多式联运提单转让给第三方，但发货人通知或者提供给多式联运经营人以载入多式联运提单的第一款所述事项不准确而造成损害的，发货人应当对多式联运经营人承担赔偿责任。但是，多式联运经营人应当对多式联运合同项下的第三人承担责任。参见泰国《多式联运法》第16条。（2）发货人应当按照国际公约或者有关法律法规对危险货物进行标识或者贴上标签。参见泰国《多式联运法》第17条。

③ 发货人向多式联运经营人或者其代理人移交危险品时，应当将货物的危险性和应当采取的预防措施告知多式联运经营人或者其代理人。发货人未这样做而多式联运经营人又不知情的，发货人和多式联运经营人的权利和义务如下：（1）发货人应当对多式联运经营人因运输此种货物而发生或者产生的一切损失或者费用承担赔偿责任；（2）多式联运经营人或者代表多式联运经营人的任何人，可以根据情况需要，随时从运输车辆上卸下货物，销毁货物或者使货物无害，而无须支付赔偿。本条第1款的规定不适用于在接管所载货物时已知道该货物的危险性质的任何人。参见泰国《多式联运法》第18条。

即使发货人已遵守第18条的规定，如果货物后来看来是危险的，或对生命或财产构成实际危险，或将明显成为危险的，多式联运经营人或其代表的任何人可以根据情况的需要卸载、销毁或使该货物无害，而无须支付赔偿。但多式联运经营人仍应自行承担共同海损责任或根据第20条承担共同海损责任。参见泰国《多式联运法》第19条。

④ 收货人收到货物时，货物出现部分灭失或者损坏，并且收货人未就收到的货物灭失或者损坏向多式联运经营人提出书面抗议的，推定多式联运经营人已按照多式联运提单载明的事项交付货物。灭失或者损坏不明显的，收货人有权在收到货物之日起6日内提出书面异议。参见泰国《多式联运法》第24条。

2. 多式联运经营人主体身份。[①]

① 设立多式联运企业的基本要求参见泰国《多式联运法》第二章“多式联运管制规则”（第39—63条）。

1. 多式联运经营人的主体范围：禁止任何人经营多式联运，除非他是按下列类别登记的多式联运经营人：（1）根据第41条注册的多式联运经营人；（2）在泰国根据条约或国际协定承认的外国注册的多式联运经营人，并已根据第45条向注册官注册；（3）在国外的运输经营人或者多式联运经营人，按照本法第48条的规定指定了代理人。参见泰国《多式联运法》第39条。

2. 多式联运经营人的基本条件：根据第39条第1款规定注册多式联运经营人的人应具备以下特征：（1）是根据泰国法律注册成立的有限公司或公众有限公司，并且主要办事处位于泰国；（2）实缴资本不少于8万元特别提款权。参见泰国《多式联运法》第40条。

3. 多式联运经营人的其他事项，包括但不限于注册申请、登记证续期、多式联运经营人的担保、设分支机构等。参见泰国《多式联运法》第42条。

4. 泰国“与国家间货运代理业务有关”的规则可参见http://www.tiffathai.org/application/regulation.php，包括泰国《海上商业促进法》、《海事促进法》、《海上货物运输法》、《多式联运法》及其部级条例、《国际道路运输法》等。

3. 多式联运经营人的赔偿责任（《联合国多式联运公约》[①]；泰国《多

---

① 1. 关于赔偿责任期间。多式联运经营人的赔偿责任期间为“收到交”，即自其接管货物之时起到交付货物时止。参见《联合国多式联运公约》第14条。

2. 关于赔偿责任基础。多式联运经营人的赔偿责任基础为推定过失或疏忽原则。参见《联合国多式联运公约》第16条。

3. 关于赔偿责任限制。（1）若多式联运经营人对货物的灭失或损坏造成的损失负赔偿责任，其赔偿责任以灭失或损坏的货物的每件或其他货运单位920特别提款权，或毛重每千克2.75特别提款权中两者中较高者为准；若根据合同不包括海上或内河运输，则按灭失或损坏货物毛重每千克8.33特别提款权确定。（2）若多式联运经营人对延迟交货造成的损失负赔偿责任，其赔偿责任以相当于迟延交付货物应付运费的2.5倍的数额为限，但不得超过多式联运合同规定的应付运费的总额。（3）多式联运经营人赔偿责任的总和不得超过货物全部灭失的赔偿责任限额。经多式联运经营人和发货人之间协议，多式联运单证中可规定超过规定的赔偿限额。参见《联合国多式联运公约》第18条。

4. 关于索赔时效。货物损坏明显时，收货人应当在不迟于货物交给其后的次一工作日提出索赔；货物损坏不明显的，收货人应在货物交给其之日后连续6日内提出索赔；针对迟延交货，收货人应在货物交给他之日后连续60日内提出索赔。参见《联合国多式联运公约》第24条。

5. 关于诉讼时效。国际多式联运的诉讼时效为2年。诉讼时效受索赔通知的影响，即若货物交付之日后6个月内，或者货物未能交付，在本应交付之日后6个月内，没有提出说明索赔的性质和主要事项的书面索赔通知，则在此期限届满后即失去诉讼时效。参见《联合国多式联运公约》第25条。

式联运法》[①]）。

4. 多式联运经营人的责任排除条款。[②]

① 参见泰国《多式联运法》第一章“多式联运合同”第四部分“多式联运经营人的赔偿责任限制及赔偿评估”（第28—36条）。（1）一般规则：根据第30条、第31条和第32条的规定，如果多式联运经营人所管货物全部或部分灭失或损坏，多式联运经营人的责任以每一运输单位666.67特别提款权为限，或以灭失或损坏货物毛重每千克2特别提款权为限，以较高者为准。参见泰国《多式联运法》第28条。（2）不包括海上或内水货物运输的赔偿责任：多式联运合同不包括海上或内水货物运输的，多式联运经营人的责任以灭失或损坏货物毛重每千克8.33特别提款权为限。参见泰国《多式联运法》第30条。（3）多式联运经营人的赔偿责任限制不适用的情况：①托运人在多式联运经营人接管货物前，已向多式联运经营人申报货物的状况和价值，并在多式联运提单上载明货物的状况和价值。②灭失、损坏或者迟延交付的发生，是由于多式联运经营人或者其受雇人、代理人或者为多式联运经营人履行合同提供服务的其他人的作为或者不作为，故意造成灭失、损坏或者迟延交付，或者明知可能造成灭失、损坏或者迟延交付而不顾后果的结果。参见泰国《多式联运法》第32条。

② 多式联运经营人证明货物灭失、损坏或者延迟交货由于下列原因造成的，不承担赔偿责任：（1）不可抗力；（2）发货人、收货人及其代表、代理人的故意或者过失；（3）货物包装、标志、编号不充分或者有缺陷的；（4）发货人、收货人或者其代表、代理人装卸、积载货物的；（5）货物的固有性质或者潜在缺陷；（6）罢工、停工或劳工问题或限制；（7）经海上或者内水运输的货物，在运输过程中灭失、损坏或者迟延交付由于下列原因造成的：①船长、水手、引航员或者承运人的受雇人在航行或者管理船舶方面的故意行为、过失或者错误；②火灾，但火灾是由承运人的过失或在承运人的知情范围内引起的除外。但是，多式联运经营人对船舶因第7款规定的不适航所造成的灭失、损坏或者迟延交付，应当继续承担责任，除非多式联运经营人能够证明，在航行开始时，其已经采取了为使船舶处于适航状态所要求的一切措施。参见泰国《多式联运法》第27条。

5. 索赔时效。[①]

6. 泰国多式联运提单的要求。[②]

（四）提示与建议

1. 在我国和泰国均未加入《联合国国际货物多式联运公约》的情况下，建议在交易中选择我国法律作为准据法。

2. 泰国《多式联运法》现行有效，建议对相关规定予以查明并遵守。

三、卖方交付货物（国际贸易术语适用）

A. DDU——未完税交货（指定目的地）[③]

（一）基本含义

DDU全称为“Delivered Duty Unpaid”，意为“未完税交货（指定目的地）”。卖方在指定的目的地将货物交给买方处置，不办理进口手续，也不从交货的运输工具上将货物卸下，即完成交货。卖方应承担将货物运至指定的目的地的一切风险和费用，不包括在需要办理海关手续时在目的地国进口应缴纳的任何“税费”。

---

① 因多式联运引起的索赔，无论是以多式联运合同还是以侵权为理由的，自多式联运经营人交付或者应当交付货物之日起9个月内，未依照本法第三章规定提起诉讼或者提请仲裁裁决的，则根据时效不予受理。

在第1款规定的时效内，被请求人书面同意并签字表示，向法院提起诉讼或者将争议提交仲裁不援引时效的，该同意可以执行，但自多式联运经营人交付或者应当交付货物之日起不得超过2年。

被请求人以签名的书面同意延长时效的，视为同意不援用时效，其效力与第2款的情形相同。参见泰国《多式联运法》第38条。

② 泰国多式联运提单参照适用泰国《海上货物运输法》中关于提单的所有规定，即泰国《海上货物运输法》第二章（第18—30条）。

③ DDU是INCOTERMS2000的术语，已被DAP取代，参见DAP部分。

（二）核心法律义务

1. 卖方义务：（1）卖方必须提供符合销售合同规定的货物和商业发票或有同等作用的电子信息，以及合同可能要求的、证明货物符合合同规定的其他凭证；（2）办理出口清关手续；（3）卖方必须自付费用订立运输合同，将货物运至指定目的地；（4）卖方必须在指定的目的地将在交货的运输工具上尚未卸下的货物交给买方或买方指定的其他人处置；（5）卖方承担将尚未卸下的货物交给买方或买方指定的其他人之前的一切风险。

2. 买方义务：（1）办理进口清关手续；（2）买方承担卖方在指定的目的地将在交货的运输工具上尚未卸下的货物交给买方后的一切风险；（3）一旦买方有权决定在约定期限内或在指定的目的港受领货物地点，买方必须就此给予卖方充分通知。

（三）常见法律问题

1. 运输方式及与DES、DEQ术语的选择。[①]

2. “税费”的界定。[②]

3. 卖方运输风险规避。[③]

B. DPU——卸货地交货（指定目的地）

（一）基本含义

DPU全称为“Delivered at Place Unloaded”，意为“卸货地交货（指定目的地）”。卖方在指定目的地或目的港集散站卸货后将货物交给买方处置即完成交货，卖方承担将货物运至指定目的地或目的港集散站以及卸载货物的一切风险和费用。该术语适用于所有运输方式。

---

① 当货物在目的港船上或码头交货时，应选择DES或DEQ。

② “税费”包括办理海关手续的责任和风险，以及缴纳手续费、关税、税款和其他费用。买方必须承担此项“税费”和因其未能及时办理运输货物进口清关手续而引起的费用和风险。

③ 卖方虽对买方没有订立保险合同的义务，但卖方须承担整个运输过程的风险。因此，可通过投保规避货物运输风险。

（二）核心法律义务

1. 卖方义务：（1）交货义务：提供符合合同约定的货物；（2）承担用运输工具把货物运输到目的地，并将货物卸载到目的地指定终点站交付给买方之前的所有风险和费用；（3）办理出口清关手续；（4）办理货物运输；（5）交单义务：提供商业发票和运输单据或具有同等效力的电子数据交换信息。

2. 买方义务：（1）受领货物并支付价款；（2）风险承担：承担自收货之时起一切关于货物损坏和灭失的风险，支付自交货之时起与货物有关的一切费用；（3）办理进口清关手续；（4）承担从到达的运输工具上为收取货物所需的一切卸货费用；（5）提供信息和协助①。

（三）常见法律问题

1. 卖方风险和费用承担。②

2. 买方风险和费用承担。③

3. 交货地点界定。④

4. 运输方式。⑤

---

① 应卖方请求并在卖方承担风险和费用的前提下，及时向卖方提供货物运输和出口或通过任何国家所需的文件及信息，并给予协助。否则，买方必须支付未及时提供信息和协助而产生的一切损失及费用。

② 在货物交给买方或其代理人处置之前，所有出口清关、运输与保险、目的港或目的地卸货手续均由卖方办理，由此产生的费用及风险也由卖方承担。

③ 买方或其代理人在终点站受领卖方交付的货物后，需要自行办理进口清关、转运等手续，并承担由此产生的相关费用及风险。

④ INCOTERMS2020将DAT改为DPU，DPU的交货地点是目的地，但这个目的地不再限于运输终端，可以是任何地方且不论该地方是否有遮盖，例如码头、仓库集装箱堆积场或公路、铁路、空运货站；但若目的地不是运输终端，卖方需确保其交货地点可以卸载货物。

⑤ INCOTERMS2010中，当双方当事人采用DAT进行贸易时，买卖双方之间的货物运输要由第三方承运。INCOTERMS2020中，DPU赋予了买卖双方选择自定义运输方式的权利，即除选择第三方承运之外，买卖双方还可以使用自有运输工具。

5. 卖方的卸货义务。[①]

四、国际货物运输保险

（一）法律适用

1. 国际层面：目前尚未有统一的国际保险条约，实务中适用当事人与保险公司订立的格式保险合同。

2. 国别层面：可以选择适用我国《保险法》及中国人民保险公司制定的海洋、陆上、航空运输货物保险条款[②]，也可以约定适用泰国《民商法典》[③]。

（二）核心法律义务

1. 保险人义务:（1）出具保险单证；（2）支付保险赔偿金。

2. 被保险人义务:（1）支付保险费；（2）如实告知义务[④]；（3）通知义务；（4）采取必要措施的义务[⑤]。

（三）常见法律问题

1. 保险单的生效日期应不晚于提单签发日期。

---

① 注意区分DAP术语和DPU术语。DAP和DPU均规定需要在指定目的地交货，二者的主要区别在于：在DAP术语下，卖方无须承担将货物从交通工具上卸下的义务；而在DPU术语下，卖方承担将货物从运输工具上卸下并交由买方处置的义务。

② 国际上没有统一的货物运输保险法，一般通过各国国内法和当事人订立的保险合同确定权利义务。《英国伦敦保险协会海运货物保险条款》《美国协会货物保险条款》是通常适用的国际海上货物运输保险惯例，规定了保险规则、险别等。

③ 参见泰国《民商法典》第三卷“合同”第二十编“保险”第二章“损失保险”第二部分“关于运输保险的特别规定”（第883—886条）。

④ 保险合同订立前，被保险人应当将其知道的或者在通常业务中应当知道的有关影响保险人据以确定保险费率或者确定是否同意承保的重要情况，如实告知保险人。

⑤ 一旦保险事故发生，被保险人应当立即通知保险人，并采取必要的合理措施，防止或者减少损失。

2. 如果损失是因铁路运输企业的故意或者重大过失造成的，不受保价额的限制，按照实际损失赔偿。

3. 海洋、陆上、航空运输货物保险的责任范围、除外责任、责任期间、索赔时效。[①]

（四）提示与建议

1. 在国际货物贸易中，由哪一方负责投保，取决于交易所使用的贸易术语和合同约定。

2. 建议投保短期出口贸易信用保险以分散风险。[②]

3. 在投保时注意投保单、保险单中对除外责任、纠纷先决条款等格式条款的约定。

---

① 1. 海洋运输货物保险：（1）责任范围：平安险、水渍险、一切险。（2）除外责任：除外责任包括保险人的故意行为或过失所造成的损失；属于发货人责任引起的损失；保险责任开始前，被保险货物已存在品质不良或数量短差所造成的损失等（参见中国人民保险公司海洋运输货物保险条款第2条）。（3）责任期间："仓至仓"条款。（4）索赔时效：2年，从被保险货物在最后卸货港全部卸离运输工具后起算。

2. 陆上运输货物保险：（1）责任范围：陆运险和一切险；（2）除外责任：参见中国人民保险公司陆上运输货物保险条款（火车、汽车）第2条；（3）责任期间："仓至仓"条款；（4）索赔时效：2年，从被保险货物在最后目的地车站全部卸离车辆后起算。

3. 航空运输货物保险：（1）责任范围：航空运输险和航空运输一切险；（2）除外责任：参见中国人民保险公司航空运输货物保险条款第2条；（3）责任期间："仓至仓"条款；（4）索赔时效：2年，从被保险货物在最后卸货地卸离飞机后计算。

② 短期出口贸易信用保险一般保障信用期限在一年以内的出口收汇风险，承保风险包括买方破产、拖欠、拒收等商业风险和贸易管制、外汇管制、战争等政治风险。

五、国际货物贸易支付

A. 托收

（一）法律适用

1. 国际层面：ICC《托收统一规则》（URC522）是托收关系的主要法律依据，通常情况下，银行会选择适用该规则。

2. 国别层面：由于我国未对托收作出专门的法律规定，《托收统一规则》作为国际贸易结算中的国际惯例已经在国际贸易实践中获得了广泛承认和普遍适用，现已成为我国法院解决此类纠纷的主要依据，也可以约定适用我国《支付结算办法》。

（二）核心法律义务

1. 付款人义务：履行付款义务，不得无故延迟付款或拒付。

2. 委托人义务：（1）明确指示；（2）及时指示，当银行将发生的意外情况通知委托人时，委托人必须及时指示，否则，因此发生的损失由委托人自行负责；（3）支付费用。

3. 银行义务：（1）及时收款与转款义务，若买方拒付则无须履行付款义务；（2）通知义务：及时向卖方通知买方拒付的情况。

（三）常见法律问题

1. 托收中存在银行免责情形①，可能产生银行与外商相互串通而损害另一方的后果。

2. 注意区分付款交单（D/P）与承兑交单（D/A）两种结算方式。对于卖方而言，承兑交单风险大于付款交单。

（四）提示与建议

国际贸易中，如果选择托收，建议选用付款交单（D/P）结算方式。大

---

① 银行对单据的实质、传递延误或遗失、不可抗力、货物、票据、被指示方的行为免责。

额出口业务建议采用信用证和托收相结合方式，切忌采用承兑交单（D/A）结算方式。

B. 信用证

（一）法律适用

1. 国际层面：ICC《跟单信用证统一惯例》（UCP600）和《关于审核跟单信用证项下单据的国际标准银行实务》（ISBP745）是信用证领域的主要法律依据，通常情况下，银行会选择适用该规则。[①]

2. 国别层面：可以约定适用我国《最高人民法院关于审理信用证纠纷案件若干问题的规定》，或泰国相关法律。目前，在我国对外经济贸易业务中，如采用跟单信用证的支付方式，我国银行一般也以《跟单信用证统一惯例》作为主要依据办理业务。

（二）核心法律义务

1. 开证申请人义务:（1）申请开立信用证；（2）缴付押金、担保及相关费用；（3）及时付款赎单；（4）承担第二付款责任，向受益人付款。

2. 受益人义务:（1）按信用证规定装货、制单、交单；（2）做到“货约一致、单货一致、单证一致、单单一致”；（3）赔偿责任。

（三）常见法律问题

1. 开证行援引免责情形导致卖方无法获得相应款项。[②]

2. 进口商不申请开证或迟延开证。

---

① ICC《跟单信用证统一惯例》不同于国际公约，其并非必须遵守的法律，只对接受它的银行和其他有关当事人具有约束力。即使接受它的银行和受益人也可以在采用它时对个别条款加以修改、补充。在实际信用证业务中，采用ICC《跟单信用证统一惯例》时，一般都在信用证中加注“除另有规定外，本证根据ICC《跟单信用证统一惯例》（2017年修订本）即国际商会600号出版物办理”。

② 开证行对单据的实质、传递延误或遗失、不可抗力、买卖合同的实际履行状况免责。

3. 进口商伪造信用证。[①]

4. "软条款"信用证。[②]

5. 伪造单据。

6. 以保函换取与信用证相符的提单。[③]

7. 信用证欺诈例外原则。[④]

（四）提示与建议

1. 建议选择资信良好的开证行。

2. 选择适当的信用证类型。[⑤]

---

① 伪造信用证的情形包括：一是进口商故意伪造或冒用银行名义开立信用证；二是进口商伙同资信不良的银行开立信用证。

② 常见的"软条款"有:（1）以本国法律干预信用证业务。如信用证规定审核标准，除《跟单信用证统一惯例》外，还有进出口国法律。（2）陷阱条款。如进口商修改信用证意思不够明确，造成出口方误解。

③ 以保函换取与信用证相符的提单主要有倒签提单、预借提单及凭保函换取清洁提单。

1. 倒签提单是货物装船的日期晚于信用证规定的装船日期，但仍按信用证规定的日期签署装船日期的提单。

2. 预借提单是在货物实际装船完毕前签发的，并将当天的日期记载于提单签发日期栏内。倒签提单和预借提单均属于欺诈行为。

3. 凭保函换取清洁提单通常情况下也属于欺诈行为，但在特殊情形下，在没有欺诈意图的情况下，由于客观条件所限，承托双方就货物的数量、重量或包装等问题存在认识上的分歧，又无法对所装运的货物的实际数量进行再核实，此时凭保函签发清洁提单是商业习惯允许的变通做法，司法实践中已有案例承认了此种善意保函的效力。此时承运人仍对货损货差向收货人承担责任，但有权依据有效的保函向托运人追偿。

④ 信用证独立于买卖合同为原则，但也有例外。若在银行对卖方提交的单据付款或承兑之前，发现或获得确凿证据，证明卖方确有欺诈行为，买方可请求法院向银行颁发禁止令，禁止银行付款。

⑤ 出口企业应当结合买卖双方的需求及合同货物的特征，选择适当的信用证类型。如果出口企业注重自身交单的便利性，可以考虑可议付信用证，就近指定议付行；如果买方有融资的需要，或者货物的生产周期较长，可以考虑远期信用证，分期交单付款，但要尽量压缩尾款的比例，以降低货款回收的风险。

3. 出口企业应高度关注三个日期：最迟装运日、信用证截止日和交单截止日，逾期可能会导致银行拒付。

4. 审慎对待信用证中的“软条款”，建议少用或不用。

C. 国际保理

（一）法律适用

1. 国际层面：现行的主要规则依据包括《国际保理公约》[①]、《国际保理业务惯例规则》、《联合国国际贸易应收款转让公约》[②]。中国和泰国均未加入国际统一私法协会1988年《国际保理公约》和联合国国际贸易法委员会2001年《联合国国际贸易应收款转让公约》。国际保理商联合会（FCI）《国际保理业务惯例规则》作为国际惯例，是保理行业的主要法律依据，通常情况下保理商会选择适用该规则。

2. 国别层面：可以约定适用我国《民法典》有关保理合同的规定，或泰国《民商法典》第二卷“债”中的合同通则、债的变更等方面的规定[③]。

（二）核心法律义务

1. 债务人（买方）义务：向保理商履行付款的义务，但买方可以根据基础合同约定的付款抗辩条件对抗保理商的付款请求权。

2. 供应商（卖方）义务：（1）向债务人履行通知义务；（2）转让应收账款；（3）接受出口保理商的再转让；（4）支付约定的费用和利息。

---

① 《国际保理公约》虽已生效，但中国与泰国均未加入，条约现状可参见国际统一私法协会官网：https://www.unidroit.org/instruments/leasing/convention/status，2024年5月24日访问。

② 《联合国国际贸易应收款转让公约》尚未生效，条约现状可参见联合国官网：https://uncitral.un.org/en/texts/securityinterests/conventions/receivables/status，2024年5月24日访问。

③ 泰国《民商法典》未对保理合同的内涵予以界定，在泰国法中为无名合同。泰国《民商法典》第二卷“债”第四部分“变更”涉及债的变更（第349—352条）。第二卷第二编“合同”涉及合同的一般规定（第354—394条）。

（三）常见法律问题

1. 买方付款条件：债务人向保理商的付款义务以供应商的通知义务的履行为前提。

2. 卖方可能面临款项被索回与反转让。

3. 信用额度被取消或被缩减。

（四）提示与建议

作为卖方，应注意以下方面：

1. 尽可能充分了解买方的付款能力及诚信记录。

2. 在签订保理合同时尽量排除“进口保理商有权无条件缩减或撤销信用额度”的规定。

3. 建议选择资信良好、海外机构较多、账务管理严格的国际保理机构。

六、进出口通关

（一）法律适用

1. 国际层面：适用WTO《贸易便利化协定》（TFA）、《中国—东盟自由贸易协定》、《区域全面经济伙伴关系协定》（RCEP），其中与中国的贸易关税适用关税减让表的特殊约定。

2. 国别层面：泰国进出口贸易相关的法律主要有：泰国《海关法》（2017年修订）、1979年《货物进出口法》及其修订（2015年）等。

（二）核心法律义务

1. 进口通关需履行下列义务：（1）进行舱单申报；（2）必须从列明的口岸进口；（3）货物进口通关时，贸易商必须向海关提供以下文件：海关进口申报、商业发票、提货单、打包清单和原产地证书，以及某些进口商品所需的进一步许可；（4）依法缴纳关税。

2. 出口通关需履行下列义务：（1）进行舱单申报；（2）必须从中列明的口岸出口；（3）向海关提供以下文件：提单或托运单、货物的商业发票、银行单证（如信用证等）、货物原产地证书、装箱清单、出口许可证

（需要时提供）、相关外汇管制单证等。

（三）常见法律问题

1. 进出口通关：（1）进口管理①；（2）出口管理②。

2. 进出口商品检验检疫：（1）商品检验相关法律、标准③；（2）动植物及食品检验检疫相关法律、标准④。

3. 关税税率⑤：泰国进口商品通常需要缴纳关税和增值税（VAT）。关税计税方法一般为按价计税，也有部分商品按照特定单位税率的方式征税。一般情况下，进口商品关税额计算公式为商品到岸价（CIF）乘以该项商品的进口税率，绝大部分商品的进口关税税率在0—80%；增值税的

---

① 泰国对多数商品实行自由进口政策，任何开具信用证的进口商均可从事进口业务。泰国仅对部分产品实施禁止进口、关税配额和进口许可证等管理措施。参见商务部发布的《对外投资合作国别（地区）指南——泰国（2022年版）》第47页。

② 泰国除通过出口登记、许可证、配额、出口税、出口禁令或其他限制措施加以控制的产品外，大部分产品可以自由出口。参见商务部发布的《对外投资合作国别（地区）指南——泰国（2022年版）》第47页。

③ 泰国商品检验相关法律主要为《国家标准化法》（2008）、《工业产品标准法》（1968）及其修订。泰国工业部下属的泰国工业标准研究院（TISI）负责标准和技术法规，其他相关部门还包括国家农产品和食品标准局（ACFS）、商业部、国家计量局和国家标准化委员会办公室。泰国对10个领域产品实行强制性标准，包括民用建筑原料、消费品、电子工程、液压工程、食品、热交换工程、医学、涂料油漆挥发物、机械工程和车辆以及化学品。相关链接：https://www.tisi.go.th/list-tisi。参见商务部发布的《对外投资合作国别（地区）指南——泰国（2022年版）》第48页。

④ 泰国动植物及食品检验检疫相关法律包括《食品法》（1979）、《农业标准法》（2008）、《动物疫病法》（2015）、《动物饲料质量控制法》（2015）、《植物检疫法》（2008）、《植物法》（2007）、《植物进口检疫规章》和《野生动物养护和保护法》（1992）。食品按风险程度分为四类，需要满足各自不同的注册、标签和标准要求。相关监管机构包括农业与合作部下属的国家农产品和食品标准局（ACFS）、农业厅、畜牧厅、渔业厅和卫生部下属的食药监局。相关链接：http://www.thailandntr.com/en/goods/non-tariff-measures。参见商务部发布的《对外投资合作国别（地区）指南——泰国（2022年版）》第48页。

⑤ 参见商务部发布的《对外投资合作国别（地区）指南——泰国（2022年版）》第48—49页。

计算公式为进口商品缴纳关税和消费税（部分商品需缴纳）后的总价值乘以7%。

除普通税率外，大部分进口产品可根据自贸协定、特定产业等不同情况享受不同的优惠税率，具体商品的关税税率和减让情况可登录泰国海关网站（http://itd.customs.go.th）查询。

（四）提示与建议

1. 事先查阅并咨询专业人员货物是否属于被禁止或限制进口或出口类型。

2. 对涉及需申请进口、出口许可证的货物，及时向有关当局申领许可证。

3. 在进口、出口通关前了解并咨询专业人员各项检验检疫程序及具体要求。

4. 及时关注泰国发布的最新进出口货物管理清单（禁止进出口、需要办理进出口许可证、符合卫生和植物卫生措施和技术条例要求的货物清单等）。

七、纠纷解决

A. 国际商事仲裁

（一）管辖机构

1. 亚太区内仲裁机构：中国国际经济贸易仲裁委员会（CIETAC）、中国香港国际仲裁中心（HKIAC）、新加坡国际仲裁中心（SIAC）、巴厘岛国际仲裁与调解中心（BIAMC）、亚洲国际仲裁中心（AIAC）、吉隆坡区域仲裁中心（KLRCA）、泰国仲裁院（TAI）、泰国仲裁中心（THAC）、泰中国际仲裁与调解中心（TCIAC）。

2. 亚太区外仲裁机构：国际商会仲裁院（ICC）、伦敦国际仲裁院（LCIA）、瑞士苏黎世商会仲裁院（ZCC）、瑞典斯德哥尔摩商会仲裁院（SCC）等。

（二）管辖依据

仲裁机构及纠纷适用的准据法可由当事人选择确定。

（三）法律适用

1. 仲裁程序规则：一般适用管辖案件的仲裁机构的仲裁规则，当事人选择余地不大。

2. 案件准据法：由当事人选定或仲裁庭选定案件审理适用的准据法，可以是泰国国内法或我国国内法。如可以适用泰国《仲裁法》和《民事诉讼法典》[①]等，以及《承认及执行外国仲裁裁决公约》(《纽约公约》)[②]和中泰1994年《关于民商事司法协助和仲裁合作的协定》[③]。

（四）常见法律问题

1. 仲裁协议的形式。[④]

---

① 参见泰国《民事诉讼法典》第二编“初级法院的审判程序”第二章“初级法院的特别程序”第三节“仲裁”（第210—222条）。其中第210条规定，对于初级法院正在审理的所有案件，当事人达成仲裁协议，可以共同向法院递交申请，请求法院准许将案件的所有争议或某项争议提交由一名仲裁员或者多名仲裁员裁决。如果法院认为该仲裁协议没有违反法律规定，法院可以依照申请裁定准许。

② 泰国与中国均为《纽约公约》缔约国，泰国于1959年12月21日加入，1960年3月20日公约对其生效。

③ 双方在仲裁领域达成合作：“缔约一方应根据一九五八年六月十日在纽约缔结的承认与执行外国仲裁裁决公约承认与执行在缔约另一方领土上作出的仲裁裁决。”参见《中华人民共和国和泰王国关于民商事司法协助和仲裁合作的协定》第20条。

④ 泰国《仲裁法》不仅允许仲裁协议采用单独协议或合同条款的形式，还作了变通规定：“仲裁条款如载于互相往来的书信、传真等资料或提供协议记录的其他电讯手段中，或在申请书和答辩书交换中一方当事人声称有协议而另一方当事人不否认的，应视为存在仲裁协议。在合同中援引载有仲裁条款的一项文件，也构成仲裁协议，但该合同须是书面的且此援引足以使该合同条款构成合同的一部分。”参见泰国《仲裁法》第11条。

2. 争议的可仲裁性以及仲裁协议的效力问题。[①]

3. 仲裁员选择不当、仲裁程序失误、举证不力等导致仲裁败诉。

4. 仲裁前或仲裁过程中，未能对相关财产采取保全措施，仲裁胜诉后，可能无法执行或无法全部执行。[②]

---

①（1）仲裁协议的范围：除私人之间，私人与政府机关也可约定通过仲裁解决合同争议，仲裁协议对双方具有约束力，据此作出的裁决可被执行。参见泰国《仲裁法》第15条。（2）仲裁协议的效力：①仲裁协议的效力不因协议的任何一方死亡、法人资格终止，或处于破产清算、破产管理，或被法院宣布为无行为能力人、准无行为能力人而受到影响。仲裁庭作出合同无效的决定，不影响仲裁条款的法律效力。参见泰国《仲裁法》第12条。②主合同发生转让时，仲裁条款仍然有效，受让人受到仲裁条款的约束。参见泰国《仲裁法》第13条。③在一方当事人就仲裁协议范围内的争议向另一方提起诉讼时，被起诉的一方可以请求法院驳回起诉。法院审查期间，当事人可启动仲裁程序，仲裁庭可继续仲裁并作出裁决。参见泰国《仲裁法》第14条。

② 当事人可以向法院申请采取临时保全措施。仲裁协议的一方当事人可以提出申请，请求主管法院裁定，在仲裁程序之前或期间采取临时措施保护其利益。如果法院认为，在法庭上进行此类诉讼，法院将能够发出此类命令，则法院可以按申请进行，应参照适用《民事诉讼法典》中关于临时措施的规定。参见泰国《仲裁法》第16条。

5. 外国或国际仲裁裁决在泰国的承认与执行。[①]

（五）提示与建议

1. 重视仲裁合意的达成问题，尤其注意在往来信件中是否就合同争议解决构成仲裁合意。

---

① 1. 受承认与执行的仲裁裁决范围：根据泰国《仲裁法》第42条、第43条和第44条的规定，仲裁裁决，无论在哪一个国家作出，均应被视为对当事人具有约束力，并在向主管法院提出申请后予以执行。如果仲裁裁决是在外国作出的，只有当被申请执行的外国仲裁裁决受泰国所加入的国际条约、公约或协定管辖时，泰国法院才应当执行该外国裁决，且该外国裁决只在泰国同意受该国际条约、公约或协定约束的范围内有效。参见泰国《仲裁法》第41条。

2. 申请承认与执行的条件：寻求执行仲裁裁决的一方应当自裁决可执行之日起3年内向有管辖权的法院提出申请。法院收到申请后，应当及时审查并据此作出判决。申请执行裁决的申请人应当向法院出示下列文件：（1）裁决书原件或经认证的副本；（2）仲裁协议原件或经认证的副本；（3）经一名宣誓过的翻译员、被授权认证翻译的官方、泰国驻外代表或领事认证的裁决和仲裁协议的泰文译本。参见泰国《仲裁法》第42条。

3. 法院拒绝执行仲裁裁决的情形：法院可以拒绝执行仲裁裁决，无论仲裁裁决是在哪一个国家作出的，如果裁决的执行对象提供证据证明：（1）根据适用于仲裁协议的一方当事人的法律，仲裁协议的一方当事人在某种程度上无行为能力；（2）根据双方同意的国家法律，仲裁协议不具有约束力，或者根据泰国法律，仲裁协议没有任何说明；（3）提出申请的当事方没有得到关于仲裁庭或仲裁程序指定的适当提前通知，或者以其他方式无法在仲裁程序中为案件辩护；（4）裁决涉及不属于仲裁协议范围的争议，或包含对超出仲裁协议范围的事项的裁决。但是，如果超出仲裁协议范围的事项的裁决可以与仲裁协议范围内的部分分开，法院只能撤销超出仲裁协议或条款范围的部分；（5）仲裁庭或仲裁程序的组成不符合当事各方的协议，或者，如果当事各方没有另行约定，则不符合本法；（6）仲裁裁决尚不具有约束力，或已被主管法院或根据作出仲裁裁决的国家/地区的法律撤销或中止。除非主管法院要求撤销或中止裁决，否则法院可以在其认为适当的时候休庭审理本案；如果提出申请的一方提出要求，法院可以命令被要求执行的一方提供适当的担保。参见泰国《仲裁法》第43条。

4. 法院驳回执行申请：如果法院认为裁决涉及无法根据法律通过仲裁解决的争议，或者如果执行违反公共政策，法院可以驳回根据泰国《仲裁法》第43条提出的执行申请。参见泰国《仲裁法》第44条。

2. 建议中方当事人就经济贸易纠纷优先选择机构仲裁，可以选择外国或国际仲裁机构。

3. 当发现仲裁员与争议有利益关系或与对方当事人有亲戚关系等影响公正的情形时，要及时提出异议，维护自身合法权益。

4. 泰国规定政府机关须取得内阁的同意，方能与他人就签订合同产生的纠纷约定仲裁。但根据泰国《民商法典》，国家财产享有执行豁免。尽管泰国财政部曾指令要求政府部门遵守法院的终局判决，但该指令是否适用于仲裁裁决仍存在争议，由此可能导致仲裁结果无法实现。

B. 国际商事调解

（一）管辖机构

1. 亚太区内调解机构：亚太仲裁与调解中心（APCAM）、新加坡国际调解中心（SIMC）、泰国仲裁中心（THAC）、泰国调解中心（TMC）、泰中国际仲裁与调解中心（TCIAC）等。

2. 国内调解机构：中国国际贸易促进委员会/中国国际商会调解中心（CCPIT）、一带一路国际商事调解中心（BNRMC）、最高人民法院国际商事法庭（CICC）。

（二）管辖依据

管辖权产生的依据为当事人的意思自治。

（三）法律适用

1. 程序规则：可以适用《亚太仲裁与调解中心调解规则（2020版）》《新加坡调解公约》《国际商会调解与仲裁规则》《一带一路国际商事调解中心调解规则》《最高人民法院国际商事法庭程序规则（试行）》，以及《泰国仲裁中心调解规则》（THAC调解规则）、《泰国调解中心规则》（TMC规则）、《泰中国际仲裁与调解中心调解规则》（HCIAC调解规则）等。

2. 案件准据法适用：由当事人选择案件审理适用的准据法，即我国相关国内法或泰国相关国内法。

（四）常见法律问题

1. 调解协议须经司法确认才具有强制执行力。[①]

2. 调解员选择不当、调解程序失误、证据可采性等[②]导致调解失败。

3. 启动仲裁或司法程序不能视为对调解协议的豁免或调解程序的终止。

（五）提示与建议

1. 中方当事人选择将争议提交调解需要注意提交争议的地点；申请调解材料的完整性；当发现调解员与争议有利益关系或与对方当事人有亲戚关系等影响公正的情形时，要及时提出异议，维护自身合法权益。

2. 在泰国或中国达成的和解协议很难互相得到承认与执行。因此，如需在泰国得到承认与执行，则在泰国申请调解。此外，可以采取调解与仲裁相结合的机制，通过仲裁程序达到执行和解协议的效果。

C. 民事诉讼

（一）管辖机构

泰国法院体系由以下组成：宪法法院、行政法院、军事法院、司法法院。其中司法法院有权审判除了宪法规定属于其他法院管辖的一切案件。泰国司法法院体系分为三个级别：初审法院、上诉法院和大理院（最高法院）。在专门管辖上，泰国有若干专门法院，如劳动法院、知识产权和国际贸易法院、税务法院以及破产法院等。专门法院及少年家事法庭实行两审终审制，上诉的案件由最高法院直接审理。此外，泰国民事诉讼实行三审终审制，即一审、二审、终审。

（二）管辖依据

1. 国别管辖：泰国尚未加入海牙国际私法会议2005年《选择法院协议

---

① 在我国，调解书具有强制执行力，调解协议须经法院司法确认才具有强制执行力。但根据《新加坡调解公约》规定，和解协议无须经司法确认即可得到执行。

② 以下信息不得作为证据使用：调解员的建议、一方当事人在调解程序中的陈述或承认、仅为调解程序准备的文件等。

公约》，中国已签署但尚未批准核准，故无法直接援引适用《选择法院协议公约》确定国别管辖法院。

2. 国内管辖：通过中国《民事诉讼法》及其司法解释，或泰国《民事诉讼法典》等确定国内管辖法院。

（三）法律适用

1. 程序法的适用：适用中国《民事诉讼法》或泰国《民事诉讼法典》等。

2. 准据法的适用：根据法院地国的冲突规则指引选择，如泰国1938年《法律冲突法》或中国《涉外民事关系法律适用法》。

（四）常见法律问题

1. 判决的承认与执行。[①]

2. 诉讼时效的限制。[②]

3. 泰国法院判决的依据。[③]

（五）提示与建议

中方当事人就经济贸易纠纷提交泰国法院审理存在一定的风险，需要慎重抉择，包括但不限于：

---

① 泰国未签署2019年《承认与执行外国民商事判决公约》，且目前该公约尚未生效，无法直接援引适用；也无法依据《中华人民共和国和泰王国关于民商事司法协助和仲裁合作的协定》申请执行，双方仅在民商事的送达文书和调查取证方面互相合作，双方的民事判决不能得到相互承认与执行。此外，泰国国内法中也没有专门的法律规定外国法院判决的承认和执行，因此中国法院作出的判决难以在泰国得以被承认和执行。

② 参见泰国《民商法典》第一卷“总则”第六编“时效”（第163—193条）。民事案件的诉讼时效从 1 年到10年不等，具体取决于系争标的物和索赔的实质内容。如：第164条规定除法律作出特别规定外，时效为10年；第165条规定事项的时效为2年；第166条规定欠款利息索赔等的时效为5年，等等。

③ 泰国是大陆法系国家，以成文法作为法院判决的主要依据。泰国法律主要由政府各部委颁布的成文法和法规组成。但泰国的法律体系也受到普通法的影响，即在下级法院审理的案件中，最高法院的判决可作为其法律依据。

1. 庭审方式的不便捷。只有在特殊情况下，法庭才能选择网上审理。如需要询问海外证人时，法院会启动视频会议进行网上审理。

2. 诉讼审理周期长。除专门法院外，泰国普通民事案件实行三审终审制，且每一审的审理期限较长，时间成本较高。

3. 承认与执行可能的障碍。虽中泰已签订《关于民商事司法协助和仲裁合作的协定》，但双方仅在民商事的送达文书和调查取证方面互相合作，双方的民事判决不能得到相互承认与执行。

根据泰国法律，外国法院判决中的债权人可以向泰国有管辖权的法院发起新的诉讼，并将外国法院的判决作为一项证据来证明其案件。根据泰国最高法院的先例，外国法院的判决只是一种债的来源，债权人可以根据外国法院的判决向泰国法院提起诉讼，需要泰国法院对债权债务作出判决后，原告才能根据泰国法院的判决申请强制执行。

第七章　文莱篇

文莱达鲁萨兰国（Negara Brunei Darussalam），简称文莱，位于加里曼丹岛西北部，北濒南海，东南西三面与马来西亚的沙捞越州接壤，并被沙捞越州的林梦分隔为东西两部分。国家经济支柱是原油和天然气产业，非油气产业均不发达，主要有制造业、建筑业、金融业及农、林、渔业等。

文莱于1991年同中国建交，近年来双方的经贸关系稳步发展，在多个领域建立了合作关系。中国是文莱重要的贸易伙伴之一，随着两国之间的互利合作不断深化，经贸往来也在持续增长。此外，文莱是世界贸易组织（WTO）、亚太经济合作组织（APEC）、国际货币基金组织（IMF）、《区域全面经济伙伴关系协定》（RCEP）、《全面与进步跨太平洋伙伴关系协定》（CPTPP）等多个国际经济组织或协定的成员，是亚投行（AIIB）的创始成员，与中国在WTO、APEC、中国—东盟、东盟—中日韩、中国—东盟东部增长区（东增区）开展了广泛深入合作，为区域及全球经济发展作出了积极贡献。

在国内法治方面，文莱的法律体系独特，结合了马来西亚传统法、英国法和伊斯兰教法（沙里亚法）。这种多元法律体系的结合，体现了文莱多样化的文化背景和社会价值观。

本章对涉文莱国际贸易实务中的法律适用问题予以介绍，具体从以下六个方面介绍文莱参与国际条约的基本状况及相关国内法情况。

第一，国际货物买卖合同：文莱并非《联合国国际货物销售合同公约》（CISG）缔约国，不适用CISG，但当事人可以自愿选择适用。

文莱于1999年颁布了《货物销售法》（CHAPTER 170）、2015年颁布了《合同法》（CHAPTER 106），现行有效。

第二，国际货物运输：

1. 海/水上运输：文莱尚未加入《海牙规则》《海牙—维斯比规则》《汉堡规则》，以上条约对其不具有强制适用效力。文莱于2000年颁布了

《海事管辖法》(CHAPTER 179)、2002年颁布了《商船条例》(No.S27)，现行有效。

2. 铁路运输：文莱不是《国际铁路货物联运协定》(SMGS)、《国际铁路货物运输公约》(CIM)的参加国，且暂无铁路运输相关国内立法。

3. 航空运输：文莱于1984年加入《华沙公约》，同年公约对其生效；尚未加入《海牙议定书》《瓜达拉哈拉公约》《蒙特利尔公约》。文莱于2006年颁布了《民航条例》(No.S63)，现行有效。

4. 多式联运：目前，《联合国国际货物多式联运公约》尚未生效，文莱亦尚未加入该公约。文莱暂无多式联运相关国内立法。

第三，国际货物运输保险：当前，尚无统一的国际保险条约。文莱于2006年颁布了《保险令》(No.S49)、2008年颁布了《回教保险令》，现行有效。

第四，国际贸易支付：

1. 国际托收：ICC《托收统一规则》(URC522)是托收关系的主要法律依据。

2. 信用证支付：ICC《跟单信用证统一惯例》(UCP600)和《关于审核跟单信用证项下单据的国际标准银行实务》(ISBP745)是信用证领域的主要法律依据。

3. 国际保理：文莱尚未加入《国际保理公约》《联合国国际贸易应收款转让公约》。

文莱于2000年颁布了《货币兑换和汇款业务法》(CHAPTER 174)、2015年颁布了《付款和结算系统(监督)令》(No.S36)。文莱中央银行于2022年发布了《支付系统要求的通知》(Notice No. PSO/N-1/2020/1-Amendment No.2)，现行有效。文莱中央银行还提供开户服务、电子货币发行服务、商户收单服务、数字支付令牌服务等支付系统服务，价格从0美元到5000美元不等。

第五，进出口通关：文莱是世界贸易组织(WTO)、亚太经济合作组织(APEC)、国际货币基金组织(IMF)、《区域全面经济伙伴关系协定》(RCEP)、《全面与进步跨太平洋伙伴关系协定》(CPTPP)等多个国际经济组织或协定的成员，是亚洲基础设施投资银行(简称“亚投行”)的创始成员。文莱于2006年颁布了《海关令》（No.S39/06）、2010年颁布了《传染病令》（CHAPTER 204）等。中国与文莱之间还签署了《中华人民共和国海关总署和文莱达鲁萨兰国初级资源与旅游部关于文莱输华野生水产品检验检疫和兽医卫生要求议定书》（2019年）、《中华人民共和国海关总署和文莱达鲁萨兰国初级资源与旅游部关于文莱鲜食甜瓜输往中国植物检疫要求的议定书》（2019年）、《中华人民共和国海关总署与文莱达鲁萨兰国初级资源与旅游部关于文莱输华养殖水产品的检验检疫和兽医卫生要求议定书》（2021年）等。

第六，纠纷解决：

1. 国际商事仲裁：文莱于1996年7月12日加入《纽约公约》，同年10月公约对其生效，并对适用《公约》仅限于承认和执行在另一个缔约国领土上作出的裁决作出了保留声明；于1999年颁布了《仲裁法》（CHAPTER 173）、1984年颁布了《贸易争端法案》（CHAPTER 129）。

2. 国际商事调解：文莱于2019年签署了《新加坡调解公约》，但尚未批准核准；于1999年颁布了《仲裁法》（CHAPTER 173）。文莱仲裁中心于 2014 年成立，提供仲裁和调解服务以解决商业纠纷。

3. 民事诉讼：文莱尚未加入海牙国际私法会议2005年《选择法院协议公约》和2019年《承认与执行外国民商事判决公约》。文莱于1959 年颁布了第一部宪法，1971 年和 1984 年曾两度修宪。宪法规定了法院作为国家审判机关，独立行使审判权；于2000年颁布了《相互执行外国判决法》（CHAPTER 177）；于2013年颁布了《最高法院法》（CHAPTER 5）和《下级法院法》（CHAPTER 6）。

一、国际货物买卖合同

（一）法律适用

1. 国际层面：中国为《联合国国际货物销售合同公约》（CISG）缔约国，但文莱非CISG缔约国。根据CISG规定，若根据国际私法规则导致适用缔约国法律，也应当适用CISG。但由于中国对CISG第1条第1款b项作出了保留，只对双方的营业地所在国均为缔约国的当事人之间订立的国际货物销售合同才适用CISG。因此，若双方约定适用中国法，仍应当适用中国法律。此外，即使文莱并非缔约国，若当事人明确选择CISG调整案涉争议，我国法院也可根据当事人的选择适用CISG，这一选择可以被视为当事人将CISG作为双方订立合同的内容。

2. 国别层面：可选择适用我国《民法典》，或文莱《货物销售法》（CHAPTER 170）、《合同法》（CHAPTER 106）。

（二）核心法律义务

1. 卖方义务：（1）交货义务：合同约定的时间内交货；（2）交单义务：按合同约定的时间、地点和方式移交单据；（3）货物相符：卖方应保证其交付的货物品质、数量和规格与合同约定相符；（4）权利担保：卖方保证对其出售的货物享有完全的所有权或处分权，并承担知识产权担保义务。

2. 买方义务：（1）按合同约定支付货款；（2）接收货物；（3）检验货物：在目的地或转运目的地及时检验。

（三）常见法律问题

1. CISG：（1）交货数量不符合合同要求①；（2）货物包装不符合合同要求②；（3）货物规格不符合合同要求③；（4）卖方违反知识产权担保

---

① 少交货物时，买方可以要求卖方补齐不足部分或者赔偿损失；多交货物时，买方有权拒绝收取多交的货物。需要注意的是，如果交货数量与合同不符导致单证不符，卖方有遭到银行拒付的风险。此外，交货数量与合同不符还会给货物顺利通关过境带来风险。

② 注意卖方提供的包装是否足以保全和保护货物的安全以避免货物损坏，同时关注包装是否违反进口国的法律规定或者是否含有贬损进口国某些民族风俗习惯的图案或文字。

③ 卖方交货规格低于合同的要求属于明显的违约行为，在某些情况下卖方交货规格高于合同的要求，在货物办理进出口手续时有可能要多缴关税；此外，交货规格与合同不符，可能造成货物通关时被认定为“货证不符”。

义务[①]；（5）买方未按合同要求付款[②]；（6）风险的转移与所有权的转移[③]；（7）买方未合理地接收货物[④]。

2. 文莱《货物销售法》:（1）交付规则（交付时间、交付地点、第三

---

① 卖方承担的知识产权担保义务及于两个地方：买方营业地和合同预期的货物转售或使用地。

② 参见本章“五、国际货物贸易支付”部分。

③ 1. 关于合同中有运输条款的货物买卖的风险转移。若合同没有明确交货地点，卖方货交第一承运人后，货物风险转移至买方；若合同明确了交货地点，卖方在该特定地点货交承运人后，货物风险转移至买方；若卖方有义务将货物特定化，在该特定化工作完成之前，风险不能转移给买方。参见CISG第67条。

2. 关于在运输中销售的货物的风险转移，自买卖合同成立时起转移给买方。若情况表明有此需要，风险自货物交付给签发载有运输合同单据的承运人时起即转移给买方，但这种情况须以卖方在订立合同时不知道货物已灭失或损坏为限。参见CISG第68条。

3. 针对不属于CISG第67—68条规定情形，如在卖方营业地，或卖方营业地以外的地点交货，此时的风险从货物交由买方处置但其不收取货物从而违反合同时起转移给买方。若买方有义务在卖方营业地以外的某一地点接收货物，当交货时间已到而买方知道货物已在该地点交给其处置时，风险方始移转。如果合同指的是当时未加识别的货物，则这些货物在未清楚注明有关合同以前，不得视为已交给买方处置。参见CISG第69条。

④ 买方不能因货物的质量问题而拒绝接收货物，同时应按时提取货物，未按时提取货物而扩大的损失或产生的费用由买方承担。

人占有货物、交付费用）[①]；（2）交货数量不符合合同要求[②]；（3）买方无义务接受分期交付[③]。

（四）提示与建议

1. 建议审查主体是否适格，明确企业是否具有进出口经营权，并核实签约主体、签约人资格。

2. 谨慎约定品质条款，对因技术复杂、内容繁多的产品，可单独在合同附件中约定品质条款，并注明是合同的组成部分。

3. 制定明确、详细的检验条款，在进出口合同中避免使用同一检验条款，并约定由独立第三人进行检验。

---

① （1）是由买方占有货物还是由卖方将货物发送给买方，具体取决于双方之间明示或默示的合同。（2）通常情况下，交货地是卖方的营业地，如果无营业地，则交货地是其住所；除非合同是针对特定货物的销售，订立合同时双方当事人约定了其他地点，则该地点为交货地。（3）根据销售合同，卖方有义务将货物发送给买方，没有规定发送时间的，卖方有义务在合理的时间内发送货物。（4）如果货物在销售时由第三人占有，卖方不得将货物交付给买方，除非第三人向买方表明其代表卖方持有货物。（5）交付须在合理时间内提出，否则可能被视为无效；合理时间是一个事实问题。（6）除非另有约定，使货物进入可交付状态所需的费用和附带费用必须由卖方承担。参见文莱《货物销售法》第31条。

② （1）如果卖方向买方交付的货物数量少于合同规定的销售数量，买方可以拒绝接收货物，但如果买方接受所交付的货物，则必须按照合同价格支付货款。（2）如果卖方向买方交付的货物数量大于合同约定的销售数量，买方可以接受合同中所含的货物并拒绝其余货物，也可以拒绝全部货物。（3）如果卖方向买方交付的货物数量多于合同规定的销售数量，而买方接受了所交付的全部货物，则必须按合同价格支付货款。（4）卖方将其约定销售的货物与合同中未包括的不同规格的货物混合交付给买方时，买方可以接受符合合同规定的货物并拒绝其余货物，也可以拒绝整体。（5）买卖双方须遵守双方之间的任何贸易惯例、特别协议或交易过程。参见文莱《货物销售法》第32条。

③ （1）除非另有约定，货物的买方没有义务接受分期交付。（2）买卖合同约定分期交付货物，且分期付款，卖方分期或多期交付瑕疵货物，或者买方疏忽或者拒绝提货的，是交付或支付一笔还是多笔分期付款，具体取决于合同条款和案件情况，违约行为是对整个合同的否认还是严重违约，都会引起赔偿要求，但不会产生将整个合同视为已被拒绝的权利。参见文莱《货物销售法》第33条。

4. 争议发生后要重视固定证据以保障企业权益。

二、国际货物运输

A. 海/水上运输

（一）法律适用

1. 国际层面：调整海/水上运输的国际公约有《海牙规则》《海牙—维斯比规则》《汉堡规则》《鹿特丹规则》。文莱尚未加入《海牙规则》《海牙—维斯比规则》《汉堡规则》，不具有强制适用效力，但当事人可选择适用。《鹿特丹规则》尚未生效，不建议当事人选择。

2. 国别层面：可约定适用我国《民法典》《海商法》，也可约定适用文莱《海事管辖法》（CHAPTER 179）、《商船令》（No. S27）等。

（二）核心法律义务

1. 承运人义务：（1）适航义务，使船舶在开航前和开航时处于适航状态；（2）管理货物；（3）不得进行不合理绕航；（4）依约签发提单。

2. 托运人义务：（1）支付运费；（2）妥善包装货物；（3）办理相关手续。

（三）常见法律问题

1. 承运人的基本义务。①

2. 承运人的责任期间。②

---

① 《海牙规则》规定了适航义务和管货义务，适航义务的时间为“开航前和开航时适航”。《海牙—维斯比规则》同《海牙规则》规定一致。《汉堡规则》规定了承运人对货物的灭失、损坏以及延迟交付所造成的损失负赔偿责任。

② 《海牙规则》规定为“钩至钩”，即从货物装上船起至卸完船为止的期间。《海牙—维斯比规则》同《海牙规则》规定一致。《汉堡规则》规定为“收到交”，即货物在装货港、运送途中和卸货港在承运人掌管下的期间。

3. 承运人的免责情形。[①]

4. 承运人的赔偿限额。[②]

5. 索赔时效。[③]

6. 诉讼时效。[④]

（四）提示与建议

1. 在合同约定适用中国准据法时应注意国内水路货物运输纠纷诉讼时效。[⑤]

---

① 《海牙规则》规定了包括"航行过失"免责在内的17项免责事项。《海牙—维斯比规则》同《海牙规则》规定一致。《汉堡规则》取消了"航行过失"免责事项。

② 《海牙规则》规定承运人对货物的灭失或损失的赔偿责任，在任何情况下每件或每单位不得超过100英镑，但托运人于装货前已申明该货物的性质和价值，并在提单上注明者不在此限。《海牙—维斯比规则》采取了双重责任限额制，即对货物的灭失或损害责任以每件或每单位10000金法郎或每千克30金法郎为限，两者以高者计。《汉堡规则》提高了承运人的最高赔偿限额，规定承运人对货物灭失或损坏的赔偿责任限额为每件或每单位835特别提款权（SDR），或每千克2.5特别提款权，以高者为准。

③ 《海牙规则》规定收货人在提货时应检查货物，损坏明显的应立即提出索赔；损坏不明显的于3日内提出；在联合检验的情况下，无须出具索赔通知。《海牙—维斯比规则》同《海牙规则》规定一致。《汉堡规则》关于索赔通知的时间较《海牙规则》有所延长，规定索赔通知应在收货后的第1个工作日内提交；损害不明显时，在收货后15日内提交；在联合检验的情况下，无须出具索赔通知。

④ 《海牙规则》规定货方对承运人或船舶提起货物灭失或损害赔偿的诉讼时效为1年，自货物交付之日起算，在货物灭失的情况下，自货物应交付之日起算。《海牙—维斯比规则》规定诉讼时效为1年，双方协商可延长时效；对第三者的追偿诉讼，在1年的诉讼时效期满后，仍有3个月的宽限期。《汉堡规则》规定诉讼时效为2年，自承运人或实际承运人交付货物或交付部分货物，或者自应交付货物的最后一日起算；索赔双方可协商延长时效；对于承运人向收货人赔付后在向第三者追偿时，仍有90日的宽限期。

⑤ 根据《最高人民法院关于如何确定沿海、内河货物运输赔偿请求权时效期间问题的批复》，托运人、收货人就沿海、内河货物运输合同向承运人要求赔偿的请求权，或者承运人就沿海、内河货物运输向托运人、收货人要求赔偿的请求权，时效期间为1年，自承运人交付或者应当交付货物之日起计算。

2. 建议选择经验丰富的船运公司。

3. 谨慎核查提单表面，保持与合同的一致性。

B. 铁路运输

（一）法律适用

1. 国际层面：文莱不是《国际铁路货物运输公约》[1]（CIM）、《国际铁路货物联运协定》[2]（SMGS）的参加国[3]，无法适用该公约和协定。

2. 国别层面：可以约定适用我国《铁路法》和中欧班列规则。

---

① 《国际铁路货物运输公约》要求国际铁路货物运输的发站国与到站国都是公约的缔约国，或者如果发站国与到站国有一国是公约的缔约国，并且运输合同双方当事人协商一致而适用公约，这种情况下公约也会被适用。

② 《国际铁路货物联运协定》规定适用公约的情形是国际铁路货物运输的发站国与到站国都是公约的缔约国。

③ 由于文莱地理上是一个狭长的小国，没有发展大规模铁路系统，铁路运输在该国并不是主要的交通方式。其主要交通依赖于公路和水路，尤其是海上运输，因此它并没有铁路运输法，也没有加入主要涉及铁路运输的国际公约。

（二）核心法律义务

1. 承运人义务：（1）运输货物[①]；（2）管理货物[②]；（3）通知义务[③]。

2. 托运人义务：（1）如实填报托运单[④]；（2）按要求包装、标记货

---

① 铁路运输企业应当按照合同约定的期限或者国务院铁路主管部门规定的期限，将货物、包裹、行李运到目的站；逾期运到的，铁路运输企业应当支付违约金。铁路运输企业逾期30日仍未将货物、包裹、行李交付收货人或者旅客的，托运人、收货人或者旅客有权按货物、包裹、行李灭失向铁路运输企业要求赔偿。参见中华人民共和国《铁路法》第16条。

② 铁路运输企业应当对承运的货物、包裹、行李自接受承运时起到交付时止发生的灭失、短少、变质、污染或者损坏，承担赔偿责任：（1）托运人或者旅客根据自愿申请办理保价运输的，按照实际损失赔偿，但最高不超过保价额。（2）未按保价运输承运的，按照实际损失赔偿，但最高不超过国务院铁路主管部门规定的赔偿限额；如果损失是铁路运输企业的故意或者重大过失造成的，不适用赔偿限额的规定，按照实际损失赔偿。托运人或者旅客根据自愿可以向保险公司办理货物运输保险，保险公司按照保险合同的约定承担赔偿责任。托运人或者旅客根据自愿，可以办理保价运输，也可以办理货物运输保险；还可以既不办理保价运输，也不办理货物运输保险。不得以任何方式强迫办理保价运输或者货物运输保险。参见中华人民共和国《铁路法》第17条。

③ 自铁路运输企业发出领取货物通知之日起满30日仍无人领取的货物，或者收货人书面通知铁路运输企业拒绝领取的货物，铁路运输企业应当通知托运人。参见中华人民共和国《铁路法》第22条。

④ 托运人应当如实填报托运单，铁路运输企业有权对填报的货物和包裹的品名、重量、数量进行检查。经检查，申报与实际不符的，检查费用由托运人承担；申报与实际相符的，检查费用由铁路运输企业承担，因检查对货物和包裹中的物品造成的损坏由铁路运输企业赔偿。托运人因申报不实而少交的运费和其他费用应当补交，铁路运输企业按照国务院铁路主管部门的规定加收运费和其他费用。参见中华人民共和国《铁路法》第19条。

物[①]；（3）处理无人收货的义务[②]。

3. 收货人义务[③]：（1）按照合同支付运费；（2）验收货物。

（三）常见法律问题

1. 发货人的身份识别。[④]

2. 货损索赔主体和索赔对象。[⑤]

3. 货损索赔前置条件和时效。[⑥]

---

① 托运货物需要包装的，托运人应当按照国家包装标准或者行业包装标准包装；没有国家包装标准或者行业包装标准的，应当妥善包装，使货物在运输途中不因包装原因而损坏。铁路运输企业对承运的容易腐烂变质的货物和活动物，应当按照国务院铁路主管部门的规定和合同的约定，采取有效的保护措施。参见中华人民共和国《铁路法》第20条。

② 自铁路运输企业发出领取货物通知之日起满30日仍无人领取的货物，或者收货人书面通知铁路运输企业拒绝领取的货物，铁路运输企业应当通知托运人，托运人自接到通知之日起满30日未作答复的，由铁路运输企业变卖；所得价款在扣除保管等费用后尚有余款的，应当退还托运人，无法退还、自变卖之日起180日内托运人又未领回的，上缴国库。参见中华人民共和国《铁路法》第22条。

③ 货物、包裹、行李到站后，收货人或者旅客应当按照国务院铁路主管部门规定的期限及时领取，并支付托运人未付或者少付的运费和其他费用；逾期领取的，收货人或者旅客应当按照规定交付保管费。参见中华人民共和国《铁路法》21条。

④ 如果运单载明的主体确为货运代理身份，应认定货物权利人为运单发货人，进而其有权向运单缔约承运人索赔；如果运单载明的主体与货物权利人之间是运输合同关系，货物权利人必须在得到运单记载“发货人”配合的情况下才能向承运人主张代理关系，进而认定自己为运单下的“发货人”。

⑤ 《国际铁路货物联运协定》赋予了收货人相应索赔权，同时也对收发货人的索赔对象进行了明确规定。《国际铁路货物联运协定》第46条第2款规定，“赔偿请求应附有相应依据并注明赔偿款额，由发货人向缔约承运人，收货人向交付货物的承运人提出。赔偿请求以纸质形式提出，当运送参加者之间有协议时，以电子形式提出”。

⑥《国际铁路货物联运协定》明确规定“提出相应赔偿请求后，才可提起诉讼，且只可对受理赔偿请求的承运人提起诉讼”，即提赔是诉讼的前置条件，国内就有法院以原告未在诉讼前向被告提出索赔为由驳回诉请［（2013）杭铁民初字第4号］。

4. 托运人对运单真实性负责。[①]

5. 归责原则。[②]

6. 责任限额及管辖。[③]

（四）提示与建议

1. 在填写运单时认真识别发货人身份。[④]

2. 商务记录为《国际铁路货物联运协定》下货损索赔的核心证据[⑤]，应完好留存。

3. 注意索赔前置条件和时效。

C. 航空运输

（一）法律适用

1. 国际层面：中国和文莱均是《华沙公约》的成员国，直接适用

---

① 托运人应对其在运单中陈述的内容的真实性负责，因记载和声明的事项错误，或未将应填报的事项记入运单而给承运人造成损失的，托运人应该承担责任。

② 《国际铁路货物联运协定》对货损的归责原则属于不完全的严格责任，尽管规定承运人对责任期间内货损承担赔偿责任，但同时设置了很多的免责事项，且对于绝大部分免责事由，只要承运人初步证明货损有可能系这些事由所致，在索赔人没有相反证据的情况下，可认定货损中存在免责事项。参见《国际货协》第39—41条。

③ 就责任限额而言，《国际铁路货物联运协定》没有规定责任限额，除保价运输外，其规定承运人按照货物价格进行赔偿，同时《国际铁路货物联运协定》对一些具体情况下的货损计算作出了明确规定，参见《国际铁路货物联运协定》第42—44条。就管辖而言，《国际铁路货物联运协定》明确起诉对象只能是受理赔偿请求的承运人，进而规定由被告所在地进行管辖。

④ 运单发货人的名称处常会被记录为货代或有关的运输企业的名称，在名称下又填入货物权利人的地址，这时如何认定发货人的身份就会存在争议。

⑤ 《国际铁路货物联运协定》第37条第2项规定，“对于承运人负有责任的货物灭失、短少、毁损（腐坏）情况，应以商务记录作为证明”。实践中不乏因为该证明文件的缺失导致索赔失败。

该公约。[①]

2. 国别层面：由于该公约为强制适用，因此当事人无法选择适用其他法律。

（二）核心法律义务

1. 承运人义务:（1）合法运输货物；（2）对货物进行安检或采取必要安保措施；（3）妥善保管货物。

2. 托运人义务:（1）合法托运货物；（2）依法填写、签发航空货运单证；（3）妥善包装货物；（4）支付运费和其他费用。

（三）常见法律问题

1. 托运人运费支付。[②]

2.“航空运输期间”不同。[③]

3. 不同公约下对承运人责任的规定与限制不同。[④]

（四）提示与建议

1. 空运托运单不是物权凭证，仅是航空货物运输合同的证明。

2. 承运人主张《华沙公约》规定的免责及责任限制的前提是出具包含

---

① 文莱尚未加入《海牙议定书》《瓜达拉哈拉公约》《蒙特利尔公约》。相关国际民用航空运输条约的签署、加入状况参见国际民航组织（ICAO）发布的文件：https://www.icao.int/secretariat/legal/LEB%20Treaty%20Collection%20Documents/composite_table.pdf，2024年5月27日访问。

②（1）买卖合同确立的运费支付义务不能直接对抗运输合同确立的运费支付义务；（2）如果有确实证据证明运输合同中的托运人不是买卖合同中的卖方，则卖方不承担运费支付义务。

③ 包括货物在承运人保管下的整个期间，不论在航空站内、在航空器上或在航空站外降停的任何地点，即“接到交”期间。

④《华沙公约》为不完全过失责任制，保留了航行过失免责；而《蒙特利尔公约》为完全过失责任制。2019年，国际民航组织对1999年《蒙特利尔公约》责任限额作出了修改，自2019年12月28日起实行经修改的限额。参见https://www.icao.int/secretariat/legal/LEB%20Treaty%20Collection%20Documents/2019_Revised_Limits_of_Liability_Under_the_Montreal_Convention_of_1999_zh.pdf，2024年5月27日访问。

法定内容的货运单。

3.《华沙公约》禁止承运人规定企图免除责任或低于公约规定赔偿限额的合同条款或承运条件，即低于公约的约定无效。关于承运人责任，公约没有规定的，可以援用国内法解决。

4. 建议根据货物属性选择合适的贸易术语。[①]

D. 多式联运

（一）法律适用

1. 国际层面：适用《联合国国际货物多式联运公约》《国际商会多式联运单证统一规则》《联合国贸易和发展会议/国际商会多式联运单证规则》。[②]

2. 国别层面：可以约定适用我国《民法典》《海商法》《民用航空法》，或文莱《海事管辖法》（CHAPTER 179）、《商船令》（No.S27/20）、《民航令》（No.S63/06）。

（二）核心法律义务

1. 多式联运经营人义务：（1）对全程运输承担承运人义务；（2）签发多式联运单据；（3）确保货物交付。

2. 发货人义务：（1）保证义务；（2）遵守危险性货物的强制性规则。

（三）常见法律问题

1. 适用传统运输中的哪种法律制度来确定多式联运经营人责任。

---

① 高新技术企业空运出口建议选择C组贸易术语，进口建议选择F组贸易术语；对于紧急运输的货物，空运方式是首选。

② 目前，《联合国国际货物多式联运公约》尚未生效，我国和文莱亦未加入该公约。该公约的签署、加入状况参见https://treaties.un.org/Pages/ViewDetails.aspx?src=TREATY&mtdsg_no=XI-E-1&chapter=11&clang=_en，2024年5月27日访问。《国际商会多式联运单证统一规则》是一项国际惯例，供当事人自愿采纳。《联合国贸易和发展会议/国际商会多式联运单证规则》作为示范法，供国际货物多式联运当事人选择适用。

2. 货代和港口经营人是否具有多式联运经营人主体身份。

3. 多式联运经营人的赔偿责任。[①]

（四）提示与建议

在我国和文莱均未加入《联合国国际货物多式联运公约》的情况下，建议在交易中选择我国法律作为准据法。

三、卖方交付货物（国际贸易术语适用）

FAS——船边交货（指定装运港）

（一）基本含义

FAS全称为“Free Alongside Ship”，意为“船边交货（指定装运港）”。

---

① 1. 关于赔偿责任期间。多式联运经营人的赔偿责任期间为“收到交”，即自其接管货物之时起到交付货物时止。参见《联合国多式联运公约》第14条。

2. 关于赔偿责任基础。多式联运经营人的赔偿责任基础为推定过失或疏忽原则。参见《联合国多式联运公约》第16条。

3. 关于赔偿责任限制。（1）若多式联运经营人对货物的灭失或损坏造成的损失负赔偿责任，其赔偿责任以灭失或损坏的货物的每件或其他货运单位920特别提款权，以及毛重每千克2.75特别提款权中两者中较高者为准；若根据合同不包括海上或内河运输，则按灭失或损坏货物毛重每千克8.33特别提款权确定。（2）若多式联运经营人对延迟交货造成的损失负赔偿责任，其赔偿责任以相当于迟延交付货物应付运费的2.5倍的数额为限，但不得超过多式联运合同规定的应付运费的总额。（3）多式联运经营人赔偿责任的总和不得超过货物全部灭失的赔偿责任限额。经多式联运经营人和发货人之间协议，多式联运单证中可规定超过规定的赔偿限额。参见《联合国多式联运公约》第18条。

4. 关于索赔时效。货物损坏明显时，收货人应当在不迟于货物交给其后的次一工作日提出索赔；货物损坏不明显的，收货人应在货物交给其之日后连续6日内提出索赔；针对迟延交货，收货人应在货物交给其之日后连续60日内提出索赔。参见《联合国多式联运公约》第24条。

5. 关于诉讼时效。国际多式联运的诉讼时效为2年。诉讼时效受索赔通知的影响，即若货物交付之日后6个月内，或者货物未能交付，在本应交付之日后6个月内，没有提出说明索赔的性质和主要事项的书面索赔通知，则在此期限届满后即失去诉讼时效。参见《联合国多式联运公约》第25条。

卖方将货物运至指定装运港的船边或驳船内交货，买方承担自装运港船边（或驳船）起的一切费用和风险。该术语只适用于水上运输方式。

（二）核心法律义务

1. 卖方义务:（1）交货义务：在规定的期限内将货物交到指定装运港买方所指派的船边；（2）办理出口清关手续；（3）交单义务：提供商业发票和交货凭证或具有同等效力的电子数据交换信息；（4）风险承担：负担货物到指定地点交由买方船边为止的风险和费用。

2. 买方义务:（1）办理进口清手续；（2）安排运输：订立自指定装运港起运的货物运输合同，并充分通知卖方船名、装船地点和交货时间；（3）受领义务：按合同规定受领货物、收取单据、支付价款；（4）风险承担：负担货物在装运港船边交货起的风险和费用。

（三）常见法律问题

1.“船边”的定义。[①]

2. 驳船费用及风险承担。[②]

3. 风险前移。[③]

4. 船货衔接。[④]

---

① FAS术语项下，船边通常是指船舶装卸设备的吊货机或岸上装卸索具可触及的范围。

② 当装货港口拥挤或大船无法靠近时，卖方征得买方同意可将交货条件改为“驳船上交货”（Free on Lighter）。此时，卖方的责任在货物越过驳船时为止，驳船费用及其风险可由买方承担。

③ 以下情况风险将提前转移给买方：买方指定的船只未按时到达，或未能接收货物，或较买方通知的装货日期提前停止装货，或买方未能按照规定给予卖方有关船名、装船地点及约定装运期内的装货日期的充分通知。

④ 如果买方指派的船只未按时到港接收货物，或者比规定的时间提前停止装货，或者买方未能及时发出派船通知，只要货物已被清楚地划出，或以其他方式确定为本合同项下的货物，由此产生的风险和费用均由买方承担。

四、国际货物运输保险

（一）法律适用

1. 国际层面：目前尚未有统一的国际保险条约，实务中适用当事人与保险公司订立的格式保险合同。

2. 国别层面：可以选择适用我国《保险法》及中国人民保险公司制定的海洋、陆上、航空运输货物保险条款①，也可以约定适用文莱《保险条例》和《伊斯兰保险条例》②。

（二）核心法律义务

1. 保险人义务：（1）出具保险单证；（2）支付保险赔偿金。

2. 被保险人义务：（1）支付保险费；（2）如实告知义务③；（3）通知义务；（4）采取必要措施的义务④。

---

① 国际上没有统一的货物运输保险法，一般通过各国国内法和当事人订立的保险合同确定权利义务。《英国伦敦保险协会海运货物保险条款》《美国协会货物保险条款》是通常适用的国际海上货物运输保险惯例，规定了保险规则、险别等。

② 根据文莱《保险条例》第37条，“海运、航空或过境保险单”是指：（1）船只或飞机，或船只或飞机的机械、滑轮、家具或设备；（2）船只或飞机上任何种类的货品、商品或财产；（3）船只的运费、船只的任何其他权益或与船只有关的任何其他权益，或飞机；（4）因使用船只或飞机而造成或与之有关的损害，包括第三方风险；（5）船舶建造、修理或停靠所附带的风险，包括第三方风险；（6）针对过境风险（无论过境是海运、内河、陆路还是空运），包括从运输开始至保险所涵盖的最终目的地的中转保险附带的风险。根据文莱中央银行的数据，文莱传统保险公司中经营寿险和非寿险业务的公司分别有3家和6家；伊斯兰保险公司中各有2家经营一般险和家庭险业务。文莱保险业受文莱中央银行的监管。

③ 保险合同订立前，被保险人应当将其知道的或者在通常业务中应当知道的有关影响保险人据以确定保险费率或者确定是否同意承保的重要情况，如实告知保险人。

④ 一旦发生保险事故，被保险人应当立即通知保险人，并采取必要的合理措施，防止或者减少损失。

（三）常见法律问题

1. 保险单的生效日期应不晚于提单签发日期。

2. 如果损失是因铁路运输企业的故意或者重大过失造成的，不受保价额的限制，按照实际损失赔偿。

3.海洋、陆上、航空运输货物保险的责任范围、除外责任、责任期间、索赔时效。①

（四）提示与建议

1. 在国际货物贸易中，由哪一方负责投保，取决于交易所使用的贸易术语和合同约定。

2. 建议投保短期出口贸易信用保险以分散风险。②

3.在投保时注意投保单、保险单中对除外责任、纠纷先决条款等格式条款的约定。

---

① 1. 海洋运输货物保险：（1）责任范围：平安险、水渍险、一切险。（2）除外责任：除外责任包括保险人的故意行为或过失所造成的损失；属于发货人责任引起的损失；保险责任开始前，被保险货物已存在品质不良或数量短差所造成的损失等（参见中国人民保险公司海洋运输货物保险条款第2条）。（3）责任期间："仓至仓"条款。（4）索赔时效：2年，自被保险货物在最后卸货港全部卸离运输工具后起算。

2. 陆上运输货物保险：（1）责任范围：陆运险和一切险；（2）除外责任：参见中国人民保险公司陆上运输货物保险条款（火车、汽车）第2条；（3）责任期间："仓至仓"条款；（4）索赔时效：2年，从被保险货物在最后目的地车站全部卸离车辆后起算。

3. 航空运输货物保险：（1）责任范围：航空运输险和航空运输一切险；（2）除外责任：参见中国人民保险公司航空运输货物保险条款第2条；（3）责任期间："仓至仓"条款；（4）索赔时效：2年，从被保险货物在最后卸货地卸离飞机后计算。

② 短期出口贸易信用保险一般保障信用期限在一年以内的出口收汇风险，承保风险包括买方破产、拖欠、拒收等商业风险和贸易管制、外汇管制、战争等政治风险。

五、国际货物贸易支付

A. 托收

（一）法律适用

1. 国际层面：ICC《托收统一规则》（URC522）是托收关系的主要法律依据，通常情况下，银行会选择适用该规则。

2. 国别层面：由于我国未对托收作出专门的法律规定，《托收统一规则》作为国际贸易结算中的国际惯例已经在国际贸易实践中获得了广泛承认和普遍适用，现已成为我国法院解决此类纠纷的主要依据。可以约定适用我国《支付结算办法》或文莱《货币兑换和汇款业务法》（CHAPTER174）、《付款和结算系统（监督）令》，也可参考文莱中央银行颁布的《支付系统要求的通知》[①]。

（二）核心法律义务

1. 付款人义务：履行付款义务，不得无故延迟付款或拒付。

2. 委托人义务：（1）明确指示；（2）及时指示，当银行将发生的意外情况通知委托人时，委托人必须及时指示，否则，因此而发生的损失由委托人自行负责；（3）支付费用。

3. 银行义务：（1）及时收款与转款义务，若买方拒付则无须履行付款义务；（2）通知义务：及时向卖方通知买方拒付的情况。

（三）常见法律问题

1. 托收中存在银行免责情形[②]，可能产生银行与外商相互串通而损害

---

① 文莱中央银行（BDCB）（原为文莱金融管理局，AMBD）是独立运作的政府机构，由原财政部（现为财政与经济部）管辖下的金融机构局（FID）、研究与国际局（RID）、文莱国际金融中心（BIFC）及文莱货币与金融委员会（BCMB）四个部门拆分合并而成。文莱中央银行负责执行国家货币政策、发行货币及监管银行和其他金融机构，其目标包括维持价格稳定、确保金融体系的稳定、协助建立和运行有效的支付系统，发展和健全现代化的金融服务领域。

② 银行对单据的实质、传递延误或遗失、不可抗力、货物、票据、被指示方的行为免责。

另一方的后果。

2. 注意区分付款交单（D/P）与承兑交单（D/A）两种结算方式。对于卖方而言，承兑交单风险大于付款交单。

（四）提示与建议

国际贸易中，如果选择托收，建议选用付款交单（D/P）结算方式。大额出口业务建议采用信用证和托收相结合方式，切忌采用承兑交单（D/A）结算方式。

B. 信用证

（一）法律适用

1. 国际层面：ICC《跟单信用证统一惯例》（UCP600）和《关于审核跟单信用证项下单据的国际标准银行实务》（ISBP745）是信用证领域的主要法律依据，通常情况下，银行会选择适用该规则。[①]

2. 国别层面：可以约定适用我国《最高人民法院关于审理信用证纠纷案件若干问题的规定》或文莱的相关法律。目前，在我国对外经贸业务中，如采用跟单信用证的支付方式，我国银行一般也以《跟单信用证统一惯例》作为主要依据办理业务。

（二）核心法律义务

1. 开证申请人义务：（1）申请开立信用证；（2）缴付押金、担保及相关费用；（3）及时付款赎单；（4）承担第二付款责任，向受益人付款。

2. 受益人义务：（1）按信用证规定装货、制单、交单；（2）做到“货约一致、单货一致、单证一致、单单一致”；（3）赔偿责任。

---

① ICC《跟单信用证统一惯例》不同于国际公约，其并非必须遵守的法律，只对接受它的银行和其他有关当事人具有约束力。即使接受它的银行和受益人也可以在采用它时对个别条款加以修改、补充。在实际信用证业务中，采用ICC《跟单信用证统一惯例》时，一般都在信用证中加注“除另有规定外，本证根据ICC《跟单信用证统一惯例》（2017年修订本）即国际商会600号出版物办理”。

（三）常见法律问题

1. 开证行援引免责情形导致卖方无法获得相应款项。①

2. 进口商不申请开证或迟延开证。

3. 进口商伪造信用证。②

4. “软条款”信用证。③

5. 伪造单据。

6. 以保函换取与信用证相符的提单。④

7. 信用证欺诈例外原则。⑤

（四）提示与建议

1. 建议选择资信良好的开证行。

---

① 开证行对单据的实质、传递延误或遗失、不可抗力、买卖合同的实际履行状况免责。

② 伪造信用证的情形包括：一是进口商故意伪造或冒用银行名义开立信用证；二是进口商伙同资信不良的银行开立信用证。

③ 常见的“软条款”有：(1) 以本国法律干预信用证业务。如信用证规定审核标准，除《跟单信用证统一惯例》外，还有进出口国法律。(2) 陷阱条款。如进口商修改信用证意思不够明确，造成出口方误解。

④ 以保函换取与信用证相符的提单主要有倒签提单、预借提单及凭保函换取清洁提单。

1. 倒签提单是货物装船的日期晚于信用证规定的装船日期，但仍按信用证规定的日期签署装船日期的提单。

2. 预借提单是在货物实际装船完毕前签发的，并将当天的日期记载于提单签发日期栏内。倒签提单和预借提单均属于欺诈行为。

3. 凭保函换取清洁提单通常情况下也属于欺诈行为，但在特殊情形下，在没有欺诈意图的情况下，由于客观条件所限，承托双方就货物的数量、重量或包装等问题存在认识上的分歧，又无法对所装运的货物的实际数量进行再核实，此时凭保函签发清洁提单是商业习惯允许的变通做法，司法实践中已有案例承认了此种善意保函的效力。此时承运人仍对货损货差向收货人承担责任，但有权依据有效的保函向托运人追偿。

⑤ 信用证独立于买卖合同为原则，但也有例外。若在银行对卖方提交的单据付款或承兑之前，发现或获得确凿证据，证明卖方确有欺诈行为，买方可请求法院向银行颁发禁止令，禁止银行付款。

2. 选择适当的信用证类型。[①]

3. 出口企业应高度关注三个日期：最迟装运日、信用证截止日和交单截止日，逾期可能会导致银行拒付。

4. 审慎对待信用证中的“软条款”，建议少用或不用。

C. 国际保理

（一）法律适用

1. 国际层面：现行的主要规则依据包括《国际保理公约》[②]、《国际保理业务惯例规则》、《联合国国际贸易应收款转让公约》[③]。中国和文莱均未加入国际统一私法协会1988年《国际保理公约》和联合国国际贸易法委员会2001年《联合国国际贸易应收款转让公约》。国际保理商联合会（FCI）《国际保理业务惯例规则》作为国际惯例，是保理行业的主要法律依据，通常情况下保理商会选择适用该规则。

2. 国别层面：可以约定适用我国《民法典》有关保理合同的规定，或文莱《合同法》中债权转让等方面的规定。

（二）核心法律义务

1. 债务人（买方）义务：向保理商履行付款的义务，但买方可以根据基础合同约定的付款抗辩条件对抗保理商的付款请求权。

2. 供应商（卖方）义务：（1）向债务人履行通知义务；（2）转让应收

---

① 出口企业应当结合买卖双方的需求及合同货物的特征，选择适当的信用证类型。如果出口企业注重自身交单的便利性，可以考虑可议付信用证，就近指定议付行；如果买方有融资的需要，或者货物的生产周期较长，可以考虑远期信用证，分期交单付款，但要尽量压缩尾款的比例，以降低货款回收的风险。

② 《国际保理公约》虽已生效，但中国与文莱均未加入，条约现状可参见国际统一私法协会官网：https://www.unidroit.org/instruments/leasing/convention/status，2024年5月27日访问。

③ 《联合国国际贸易应收款转让公约》尚未生效，条约现状可参见联合国官网：https://uncitral.un.org/en/texts/securityinterests/conventions/receivables/status，2024年5月27日访问。

账款；（3）接受出口保理商的再转让；（4）支付约定的费用和利息。

（三）常见法律问题

1. 买方付款条件：债务人向保理商的付款义务是以供应商的通知义务的履行为前提。

2. 卖方可能面临款项被索回与反转让。

3. 信用额度被取消或被缩减。

（四）提示与建议

作为卖方，应注意以下方面：

1. 尽可能充分了解买方的付款能力及诚信记录。

2. 在签订保理合同时尽量排除“进口保理商有权无条件缩减或撤销信用额度”的规定。

3. 建议选择资信良好、海外机构较多、账务管理严格的国际保理机构。

六、进出口通关

（一）法律适用

1. 国际层面：适用WTO《贸易便利化协定》（TFA）和《区域全面经济伙伴关系协定》（RCEP），其中与中国的贸易关税适用关税减让表的特殊约定。

2. 国别层面：适用文莱《海关令》《传染病令》等，以及《中华人民共和国海关总署和文莱达鲁萨兰国初级资源与旅游部关于文莱输华野生水产品检验检疫和兽医卫生要求议定书》（2019年）、《中华人民共和国海关总署和文莱达鲁萨兰国初级资源与旅游部关于文莱鲜食甜瓜输往中国植物检疫要求的议定书》（2019年）、《中华人民共和国海关总署与文莱达鲁萨兰国初级资源与旅游部关于文莱输华养殖水产品的检验检疫和兽医卫生要求议定书》（2021年）。

（二）核心法律义务

1. 进口通关需履行下列义务：（1）进行舱单申报；（2）必须从列明的口岸进口；（3）货物进口通关时，贸易商必须向海关官员提供以下文件：海关进口申报、商业发票、提货单、打包清单和原产地证书以及某些进口商品所需的进一步许可；（4）依法缴纳关税。

2. 出口通关需履行下列义务：（1）进行舱单申报；（2）必须从中列明的口岸出口；（3）向海关提供以下文件：提单或托运单、货物的商业发票、银行单证（如信用证等）、货物原产地证书、装箱清单、出口许可证（需要时提供）、相关外汇管制单证等。

（三）常见法律问题

1. 进出口通关：（1）货物可能被禁止或限制进口[①]；（2）货物可能

---

① 禁止进口物品包括：鸦片；JAVA 麻雀；《煽动法令》（第24章）或《不受欢迎的出版物法令》（第25章）规定的任何禁止的物品；“Double bangers”爆竹；台湾原产疫苗；包装上没有健康警告的香烟；“注射器”式铅笔；在泰国饲养或从泰国出口的猪；用于孵化目的的鸡蛋和新鲜鸡蛋（在鸡蛋外壳上清楚地用不可擦除的墨水或印章标明“进口”字样的除外）；由纤维组成的薄纸织物和其他物品织物上有在任何国家或地区已发行或流通的任何纸币、钞票或硬币的印记。限制进口物品包括：任何活的植物或种植材料（砂拉越和婆罗洲北部的除外）；活牛和鸟类（砂拉越和婆罗洲北部的除外）；Pin table，水果机，老虎机或任何类似性质的桌子和机器；波斯胶；毒药和有害药物；水稻及其制品；分离的脱脂或添加配料的牛奶；糖，盐和加工木材；二手（包括翻新）汽车，摩托车，卡车、综合巴士（包括小型巴士），拖拉机和拖车；含酒精饮品；任何带有放射性的物质；牛肉，家禽（包括动物的尸体或其任何部分），肉（包括冷冻、冷藏和新鲜的）、骨头，皮，蹄，角，内脏或动物的任何其他部分，除非在宗教事务部长书面批准的屠宰场屠宰等商品。参见商务部发布的《对外投资合作国别（地区）指南——文莱（2022年版）》第47页。

被禁止或限制出口[①]；（3）部分货物进口需申请进口许可证[②]；（4）部分货物出口需申请出口许可证[③]；（5）因检验检疫影响货物进、出口通关[④]。

---

① 禁止出口商品包括：虾类垃圾和椰肉蛋糕、石头或砾石。限制出口：鱼藤物种、油棕、稻米、稻谷及其制品、木材、尼邦、藤条、香烟、酒类、糖、精品汽油、普通汽油、柴油、煤油和在文莱制造或发现的具有古董价值的历史性物品等商品。参见商务部发布的《对外投资合作国别（地区）指南——文莱（2022年版）》第49页。

② 进口许可证管理商品包括：出版物、印刷品、电影、音像制品、宗教书籍、护身符商品及带有可疑图像或照片的商品；清真食品以及新鲜、冷藏、冷冻的肉类；军火、爆炸物、鞭炮、危险武器、废金属；植物、农作物、活牲畜、蔬菜、水果、蛋；鱼、虾、贝类、水生物及捕鱼设备；有毒物品、化学品及放射性物品；无线电发射与接收装置、通信设备（如 电话机、传真机、步话机等）；药品、草本、保健食品；软饮料、点心；二手车及非机动车；木材及木制品；带有国旗、国徽或皇家标记的徽章、旗帜和纪念品；文莱制造或发掘的历史文物；米、糖、盐；广播设备等商品进口需许可证。参见商务部发布的《对外投资合作国别（地区）指南——文莱（2022年版）》第48—49页。

③ 文莱对少数产品实行出口许可证管理，如动物、植物、木材、大米、食糖、食盐、文物、军火等，并控制石油天然气出口。参见中国国际经济贸易委员会发布的《企业对外投资国别（地区）营商环境指南——文莱（2021）》第86页。

④ 文莱公共卫生（食品）条例规定所有食品，无论是进口产品还是本地产品，均需安全可靠，具有良好品质，符合伊斯兰教清真食品的要求，尤其对肉类的进口实行严格的清真检验。对于某些动植物产品，如牛肉、家禽，需提交卫生检疫证书。进口食用油不能有异味、不含任何矿物油，动物脂肪须来自在屠宰时身体健康的牲畜并适合人类食用，动物脂肪和食用油须为单一形式，不能将两种或多种脂肪和食用油混合。脂肪和食用油的包装标签上不得有“多不饱和”的字眼或相似字眼。非食用的动物脂肪须出具消毒证明。进口活动物必须有兽医证明。大豆奶应是从优质大豆中提取的液体食品，可包括糖、无害的植物物质，除允许的稳定剂、氧化剂和化学防腐剂外，不得含有其他的物质，并且其蛋白质含量不少于2%。此外，该条例对食品添加剂、包装以及肉类产品、鱼类产品、调味品、动物脂肪和油、奶产品、冰淇淋、糖与干果、水果、茶、咖啡、无酒饮料、香料、粮食等，都规定了相应的技术标准。对食品的生产日期、保质期、食品容器及农药最大残留量、稳定剂、氧化剂、防腐剂等都有明确的规定。参见商务部发布的《对外投资合作国别（地区）指南——文莱（2022年版）》第49—50页。

2. 关税税率[1]：文莱总体关税税率较低。2010年1月，中国—东盟自由贸易区正式建成，文莱作为东盟成员国之一，2012年1月1日完成所有正常产品的降税（到零），2015年完成所有高度敏感产品的降税（到50%），2018年完成所有一般敏感产品的降税（到 5%）。2022年1月1日，《区域全面经济伙伴关系协定》（RCEP）正式生效，文莱、柬埔寨、老挝、新加坡、泰国、越南等6个东盟成员国和中国、日本、新西兰、澳大利亚等4个非东盟成员国正式开始实施协定。在 RCEP 框架下，降税产品范围和降税幅度进一步扩大。

3. 报关流程[2]：在皇家海关客服柜台注册（需要商务证书/公司注册证书和文莱居住证的复印件）等→通过单一窗口（BDNSW）在线完成海关进口报关单的提交海关付款柜台或网上银行渠道缴纳应课税品的关税→提交经批准的海关进出口报关单及证明文件（例如发票许可证、提单）。

4. 报关所需材料[3]：文莱皇家海关要求进口货物必须提供的清关文件包括提单、包含货物详细信息的货物清单、商业注册副本、报价单、装箱单等，以及其他海关认为有必要的文件。

（四）提示与建议

1. 事先查阅并咨询专业人员货物是否属于被禁止或限制进口或出口类型。

2. 对涉及需申请进口、出口许可证的货物，及时向有关当局申领许可证。

3. 在进口、出口通关前了解并咨询专业人员各项检验检疫程序及具体

---

① 参见商务部发布的《对外投资合作国别（地区）指南——文莱（2022年版）》第50页。税率可登录http://www.mfa.gov.bn/usa-washington/SitePages/Customs%20and%20Regulations.aspxhttp://mfa.gov.bn/customs-duties-and-prefential-tariffs-rates查阅，2024年5月27日访问。

② 参见中国国际经济贸易委员会发布的《企业对外投资国别（地区）营商环境指南——文莱（2021）》第86页。

③ 参见中国国际经济贸易委员会发布的《企业对外投资国别（地区）营商环境指南——文莱（2021）》第86页。

要求。文莱公共卫生（食品）条例规定所有食品均需安全可靠，具有良好品质，符合伊斯兰教清真食品的要求，尤其对肉类要进行严格的清真检验。

4. 及时关注文莱发布的最新进出口货物管理清单（禁止进出口、需要办理进出口许可证、符合卫生和植物卫生措施和技术条例要求的货物清单等）。①

七、纠纷解决

A. 国际商事仲裁

（一）管辖机构

1. 亚太区内仲裁机构：中国国际经济贸易仲裁委员会（CIETAC）、中国香港国际仲裁中心（HKIAC）、新加坡国际仲裁中心（SIAC）、巴厘岛国际仲裁与调解中心（BIAMC）、亚洲国际仲裁中心（AIAC）、吉隆坡区域仲裁中心（KLRCA）、文莱仲裁中心（BDAC）②。

2. 亚太区外仲裁机构：国际商会仲裁院（ICC）、伦敦国际仲裁院（LCIA）、瑞士苏黎世商会仲裁院（ZCC）、瑞典斯德哥尔摩商会仲裁院（SCC）等。

（二）管辖依据

仲裁机构及纠纷适用的准据法可由当事人选择确定。

（三）法律适用

1. 仲裁程序规则：具体流程主要参照文莱《仲裁法》。仲裁双方可以

---

① 获取最新信息可访问文莱皇家海关：https://www.mofe.gov.bn；文莱国家单一窗口：https://bdnsw.mofe.gov.bn/Pages/Home.aspx.，2024年5月27日访问。

② 文莱仲裁中心于 2014 年成立，提供仲裁和调解服务以解决商业纠纷。文莱仲裁中心仲裁规则可登录https://www.bdac.com.bn/docs/bdacrules.pdf查阅，2024年5月27日访问。

就仲裁员采用的程序达成协议。在没有达成协议的情况下，仲裁员会优先考虑遵循文莱《仲裁法》的规定。[①]

2. 案件准据法：由当事人选定或仲裁庭选定案件审理适用的准据法，可以是文莱国内法或我国国内法，如可以适用文莱《仲裁法》《贸易争端法案》以及《承认及执行外国仲裁裁决公约》(《纽约公约》)。

（四）常见法律问题

1. 仲裁协议瑕疵导致仲裁机构选择不当或无效。[②]

2. 国际仲裁的相关问题。[③]

3. 仲裁员选择不当、仲裁程序失误、举证不力等导致仲裁败诉。

4. 仲裁前或仲裁程序中，未能对相关财产采取保全措施，仲裁胜诉后，可能无法执行或无法全部执行。

5. 外国或国际仲裁裁决在文莱的承认与执行。[④]

（五）提示与建议

1. 重视纠纷的可仲裁性问题。

2. 建议中方当事人就经济贸易纠纷优先选择机构仲裁，可以选择外国或国际仲裁机构，而不仅限于文莱仲裁中心。

3. 当发现仲裁员与争议有利益关系或与对方当事人有亲戚关系等影响

---

① 除非双方另有协议，否则仲裁程序应自仲裁庭收到仲裁申请之日开始。

② 仲裁协议瑕疵包括仲裁机构选择不明确、当事人仲裁意愿的不明确等。仲裁协议须以书面形式订立，否则视为无效。当事双方签署的书面文件，双方之间来往的信件、电报中的仲裁协议均可视为书面文件。参见中国国际经济贸易委员会发布的《企业对外投资国别（地区）营商环境指南——文莱（2021）》第93页。

③ 根据文莱仲裁中心仲裁规则第4条，“国际仲裁”是指仲裁协议当事人在缔结该协议时的营业地或者仲裁地位于文莱以外的任何国家。

④ 根据文莱《仲裁法》第44条，除另有规定外，《纽约公约》裁决可由诉讼强制执行，寻求执行公约裁决的当事方必须出示下列证据：（1）经妥为认证的裁决书正本或经妥为核证的裁决书副本；（2）仲裁协议正本或经妥为核证的仲裁协议副本；（3）如该裁决或协议是以外文作出的，则由官方或宣誓翻译员或外交或领事代表核证该裁决或协议的译本。

公正的情形时，要及时提出异议，维护自身合法权益。

B. 国际商事调解

（一）管辖机构

1. 亚太区内调解机构：亚太仲裁与调解中心（APCAM）、新加坡国际调解中心（SIMC）、文莱仲裁中心（BDAC）。

2. 国内调解机构：中国国际贸易促进委员会/中国国际商会调解中心（CCPIT）、一带一路国际商事调解中心（BNRMC）、最高人民法院国际商事法庭（CICC）。

（二）管辖依据

管辖权产生的依据为当事人的意思自治。

（三）法律适用

1. 程序规则：可以适用《亚太仲裁与调解中心调解规则（2020版）》《新加坡调解公约》《国际商会调解与仲裁规则》《一带一路国际商事调解中心调解规则》《最高人民法院国际商事法庭程序规则（试行）》，以及文莱《仲裁法》[①]、《贸易争端法案》[②]等。

2. 案件准据法适用：由当事人选择案件审理适用的准据法，即我国相关国内法或文莱相关国内法。

（四）常见法律问题

1. 调解协议须经司法确认才具有强制执行力。[③]

---

① 文莱《仲裁法》第二部分规定了调解员的选任（第3条）。

② 文莱《贸易争端法案》第17条规定了调解和调查。

③ 在我国，调解书具有强制执行力，调解协议须经法院司法确认才具有强制执行力。但根据《新加坡调解公约》规定，和解协议无须经司法确认即可得到执行。根据文莱《仲裁法》第3条第4款规定，调解书具有强制执行的效力，当事人可通过法院或其法官的许可，以与判决或命令相同的方式强制执行。由此可见，文莱经济纠纷解决机构所制作的调解书也需要经过人民法院司法确认才具有强制执行力。

2. 调解员选择不当、调解程序失误、证据可采性等[①]导致调解失败。

3. 启动仲裁或司法程序不能视为对调解协议的豁免或调解程序的终止。

（五）提示与建议

中方当事人选择将争议提交给文莱仲裁中心（BDAC）进行调解需要注意提交争议的地点；申请调解材料的完整性；当发现调解员与争议有利益关系或与对方当事人有亲戚关系等影响公正的情形时，要及时提出异议，维护自身合法权益；当争议无法通过调解解决，要及时利用调解—仲裁或调解—诉讼衔接机制，防止纠纷解决的拖延。

C. 民事诉讼

（一）管辖机构

文莱于2016年设立了商事法庭[②]，负责审理货物买卖纠纷、开发项目违约、租赁协议违约等商事纠纷案件。最高法院由上诉法院和高级法院组成。上诉法院管辖上诉案件，高级法院拥有完整的民商事初审审判和上诉审判管辖权。

（二）管辖依据

1. 国别管辖：文莱尚未加入海牙国际私法会议2005年《选择法院协议公约》，中国已签署但尚未批准核准，故无法直接援引适用《选择法院协议公约》确定国别管辖法院。

2. 国内管辖：通过中国《民事诉讼法》及其司法解释，或文莱《最高法院法》《下级法院法》等确定国内管辖法院。

（三）法律适用

1. 程序法的适用：适用中国《民事诉讼法》，或文莱《民事诉讼法》

① 以下信息不得作为证据使用：调解员的建议、一方当事人在调解程序中的陈述或承认、仅为调解程序准备的文件等。

② 参见中国国际经济贸易委员会发布的《企业对外投资国别（地区）营商环境指南——文莱（2021）》第92页。

《外国判决相互执行法》等。

2. 准据法的适用：无法直接适用《承认与执行外国民商事判决公约》[①]。中国与文莱未签订任何民事司法协助事项的双边条约，关于民商事判决的承认与执行更多需要基于平等互惠原则视个案情况提供协助。国别层面可通过中国《涉外民事关系法律适用法》或者文莱2009年《法律适用法》来确定准据法。

（四）常见法律问题

1. 判决的承认与执行（文莱《外国判决相互执行法》[②]）。

2. 诉前法律防范。[③]

---

① 文莱未签署2019年《承认与执行外国民商事判决公约》，且目前该公约尚未生效，无法直接援引适用。

② 外国法院判决在文莱寻求承认与执行，依据《外国判决相互执行法》(Reciprocal Enforcement of Foreign Judgments Act，简称REFJA）或普通法规则而有不同的执行方式。《1996年外国判决相互执行法（2000年修订版）》实行互惠原则，文莱法院将自动承认和执行任何同样承认和执行文莱法院判决的外国所作出的民事和金钱给付类判决，该类外国法院的判决在文莱立案之后自动进入执行状态。目前，REFJA附表所列出的“互惠国家”(也称为公报刊登国家）只包括马来西亚和新加坡。但与新加坡《相互执行判决法》相似，文莱REFJA法案第3条规定“如果总检察长确信，一外国在执行文莱高等法院判决时能够保证性地给予实质性互惠，那么总检察长可直接在公报上下达命令，明确本法应适用于该外国且该法所规定的外国法院是指该国的高级法院”。

③ 企业在签订合同时，应当明确合同内容并就未来履行合同过程中可能产生的争议提前制定好解决措施，即预先在合同中约定好争议的解决办法和方案。

3. 诉讼流程。[①]

（五）提示与建议

中方当事人就经济贸易纠纷提交文莱法院审理存在一定的风险，需要慎重抉择，包括但不限于：

1. 了解文莱特殊的司法体系。文莱以英国习惯法为基础。根据文莱与英国新的司法安排，自1995年1月31日起，文莱上诉庭取代英国枢密院成为刑事案件最终上诉庭，但民事案件仍可继续上诉至英国枢密院。文莱设有伊斯兰法庭，专门审理穆斯林的宗教案件。一般刑事案件在推事庭或中级法院审理，较严重的案件由高级法院审理。最高法院由上诉法院和高级法院组成。

2. 承认与执行可能的障碍。中国与文莱未签订任何民事司法协助事项的双边条约。外国法院判决在文莱寻求承认与执行，依据《外国判决相互执行法》或普通法规则而有不同的执行方式。该法实行互惠原则，文莱法院将自动承认和执行任何同样承认和执行文莱法院判决的外国所作出的民事和金钱给付类判决，该类外国法院的判决在文莱立案之后自动进入执行状态。目前，该法列表所列出的“互惠国家”（也称为公报刊登国家）只包括马来西亚和新加坡。在文莱总检察长未在文莱公报明确增列中国为互惠国家之前，寻求中国判决在文莱的承认与执行的稳妥方式仍旧是由索赔人依照普通法规则，向文莱法院重新提起诉讼，从中国法院所获得的判决只能作为有利于索赔人的证据。

---

① 原告提交起诉状，并在诉状中载明当事人、诉讼标的物的名称和住址（住所地）以及诉讼理由。原告在交纳诉讼费用后，法院的书记员将对起诉进行书面登记。若起诉状中未表明诉讼理由或者起诉状所载事项不在法院的管辖范围内，法院可以拒绝登记。登记起诉状后，法院可向被告发出传票，要求其在特定时间出庭，并且给予不少于7日的起诉状答辩准备时间。在进入庭审程序之前，法院可对当事双方进行调解，如果双方和解，可终止诉讼流程，如果未和解则继续诉讼流程，法院择期进行庭审程序。一般情况下，商事诉讼为公开审理。在审理终结后，法院可当庭或择期对案件作出判决。如果败诉一方对初审判决不满意，可在初审判决作出的1个月内向上诉法院提出上诉。参见中国国际经济贸易委员会发布的《企业对外投资国别（地区）营商环境指南——文莱（2021）》第92页。

第八章　缅甸篇

缅甸联邦共和国（The Republic of the Union of Myanmar），简称缅甸，地处中南半岛西部。西南临缅甸海，西北与印度和孟加拉国为邻，东北与中国毗邻，东南与泰国、老挝交界，是东南亚陆地面积最大的国家。

缅甸于1950年同中国建交。如今，中国是缅甸第一大贸易伙伴、最大的进口来源国以及最大的出口市场，双边经贸合作互补性强，市场潜力大。在“一带一路”倡议下，中缅先后签署了政府间推进“一带一路”建设谅解备忘录、共建中缅经济走廊谅解备忘录、中缅经贸合作五年规划等，在电力、能源、交通基础设施、中缅边境经济合作区、皎漂经济特区等领域开展务实合作。此外，缅甸是世界贸易组织（WTO）、国际货币基金组织（IMF）、《区域全面经济伙伴关系协定》（RCEP）等多个国际经济组织或协定的成员，是亚投行的创始成员，为区域及全球经济发展作出了积极贡献。

在国内法治方面，缅甸是成文法国家，其主要法律渊源是以宪法为核心的成文法。但由于缅甸曾是英国的殖民地，其国内法体系深受英国影响，成文法与判例法在其商事活动中都可作为法律渊源。缅甸的普通法院系统分为联邦最高法院、省邦高级法院、县级法院、镇区法院共四级。当前缅甸经济社会运行秩序和外部发展环境均在发生变化，大大增加了国际贸易各环节中的风险系数，且缅甸的法律规范陈旧，法制建设过程缓慢，国内法治环境仍然薄弱。

本章对涉及缅甸国际贸易实务中的法律适用问题予以介绍，具体从以下六个方面介绍缅甸参与国际条约的基本状况及相关国内法情况。

第一，国际货物买卖合同：缅甸尚未加入《联合国国际货物销售合同公约》（CISG），且至今未颁布《民法典》，对于合同等具体制度主要由1872年《合同法》、1930年《货物销售法》等予以规定。

第二，国际货物运输：

1. 海/水上运输：缅甸尚未加入《海牙规则》《海牙—维斯比规则》《汉

堡规则》，以上条约对其不具有强制适用效力。中缅双方曾签订有关客货运输的双/多边协定，包括1997年中老缅泰《澜沧江—湄公河商船通航协定》、2000年中老缅泰《澜沧江—湄公河商船通航协定》、2001年中老缅泰交通部《关于实施四国政府澜沧江—湄公河商船通航协定的谅解备忘录》，现行有效。缅甸于2021年修订了《海上货物运输法》，现行有效。

2. 铁路运输：缅甸不是《国际铁路货物运输公约》（CIM）和《国际铁路货物联运协定》（SMGS）的参加国。缅甸于2016年颁布了《铁路运输法》，现行有效。

3. 航空运输：缅甸尚未加入《海牙议定书》《瓜达拉哈拉公约》《蒙特利尔公约》，已加入《华沙公约》，对其具有强制适用效力。

4. 多式联运：目前，《联合国国际货物多式联运公约》尚未生效。缅甸于2022年修订了《综合运输法》，现行有效。

第三，国际货物运输保险：目前，尚无统一的国际保险条约。缅甸于1993年颁布了《缅甸保险法》，现行有效。

第四，国际贸易支付：

1. 国际托收：ICC《托收统一规则》（URC522）是托收关系的主要法律依据。

2. 信用证支付：ICC《跟单信用证统一惯例》（UCP600）和《关于审核跟单信用证项下单据的国际标准银行实务》（ISBP745）是信用证领域的主要法律依据。

3. 国际保理：缅甸尚未加入《国际保理公约》《联合国国际贸易应收款转让公约》。

第五，进出口通关：缅甸于1995年加入世界贸易组织（WTO），于2015年向WTO递交了《贸易便利化协定》（TFA）的接受文书，自2017年2月22日生效。2022年5月1日《区域全面经济伙伴关系协定》（RCEP）对缅甸生效。

关于海关制度，缅甸国内各层级法律规范较多，主要包括1991年发布的《缅甸海关进出口程序》，1993年发布的《缅甸植物检疫法》和《缅甸植物细菌防疫法》，2015年修订的《陆地海关法》，2018年修订的《海上海关法》。2023年发布的《进出口商登记条例》和《申请出口许可证所需商品种类的公布》。此外，有关进出口通关的法律规范还可参见缅甸商务部发布的其他法令、决定、命令等。

第六，纠纷解决：

1. 国际商事仲裁：缅甸于2013年4月加入《纽约公约》，同年7月公约对其生效，未对《纽约公约》作出保留。缅甸工商联合总会于2019年8月3日正式成立缅甸仲裁中心（MAC），该仲裁中心主要处理国内外投资者间的经济纠纷，其前身是1992年由缅甸工商联合总会组建的经济纠纷调解委员会。

2. 国际商事调解：缅甸未批准加入《新加坡调解公约》，调解主要依据缅甸2021年修订的《民事诉讼法》。

3. 民事诉讼：缅甸尚未加入2019年《承认与执行外国民商事判决公约》。缅甸于1909年颁布了《期限法》《任期限制法》，2019年修订了《联邦司法法》，2021年修订了《民事诉讼法》。

一、国际货物买卖合同

（一）法律适用

1. 国际层面：中国为《联合国国际货物销售合同公约》（CISG）缔约国，但缅甸不是CISG缔约国。根据CISG规定，若根据国际私法规则导致适用缔约国法律，也应当适用CISG。但由于中国对CISG第1条第1款b项作出了保留，只对双方的营业地所在国均为缔约国的当事人之间订立的国际货物销售合同才适用CISG。因此，若双方约定适用中国法，仍应当适用中国法律。此外，即使缅甸不是缔约国，若当事人明确选择CISG调整案涉争议，我国法院也可根据当事人的选择适用CISG，这一选择可以被视为当事人将CISG作为双方订立合同的内容。

2. 国别层面：可选择适用我国《民法典》，或缅甸《货物销售法》[①]。

（二）核心法律义务

1. 卖方义务：（1）交货义务：合同约定的时间内交货；（2）交单义务：按合同约定的时间、地点和方式移交单据；（3）货物相符：卖方应保证其交付的货物品质、数量和规格与合同约定相符；（4）权利担保：卖方保证对其出售的货物享有完全的所有权或处分权，并承担知识产权担保义务。

2. 买方义务：（1）按合同约定支付货款；（2）接收货物；（3）检验货物：在目的地或转运目的地及时检验。

（三）常见法律问题

1. CISG：（1）交货数量不符合合同要求[②]；（2）货物包装不符合合同要求[③]；（3）货物规格不符合合同要求[④]；（4）卖方违反知识产权担保义务[⑤]；（5）买方未按合同要求付款[⑥]；（6）风险的转移与所有权的转

---

① 《货物销售法》第3条规定，《合同法》中未被废除的规定，除与本法的明文规定不一致外，应继续适用于《货物销售法》。故《货物销售法》是对1872年《合同法》的补充，其在合同订立形式、默示条款、交付、所有权转移、灭失风险、买卖双方权利义务、违约损失的计算等方面规定了一些特殊规则。

② 少交货物时，买方可以要求卖方补齐不足部分或者赔偿损失；多交货物时，买方有权拒绝收取多交的货物。需要注意的是，如果交货数量与合同不符导致单证不符，卖方有遭到银行拒付的风险。此外，交货数量与合同不符还会给货物顺利通关过境带来风险。

③ 注意卖方提供的包装是否足以保全和保护货物的安全以避免货物损坏，同时关注包装是否违反进口国的法律规定或者是否含有贬损进口国某些民族风俗习惯的图案或文字。

④ 卖方交货规格低于合同的要求属于明显的违约行为，在某些情况下卖方交货规格高于合同的要求，在货物办理进出口手续时有可能要多缴关税；此外，交货规格与合同不符，可能造成货物通关时被认定为“货证不符”。

⑤ 卖方承担的知识产权担保义务及于两个地方：买方营业地和合同预期的货物转售或使用地。

⑥ 参见本章“五、国际货物贸易支付”部分。

移[①]；（7）买方未合理地接收货物[②]。

2. 缅甸《货物销售法》:（1）所有权转移时点[③]及风险转移时间[④]；

---

① 1. 关于合同中有运输条款的货物买卖的风险转移。若合同没有明确交货地点，卖方货交第一承运人后，货物风险转移至买方；若合同明确了交货地点，卖方在该特定地点货交承运人后，货物风险转移至买方；若卖方有义务将货物特定化，在该特定化工作完成之前，风险不能转移给买方。参见CISG第67条。

2. 关于在运输中销售的货物的风险转移，自买卖合同成立时起转移给买方。若情况表明有此需要，风险自货物交付给签发载有运输合同单据的承运人时起即转移给买方，但这种情况须以卖方在订立合同时不知道货物已灭失或损坏为限。参见CISG第68条。

3. 针对不属于CISG第67—68条规定情形，如在卖方营业地或卖方营业地以外的地点交货，此时的风险从货物交由买方处置但其不收取货物从而违反合同时起转移给买方。若买方有义务在卖方营业地以外的某一地点接收货物，当交货时间已到而买方知道货物已在该地点交给其处置时，风险方始移转。如果合同指的是当时未加识别的货物，则这些货物在未清楚注明有关合同以前，不得视为已交给买方处置。参见CISG第69条。

② 买方不能因货物的质量问题而拒绝接收货物，同时应按时提取货物，未按时提取货物而扩大的损失或产生的费用由买方承担。

③ 所有权转移时点:（1）订立特定或确定的货物的销售合同时，货物的所有权应在合同当事人拟转让时，转让给买方；（2）订立按描述销售的未确定的货物或将来的货物的合同时，并且该描述的货物以及处于可交付状态的货物，无条件地由卖方经买方同意或买方经卖方同意而占有合同，则货物的财产随之转移给买方。这种同意可以是明示的也可以是默示的，可以在拨款之前也可以在之后给予。参见缅甸《货物销售法》第19条第1款、第23条。

④ 风险转移时间:（1）除非另有约定，在货物所有权转移给买方之前，卖方仍承担损害赔偿责任。但是，当所有权转移给买方之后，无论货物是否移交给买方，无论是否交付，损坏的责任均由买方承担；（2）由于买方的缺陷或卖方的缺陷导致货物延迟交付，即使没有任何原因，因延迟交付造成的损失的责任也由延迟交付的人承担。参见缅甸《货物销售法》第26条第1、2款。

（2）买卖双方的权利、义务[①]；（3）交货数量不符合合同要求[②]。

（四）提示与建议

1. 建议审查主体是否适格，明确企业是否具有进出口经营权，并核实签约主体、签约人资格。

2. 谨慎约定品质条款，对技术复杂、内容繁多的产品，可单独在合同附件中约定品质条款，并注明是合同的组成部分。

3. 制定明确、详细的检验条款，在进出口合同中避免使用同一检验条款，并约定由独立第三人进行检验。

4. 对于陈述条款，应确保如实陈述。如事后发现错误，也应当及时纠正，以避免合同损失。

5. 鉴于缅甸在部分领域与我国国内法差异较大，建议在进行跨境交易时选择中国法律作为适用法。

6. 争议发生后要重视固定证据以保障企业权益。

---

① （1）卖方权利：当货物的买方无力偿债时，未得付款而失去货物占有的卖方有权在运输途中停止运输，并扣留货物，直到支付价款或提供价款为止。参见缅甸《货物销售法》第50条。（2）买方权利及义务：买方有检验所购货物的权利和义务，如发现所购货物有瑕疵，应及时通知卖方。否则，买方必须对这些缺陷负责。除非合同或法律另有规定，如货物质量保证规定符合标准。参见缅甸《货物销售法》第41、42条。

② 交货数量不符合合同要求：（1）当卖方向买方交付的货物数量少于约定销售数量时，买方可以拒绝接收货物。但是，如果买方接受交付的货物，买方必须按照合同支付价款；（2）当卖方向买方交付的货物数量超过约定销售数量时，买方可以接受协议中的货物并拒绝其余货物，或所有货物都可以被接受或拒绝。如果买方接受所提供的全部货物，则买方必须按照合同支付价款。参见缅甸《货物销售法》第37条第1、2款。

二、国际货物运输

A. 海/水上运输

（一）法律适用

1. 国际层面：调整海/水上运输的国际公约有《海牙规则》《海牙—维斯比规则》《汉堡规则》《鹿特丹规则》。缅甸和中国均未加入《海牙规则》《海牙—维斯比规则》《汉堡规则》，不具有强制适用效力，但当事人可自愿选择适用。《鹿特丹规则》尚未生效，不建议当事人选择。此外，1997年中老缅泰《澜沧江—湄公河商船通航协定》，2000年中老缅泰《澜沧江—湄公河商船通航协定》对中国和缅甸均有效，2001年中老缅泰交通部《关于实施四国政府澜沧江—湄公河商船通航协定的谅解备忘录》对中国和缅甸均具有软约束力。

2. 国别层面：可约定适用我国《民法典》《海商法》，也可约定适用缅甸《海上航行条约法》《内陆航运法》《海上货物运输法》等。

（二）核心法律义务

1. 承运人义务[①]：（1）适航义务，使船舶在开航前和开航时处于适航状态；（2）管理货物；（3）不得进行不合理绕航；（4）依约签发提单。

2. 托运人义务：（1）支付运费；（2）妥善包装货物；（3）办理相关手续。

（三）常见法律问题

1. 承运人的基本义务。[②]

---

① 参见缅甸《海上货物运输法》第三章。

② 《海牙规则》规定了适航义务和管货义务，适航义务的时间为“开航前和开航时适航”。《海牙—维斯比规则》同《海牙规则》规定一致。《汉堡规则》规定了承运人对货物的灭失、损坏以及延迟交付所造成的损失负赔偿责任。

2. 承运人的责任期间。[①]

3. 承运人的免责情形。[②]

4. 承运人的赔偿限额。[③]

5. 索赔时效。[④]

6. 诉讼时效。[⑤]

---

① 《海牙规则》规定为“钩至钩”，即从货物装上船起至卸完船为止的期间。《海牙—维斯比规则》同《海牙规则》规定一致。《汉堡规则》规定为“收到交”，即货物在装货港、运送途中和卸货港在承运人掌管下的期间。

② 《海牙规则》规定了包括“航行过失”免责在内的17项免责事项。《海牙—维斯比规则》同《海牙规则》规定一致。《汉堡规则》取消了“航行过失”免责事项。缅甸《海上货物运输法》第四章第2条规定了包括“航行过失”免责在内的17项免责事项。

③ 《海牙规则》规定承运人对货物的灭失或损失的赔偿责任，在任何情况下每件或每单位不得超过100英镑，但托运人于装货前已申明该货物的性质和价值，并在提单上注明者不在此限。《海牙—维斯比规则》采取了双重责任限额制，即对货物的灭失或损害责任以每件或每单位10000金法郎或每千克30金法郎为限，两者以高者计。《汉堡规则》提高了承运人的最高赔偿限额，规定承运人对货物灭失或损坏的赔偿责任限额为每件或每单位835特别提款权（SDR），或每千克2.5特别提款权，以高者为准。

④ 《海牙规则》规定收货人在提货时应检查货物，损坏明显的应立即提出索赔；损坏不明显的于3日内提出；在联合检验的情况下，无须出具索赔通知。《海牙—维斯比规则》同《海牙规则》规定一致。《汉堡规则》关于索赔通知的时间较《海牙规则》有所延长，规定索赔通知应在收货后的第1个工作日内提交；损害不明显时，在收货后15日内提交；在联合检验的情况下，不需出具索赔通知。

⑤ 《海牙规则》规定货方对承运人或船舶提起货物灭失或损害赔偿的诉讼时效为1年，自货物交付之日起算，在货物灭失的情况下，自货物应交付之日起算。《海牙—维斯比规则》规定诉讼时效为1年，双方协商可延长时效；对第三者的追偿诉讼，在1年的诉讼时效期满后，仍有3个月的宽限期。《汉堡规则》规定诉讼时效为2年，自承运人或实际承运人交付货物或交付部分货物，或者自应交付货物的最后一日起算；索赔双方可协商延长时效；对于承运人向收货人赔付后在向第三者追偿时，仍有90日的宽限期。缅甸《海上货物运输法》第三章第6条规定同《海牙规则》一致。

（四）提示与建议

1. 在合同约定适用中国准据法时应注意国内水路货物运输纠纷诉讼时效。[①]

2. 建议选择经验丰富的船运公司。

3. 谨慎核查提单表面，保持与合同的一致性。

B. 铁路运输

（一）法律适用

1. 国际层面：缅甸不是《国际铁路货物运输公约》[②]（CIM）、《国际铁路货物联运协定》[③]（SMGS）的参加国，无法适用该公约和协定。

2. 国别层面：可以约定适用我国《铁路法》和中欧班列规则，或缅甸《铁路运输法》。

（二）核心法律义务

1. 承运人义务[④]：（1）验收货物；（2）运输货物；（3）管理货物。

2. 托运人义务[⑤]：（1）正确填写、签发运输单证；（2）按要求包装、标记货物；（3）按规定计算、支付运费；（4）禁止托运违禁物品。

---

① 根据《最高人民法院关于如何确定沿海、内河货物运输赔偿请求权时效期间问题的批复》，托运人、收货人就沿海、内河货物运输合同向承运人要求赔偿的请求权，或者承运人就沿海、内河货物运输向托运人、收货人要求赔偿请请求权，时效期间为1年，自承运人交付或者应当交付货物之日起计算。

②《国际铁路货物运输公约》要求国际铁路货物运输的发站国与到站国都是公约的缔约国，或者如果发站国与到站国有一国是公约的缔约国，并且运输合同双方当事人协商一致而适用公约，这种情况下公约也会被适用。

③《国际铁路货物联运协定》规定适用公约的情形是国际铁路货物运输的发站国与到站国都是公约的缔约国。

④ 参见缅甸《铁路运输法》第58条。

⑤ 参见缅甸《铁路运输法》第57条。

（三）常见法律问题

1. 发货人的身份识别。[①]

2. 货损索赔前置条件和时效。[②]

3. 托运人对运单真实性负责。[③]

4. 归责原则。[④]

（四）提示与建议

1. 完好留存货损索赔所需的证据材料。

2. 注意索赔时效。

C. 航空运输

（一）法律适用

1. 国际层面：中国和缅甸均是《华沙公约》的成员国[⑤]，因此可以直

---

① 如果运单载明的主体确为货运代理身份，则应认定货物权利人为运单发货人，进而其有权向运单缔约承运人索赔；如果运单载明的主体与货物权利人之间是运输合同关系，货物权利人必须在得到运单记载“发货人”配合的情况下才能向承运人主张代理关系，进而认定自己为运单下的“发货人”。

② 《国际铁路货物联运协定》明确规定“提出相应赔偿请求后，才可提起诉讼，且只可对受理赔偿请求的承运人提起诉讼”，故提赔是诉讼的前置条件，国内有法院以原告未在诉讼前向被告提出索赔为由驳回诉请［（2013）杭铁民初字第4号］。

缅甸《铁路运输法》第66条规定，“通过火车运输货物所收取的超出运费的金额，以及存放交付的货物丢失；因损坏、变质要求赔偿的，应当自交存之日起6个月内向铁路组织提出。仅当您通过代表提出正式书面请求时，您才有权获得退款或赔偿。”

③ 托运人应对其在运单中陈述的内容的真实性负责，因记载和声明的事项错误，或未将应填报的事项记入运单而给承运人造成损失的，托运人应当承担责任。参见中华人民共和国《铁路法》第19条和缅甸《铁路运输法》第67条。

④ 缅甸对货损的归责原则为过错责任，其《铁路运输法》第十五章列举了不同货损情形的求偿权，以及承运人的免责事项。参见缅甸《铁路运输法》第十五章第69条。

⑤ 缅甸尚未加入《海牙议定书》《瓜达拉哈拉公约》《蒙特利尔公约》。相关国际民用航空运输条约的签署、加入状况参见国际民航组织（ICAO）发布的文件：https://www.icao.int/secretariat/legal/LEB%20Treaty%20Collection%20Documents/composite_table.pdf，2024年5月28日访问。

接适用该公约。

2. 国别层面：由于《华沙公约》为强制适用，因此当事人无法选择适用其他法律。

（二）核心法律义务

1. 承运人义务：（1）合法运输货物；（2）对货物进行安检或采取必要安保措施；（3）妥善保管货物。

2. 托运人义务：（1）合法托运货物；（2）依法填写、签发航空货运单证；（3）妥善包装货物；（4）支付运费和其他费用。

（三）常见法律问题

1. 托运人运费支付。①

2. "航空运输期间"不同。②

3. 不同公约下对承运人责任的规定与限制不同。③

（四）提示与建议

1. 空运托运单不是物权凭证，仅是航空货物运输合同的证明。

2. 承运人主张《华沙公约》规定的免责及责任限制的前提是出具包含法定内容的货运单。

3.《华沙公约》禁止承运人规定企图免除责任或低于公约规定赔偿限额的合同条款或承运条件，即低于公约的约定无效。关于承运人责任，公

---

①（1）买卖合同确立的运费支付义务不能直接对抗运输合同确立的运费支付义务；（2）如果有确实证据证明运输合同中的托运人不是买卖合同中的卖方，则卖方不承担运费支付义务。

② 包括货物在承运人保管下的整个期间，不论在航空站内、在航空器上或在航空站外降停的任何地点，即"接到交"期间。

③《华沙公约》为不完全过失责任制，保留了航行过失免责；而《蒙特利尔公约》为完全过失责任制。2019年，国际民航组织对1999年《蒙特利尔公约》责任限额作出了修改，自2019年12月28日起实行经修改的限额。参见https://www.icao.int/secretariat/legal/LEB%20Treaty%20Collection%20Documents/2019_Revised_Limits_of_Liability_Under_the_Montreal_Convention_of_1999_zh.pdf，2024年5月28日访问。

约没规定的，可以援用国内法解决。

4. 建议根据货物属性选择合适的贸易术语。[①]

D. 多式联运

（一）法律适用

1. 国际层面：适用《联合国国际货物多式联运公约》《国际商会多式联运单证统一规则》《联合国贸易和发展会议/国际商会多式联运单证规则》。[②]

2. 国别层面：可以约定适用我国《民法典》《海商法》《民用航空法》，或缅甸《综合运输法》等。

（二）核心法律义务

1. 多式联运经营人义务[③]：（1）对全程运输承担承运人义务；（2）签发多式联运单据；（3）货物交付义务[④]。

2. 发货人义务[⑤]：（1）保证义务[⑥]；（2）遵守危险性货物的强制性

① 高新技术企业空运出口建议选择C组贸易术语，进口建议选择F组贸易术语；对于紧急运输的货物，空运方式是首选。

② 目前，《联合国国际货物多式联运公约》尚未生效，我国和缅甸亦未加入该公约，该公约的签署、加入状况参见https://treaties.un.org/Pages/ViewDetails.aspx?src=TREATY&mtdsg_no=XI-E-1&chapter=11&clang=_en，2024年5月28日访问。《国际商会多式联运单证统一规则》是一项国际惯例，供当事人自愿采纳。《联合国贸易和发展会议/国际商会多式联运单证规则》作为示范法，供国际货物多式联运当事人选择适用。

③ 参见缅甸《综合运输法》第六、七章。

④ 当多式联运运单以可转让形式签发、以不可转运形式签发以及未出具货物识别证书三种情形出现时，需要根据运单上注明的不同条件和情形转让给正确身份之人。参见缅甸《综合运输法》第18条。

⑤ 参见缅甸《综合运输法》第九章。

⑥ 多式联运经营人接管货物时，应视为发货人已向多式联运经营人保证，其在多式联运单据中所提供的货物品类、标志、件数、重量和数量，如属危险货物、其危险性等事项，概属准确无误。发货人应就联运经营人由于这些项目不准确或不充分而引起或造成的所有灭失、损坏和费用予以赔偿。

规则[①]。

（三）常见法律问题

1. 适用传统运输中的哪种法律制度来确定多式联运经营人责任。

2. 货代和港口经营人是否具有多式联运经营人主体身份。[②]

3. 多式联运经营人的赔偿责任。[③]

---

① 发货人应遵守国内法或国际公约中关于承运危险性货物的强制性规则，并应在任何情况下，在联运经营人掌管危险性货物之前，将危险性货物的确切性质，书面通知联运经营人，并在必要时说明其防范措施。发货人应对由此种货物之被掌管、运送或附带的服务工作而引起的一切灭失、损害、延迟交货或费用承担责任。

② 从事运输业务的多式联运运营商必须按照要求向中央机构申请取得登记证书。参见缅甸《综合运输法》第5章。

③ 1. 关于赔偿责任期间。多式联运经营人的赔偿责任期间为“收到交”，即自其接管货物之时起到交付货物时止。参见缅甸《综合运输法》第16条。

2. 关于赔偿责任基础。多式联运经营人的赔偿责任基础为过错原则。参见缅甸《综合运输法》第17、19条。

3. 关于赔偿责任限制。（1）若多式联运不包括通过海上或内河水道运输货物，多式联运经营人对灭失或损坏货物总重量的责任不应超过特别提款权的数额，由本法根据有关多式联运的国际公约或区域协定颁布的规则确定；（2）若多式联运经营人对货物延误交付造成的灭失或间接损害承担责任，其赔偿责任的金额不得超过合同项下货物运输费用的数额；（3）多式联运经营人赔偿责任的总和不得超过货物全部灭失的赔偿责任限额；（4）如果可以证明承运人的作为或不作为存在故意或个人重大过失，则承运人无权享受上述责任限制的利益。参见缅甸《综合运输法》第八章。

4. 关于索赔时效。货物损坏明显时，收货人需根据灭失或损坏性质的条款和条件向多式联运经营人发送签名信函；货物损坏不明显的，在货物交付收货人后，应视为没有明显证据表明货物已灭失或损坏，除非其根据本法颁布的规则在规定期限内发出通知信。参见缅甸《综合运输法》第41条。

5. 关于诉讼时效。根据本法发送任何损害通知、诉讼、仲裁；请求提交需根据本法颁布的有关申请和时限的规定。注意命令应按照单独发布的指令和程序进行规定（收到该命令之日起 60 天内向中央委员会提出上诉），没有规定的，按照现行法律的规定执行。参见缅甸《综合运输法》第42、44条。

4. 管辖权[①]。

（四）提示与建议

1. 在我国和缅甸均未加入《联合国国际货物多式联运公约》的情况下，建议在交易中选择我国法律作为准据法。

2. 缅甸《综合运输法》现行有效，建议对相关规定予以查明并遵守。

三、卖方交付货物（国际贸易术语适用）

FOB——船上交货（指定装运港）

（一）基本含义

FOB全称为“Free on Board”，意为“船上交货（指定装运港）”。卖方在合同规定的装运期内在指定装运港将货物装上买方指定的船上，或设法获取已装船货物即完成交货，有关货物灭失或损毁的风险从货物装上船时起转移给买方。该术语只适用于水上运输方式。

（二）核心法律义务

1. 卖方义务：（1）交货义务：在规定的时间和地点装货上船或获取已装船货物，并通知买方；（2）办理出口清关手续；（3）交单义务：提供商业发票和证明货物已交至船上的通常单据或具有同等效力的电子数据交换信息；（4）风险承担：负担货物在指定装运港装上船之前的一切费用和风险。

2. 买方义务：（1）办理进口清关手续；（2）安排运输：订立自指定装

---

① 1. 诉讼：与多式联运有关的法律事务可以根据原告的选择，提交至以下任何地点有管辖权的任何法院：（1）诉讼当事人的主要营业地或永久居住地；（2）合同订立地和当事人营业地、分公司或代表处所在地；（3）多式联运货物接收地点或者货物中转地点；（4）合同中为此目的指定的任何其他地点以及多式联运运单中作为证据指定的任何其他地点。

2. 仲裁：通过仲裁解决与多式联运有关的争议，可在上述第（1）至（4）款指定的任何司法管辖区进行。参见缅甸《综合运输法》第十三章。

运港起运的货物运输合同，并充分通知卖方船名、装船地点和交货时间；（3）受领义务：按合同规定受领货物、收取单据、支付价款；（4）风险承担：负担货物在指定装运港装上船之后的一切费用和风险。

（三）常见法律问题

1. 风险承担与前移。①
2. 船货衔接。②
3. 买方订立货运保险合同。③
4. 通知的重要性。④
5. 卖方代办租船订舱未果的归责原则。⑤

---

① INCOTERMS2000以“越过船舷”作为风险转移界限。INCOTERMS2010取消了“船舷”的概念，代之以“装运港安全装船”风险转移的概念，即要求将货物安全装在船舶的甲板上，风险才从卖方转移给买方。以下情况风险将提前转移给买方：买方指定的船只未按时到达，或未能接收货物，或较买方通知的装货日期提前停止装货，或买方未能按照规定给予卖方有关船名、装船地点及约定装运期内的装货日期的充分通知。

② 当买方船只按时到达装运港，而卖方却未备妥货物时，卖方要承担由此造成的空舱费和滞期费；若卖方已经备齐货物，而买方却延迟派船，买方要向卖方承担由此造成的仓储费。

③ 卖方没有替买方订立货运保险合同的义务，买方需自行投保。在买方要求并由其承担风险和费用的情况下，卖方须提供获得保险所需的信息。

④ 使用FOB术语时须注意两个充分通知：一是买方租船或订舱后要将船名、装船地点和交货时间给予卖方充分通知，以便卖方及时货交承运人。若买方未履行该项通知义务导致卖方未交货或延迟交货，买方无权要求卖方承担违约责任。二是卖方在装运港将货物交给承运人时应给予买方充分通知，以便买方及时投保。若卖方未履行该项通知义务导致买方漏保，即使货物已经完成装船，运输途中的损失也由卖方承担。

⑤ FOB术语项下，买方负责租船派船，实践中买方偶尔会委托卖方代办租船订舱事务。因卖方代办租船订舱而未能租到船的，卖方不承担由此造成的损失或后果，买方无权追责。

四、国际货物运输保险

（一）法律适用

1. 国际层面：目前尚未有统一的国际保险条约，实务中适用当事人与保险公司订立的格式保险合同。

2. 国别层面：可以选择适用我国《保险法》及中国人民保险公司制定的海洋、陆上、航空运输货物保险条款①，也可约定适用缅甸《保险法》。

（二）核心法律义务

1. 保险人义务：（1）出具保险单证；（2）支付保险赔偿金。

2. 被保险人义务：（1）支付保险费；（2）如实告知义务②；（3）通知义务；（4）采取必要措施的义务③。

（三）常见法律问题

1. 保险单的生效日期应不晚于提单签发日期。

2. 如果损失是因铁路运输企业的故意或者重大过失造成的，不受保价额的限制，按照实际损失赔偿。

3. 海洋、陆上、航空运输货物保险的责任范围、除外责任、责任期

---

① 国际上没有统一的货物运输保险法，一般通过各国国内法和当事人订立的保险合同确定权利义务。《英国伦敦保险协会海运货物保险条款》《美国协会货物保险条款》是通常适用的国际海上货物运输保险惯例，规定了保险规则、险别等。

② 保险合同订立前，被保险人应当将其知道的或者在通常业务中应当知道的有关影响保险人据以确定保险费率或者确定是否同意承保的重要情况，如实告知保险人。

③ 一旦发生保险事故，被保险人应当立即通知保险人，并采取必要的合理措施，防止或者减少损失。

间、索赔时效。①

（四）提示与建议

1. 在国际货物贸易中，由哪一方负责投保，取决于交易所使用的贸易术语和合同约定。

2. 建议投保短期出口贸易信用保险以分散风险。②

3. 在投保时注意投保单、保险单中对除外责任、纠纷先决条款等格式条款的约定。

五、国际货物贸易支付

A. 托收

（一）法律适用

1. 国际层面：ICC《托收统一规则》（URC522）是托收关系的主要法律依据，通常情况下，银行会选择适用该规则。

---

① 1. 海洋运输货物保险：（1）责任范围：平安险、水渍险、一切险。（2）除外责任：除外责任包括保险人的故意行为或过失所造成的损失；属于发货人责任引起的损失；保险责任开始前，被保险货物已存在品质不良或数量短差所造成的损失等（参见中国人民保险公司海洋运输货物保险条款第2条）。（3）责任期间："仓至仓"条款。（4）索赔时效：2年，自被保险货物在最后卸货港全部卸离运输工具后起算。

2. 陆上运输货物保险：（1）责任范围：陆运险和一切险；（2）除外责任：参见中国人民保险公司陆上运输货物保险条款（火车、汽车）第2条；（3）责任期间："仓至仓"条款；（4）索赔时效：2年，从被保险货物在最后目的地车站全部卸离车辆后起算。

3. 航空运输货物保险：（1）责任范围：航空运输险和航空运输一切险；（2）除外责任：参见中国人民保险公司航空运输货物保险条款第2条；（3）责任期间："仓至仓"条款；（4）索赔时效：2年，从被保险货物在最后卸货地卸离飞机后计算。

② 短期出口贸易信用保险一般保障信用期限在一年以内的出口收汇风险，承保风险包括买方破产、拖欠、拒收等商业风险和贸易管制、外汇管制、战争等政治风险。

2. 国别层面：由于我国未对托收作出专门的法律规定，《托收统一规则》作为国际贸易结算中的国际惯例已经在国际贸易实践中获得了广泛承认和普遍适用，现已成为我国法院解决此类纠纷的主要依据。可以约定适用我国《支付结算办法》。[①]

（二）核心法律义务

1. 付款人义务：履行付款义务，不得无故延迟付款或拒付。

2. 委托人义务：（1）明确指示；（2）及时指示，当银行将发生的意外情况通知委托人时，委托人必须及时指示，否则，因此发生的损失由委托人自行负责；（3）支付费用。

3. 银行义务：（1）及时收款与转款义务，若买方拒付则无须履行付款义务；（2）通知义务：及时向卖方通知买方拒付的情况。

（三）常见法律问题

1. 托收中存在银行免责情形[②]，可能产生银行与外商相互串通而损害另一方的后果。

2. 注意区分付款交单（D/P）与承兑交单（D/A）两种结算方式。对于卖方而言，承兑交单风险大于付款交单。

（四）提示与建议

国际贸易中，如果选择托收，建议选用付款交单（D/P）结算方式。大额出口业务建议采用信用证和托收相结合方式，切忌采用承兑交单（D/A）结算方式。

---

① 缅甸国内对支付和结算有关的法律改革尚未完成，缺乏相关的法律适用依据。参见《缅甸国家支付系统战略（2020—2025）》第8页，https://www.cbm.gov.mm/sites/default/files/nps_final1.pdf，2024年5月28日访问。

② 银行对单据的实质、传递延误或遗失、不可抗力、货物、票据、被指示方的行为免责。

B. 信用证

（一）法律适用

1. 国际层面：ICC《跟单信用证统一惯例》（UCP600）和《关于审核跟单信用证项下单据的国际标准银行实务》（ISBP745）是信用证领域的主要法律依据，通常情况下，银行会选择适用该规则。

2. 国别层面：可以约定适用我国《最高人民法院关于审理信用证纠纷案件若干问题的规定》。目前，在我国对外经济贸易业务中，如采用跟单信用证的支付方式，我国银行一般也以《跟单信用证统一惯例》作为主要依据办理业务。

（二）核心法律义务

1. 开证申请人义务：（1）申请开立信用证；（2）缴付押金、担保及相关费用；（3）及时付款赎单；（4）承担第二付款责任，向受益人付款。

2. 受益人义务：（1）按信用证规定装货、制单、交单；（2）做到“货约一致、单货一致、单证一致、单单一致”；（3）赔偿责任。

（三）常见法律问题

1. 开证行援引免责情形导致卖方无法获得相应款项。[①]

2. 进口商不申请开证或迟延开证。

3. 进口商伪造信用证。[②]

4. “软条款”信用证。[③]

5. 伪造单据。

---

① 开证行对单据的实质、传递延误或遗失、不可抗力、买卖合同的实际履行状况免责。

② 伪造信用证的情形包括：一是进口商故意伪造或冒用银行名义开立信用证；二是进口商伙同资信不良的银行开立信用证。

③ 常见的“软条款”有：（1）以本国法律干预信用证业务。如信用证规定审核标准，除《跟单信用证统一惯例》外，还有进出口国法律。（2）陷阱条款。如进口商修改信用证意思不够明确，造成出口方误解。

6. 以保函换取与信用证相符的提单。[①]

7. 信用证欺诈例外原则。[②]

（四）提示与建议

1. 建议选择资信良好的开证行。

2. 选择适当的信用证类型。[③]

3. 出口企业应高度关注三个日期：最迟装运日、信用证截止日和交单截止日，逾期可能会导致银行拒付。

4. 审慎对待信用证中的“软条款”，建议少用或不用。

---

① 以保函换取与信用证相符的提单主要有倒签提单、预借提单及凭保函换取清洁提单。

1. 倒签提单是货物装船的日期晚于信用证规定的装船日期，但仍按信用证规定的日期签署装船日期的提单。

2. 预借提单是在货物实际装船完毕前签发的，并将当天的日期记载于提单签发日期栏内。倒签提单和预借提单均属于欺诈行为。

3. 凭保函换取清洁提单通常情况下也属于欺诈行为，但在特殊情形下，在没有欺诈意图的情况下，由于客观条件所限，承托双方就货物的数量、重量或包装等问题存在认识上的分歧，又无法对所装运的货物的实际数量进行再核实，此时凭保函签发清洁提单是商业习惯允许的变通做法，司法实践中已有案例承认了此种善意保函的效力。此时承运人仍对货损货差向收货人承担责任，但有权依据有效的保函向托运人追偿。

② 信用证独立于买卖合同为原则，但也有例外。若在银行对卖方提交的单据付款或承兑之前，发现或获得确凿证据，证明卖方确有欺诈行为，买方可请求法院向银行颁发禁止令，禁止银行付款。

③ 出口企业应当结合买卖双方的需求及合同货物的特征，选择适当的信用证类型。如果出口企业注重自身交单的便利性，可以考虑可议付信用证，就近指定议付行；如果买方有融资的需要，或者货物的生产周期较长，可以考虑远期信用证，分期交单付款，但要尽量压缩尾款的比例，以降低货款回收的风险。

C. 国际保理

（一）法律适用

1. 国际层面：现行的主要规则依据包括《国际保理公约》[①]、《国际保理业务惯例规则》、《联合国国际贸易应收款转让公约》[②]。中国和缅甸均未加入国际统一私法协会1988年《国际保理公约》和联合国国际贸易法委员会2001年《联合国国际贸易应收款转让公约》。国际保理商联合会（FCI）《国际保理业务惯例规则》作为国际惯例，是保理行业的主要法律依据，通常情况下保理商会选择适用该规则。

2. 国别层面：可以约定适用我国《民法典》有关保理合同的规定，或缅甸《合同法》中的一般性规定[③]。

（二）核心法律义务

1. 债务人（买方）义务：承诺向保理商履行付款的义务，但买方可以根据基础合同约定的付款抗辩条件对抗保理商的付款请求权。

2. 供应商（卖方）义务：（1）向债务人履行通知义务；（2）转让应收账款；（3）接受出口保理商的再转让；（4）支付约定的费用和利息。

（三）常见法律问题

1. 买方付款条件：债务人向保理商的付款义务以供应商的通知义务的履行为前提。

2. 卖方可能面临款项被索回与反转让。

---

① 《国际保理公约》虽已生效，但中国与缅甸均未加入，条约现状可参见国际统一私法协会官网：https://www.unidroit.org/instruments/leasing/convention/status，2024年5月28日访问。

② 《联合国国际贸易应收款转让公约》尚未生效，条约现状可参见联合国官网：https://uncitral.un.org/en/texts/securityinterests/conventions/receivables/status，2024年5月28日访问。

③ 缅甸《合同法》未对保理合同的内涵予以界定，在缅甸法中为无名合同；并且缅甸《合同法》未对债权转让事宜进行专门规制，只能参照适用合同的一般性规定。

3. 信用额度被取消或被缩减。

（四）提示与建议

作为卖方，应注意以下方面：

1. 尽可能充分了解买方的付款能力及诚信记录。

2. 在签订保理合同时尽量排除“进口保理商有权无条件缩减或撤销信用额度”的规定。

3. 建议选择资信良好、海外机构较多、账务管理严格的国际保理机构。

六、进出口通关

（一）法律适用

1. 国际层面：适用WTO《贸易便利化协定》（TFA）和《区域全面经济伙伴关系协定》（RCEP），其中与中国的贸易关税适用关税减让表的特殊约定。

2. 国别层面：适用缅甸《进出口法》《海上海关法》《关税法》《缅甸海关进出口程序》《缅甸植物检疫法》等。

（二）核心法律义务①

1. 进口通关需履行下列义务②：（1）注册登记为进口商；（2）抵达时交付舱单③；（3）部分货物进口需申请进口许可证，并按规定缴纳进口许

---

① 缅甸《海上海关法》第156条规定，除下文另有规定外，本法第七、九、十章以及第136、139、141、142、143条（含）的任何内容均不适用于沿海运输工具或通过此类运输工具进口或出口的货物。

② 缅甸商务部官网介绍了货物进出口的一般流程和手续，可登录https://www.commerce.gov.mm/；https://www.commerce.gov.mm/my/category/ExcerptsfromImportProcedures查阅，2024年5月28日访问。

③ 缅甸《海上海关法》第159条规定，在任何沿海运输工具抵达任何海关港口后24小时内，无论是中间港口还是最终港口，在任何货物卸货之前，舱单以及第158条提到的其他文件应交付给主管海关官员，主管海关官员应在舱单上注明交付日期。

可证费用；（4）填写进口申报表，由缅甸海关清关[①]；（5）必须从指定的货运港口进口；（6）装运前检验和到港检验（是否按指定标准进口）[②]；（7）依法缴纳关税和消费税。

2. 出口通关需履行下列义务[③]：（1）注册登记为出口商；（2）申请港口清关时，应当向主管海关官员提交一式两份的舱单[④]；（3）部分货物出口需申请出口许可证；（4）填写出口报关单，由缅甸海关审核[⑤]；（5）必须从指定的货运港口出口；（6）在获得出口许可证等相关手续后，应携带下列文件到海关进行审核清关：出口许可证、发票、装箱单、销售合同、发货通知书、信用证或普通汇款单、产品样品、产品出运通行证、野生动物出口林经营许可证等其他应附文件；（7）必须出具原产地证书，以证明出口国是出口产品的原产地[⑥]。

---

① 报关时，无论该进口货物是否享有免税或减免税政策，均需填写进口申报单（CUSDEC-1）。填写进口申报单时，必须按照申报单逐项、如实填写，如货物的数量、价值、重量、尺寸、质量等。另外，缅甸目前并未提供预办清关服务，因此申报表及证明文件必须于货物运抵当地时向海关提交。进口申报表须随附海关估价表及其他所需文件，如进口许可证、发票提单或空运托运单、装箱单等应附文件。

② （1）只有按照进口许可证的规定进行装运前检验并具有规定的证明文件的，才可以装运；（2）产品到达口岸后，只有按照进口许可证的规定进行到港检验，并经相关部门认可后方可流通和销售。

③ 缅甸商务部官网介绍了货物进出口的一般流程和手续，可登录https://www.commerce.gov.mm/；https://www.commerce.gov.mm/my/category/ExcerptsfromImportProcedures查阅，2024年5月28日访问。

④ 舱单应详细说明运输工具中要出口的所有货物并单独显示进入进口舱单但未在船上卸货、消费或转运的所有货物和物资。每项港口清关申请均应在运输工具预定出发前至少24小时提出。

⑤ 出口发货时，必须在指定的口岸及出口报关手续中逐项向该海关申报，如实填写出口报关单（CUSDEC-2）。形式内容包括货物的数量、价值、重量、尺寸、质量等，以及为货物填写出口目的地。

⑥ 货物原产地证书分为非优惠原产地证书和优惠原产地证书，前者不适用于海关减免，但在满足法定条件的情况下，出口商可以向贸易部下属的边境站申请原产国证书以享受海关减免。

3. 转口贸易通关需履行下列义务[①]：（1）须依法获准经营货物运输服务业务；（2）事先申请许可证并获得进出口许可[②]；（3）填写转口贸易报关单，由缅甸海关审核[③]；（4）依法交纳货物管理费[④]；（5）获得转口贸易许可后，必须在规定期限内将货物交付至待交货港口，缅甸境内不允许暂停储存；（6）提前提交货物运输方式和运输路线；（7）经过缅甸运输的货物必须投保[⑤]。

（三）常见法律问题

1. 进口通关：（1）货物可能被禁止或限制进口[⑥]；（2）部分货物进口

---

① 缅甸商务部官网介绍了货物转口贸易的一般流程和手续，可登录https://www.commerce.gov.mm/；https://www.commerce.gov.mm/my/category/ExcerptsfromImportProcedures查阅，2024年5月28日访问。

② 许可证申请必须根据入境口岸向以下部门申请：（1）从边贸站进口的货物，必须向边贸部门提出申请；（2）通过海运或空运进口，必须向贸易部门提出申请。

③ 在向海关报关时，在装船时填写所提供的表格（CUSDEC-3），并提供以下文件，以便海关查验：提单或空运托运单或公路托运单、严格按照规定办理的出口许可证、转口贸易许可证、商业发票、买方与卖方签订的销售合同、出口商与其授权代理人签订的合同等。

④ 货物管理费由按规定进行转口贸易的公民企业家交纳。

⑤ 如果没有综合保险，则必须向缅甸保险公司投保必要的保险，费用由客户承担。

⑥ 禁止进口商品包括假币或声称是现行硬币但重量或成色不符合既定标准的硬币、任何淫秽物品、采用假冒商标的商品、大宗黄金等。参见商务部发布的《对外投资合作国别（地区）指南——缅甸（2022年版）》第58页。

需申请进口许可证[①]；（3）因检验检疫影响货物进口通关[②]。

2. 出口通关：（1）货物可能被禁止或限制出口[③]；（2）部分货物出口需申请出口许可证[④]；（3）因检验检疫影响货物出口通关[⑤]。

3. 转口贸易：（1）必须是缅甸卖方和收货国允许出口/进口的货物；（2）公民企业家必须在进出口前提前申请许可证[⑥]；（3）货物可能未被

---

① 进口许可证管理商品包括种子、植物产品、农药、肥料、红酒、麻醉药品、精神药品、汽车、燃料等。参见缅甸商务部官网：https://www.commerce.gov.mm/my/category/ExcerptsfromImportProcedures?page=0%2C0%2C0%2C5，2024年5月28日访问。

此外，缅甸为促进贸易便利化放宽了许可证申请范围，例如鲜花、豆类、水果、咖啡豆、胡椒、玉米、药品、畜牧水产，以及农村发展部允许出口的鱼类、服装、高价值水产品和传统食品的出口将无须再申请出口许可证。并且，自2020年4月1日起，91种进口商品可通过网站申请进口许可证。参见商务部发布的《对外投资合作国别（地区）指南——缅甸（2022年版）》第58—59页。

② 缅甸进出口检验检疫工作由农业、畜牧与灌溉部主管。检验检疫对象主要包括植物、植物产品、细菌、有益生物和土壤。参见商务部发布的《对外投资合作国别（地区）指南——缅甸（2022年版）》第60页。

③ 禁止出口商品包括钻石、原油、象牙、大象、马匹、珍稀动物、武器弹药、文物古董、大宗黄金（根据相关法律规定，大宗黄金贸易是指2亿缅币以上、2缅斤以上）。参见商务部发布的《对外投资合作国别（地区）指南——缅甸（2022年版）》第58页。

④ 以下情况需要出口许可证：肉类、鱼、深加工作物、各类纸浆和纸张、种子、精炼矿石、由生水果制成的半成品或成品、木制家具等。参见缅甸《申请出口许可证所需商品种类的公布》。

⑤ 中华人民共和国海关总署与缅甸联邦共和国农业、畜牧业和灌溉部于2020年签署《关于缅甸大米输华植物检验检疫要求议定书》《关于中国从缅甸输入屠宰用肉牛的检疫和卫生要求议定书》《关于中国从缅甸输入热加工蚕茧检疫和卫生要求议定书》。截至2022年10月，中缅双边已签订大米和碎米、热处理蚕茧、肉牛、玉米、香蕉5项农产品卫生检疫议定书，上述产品可在检验检疫后合法对华出口。参见商务部发布的《对外投资合作国别（地区）指南——缅甸（2022年版）》第61页。

⑥ 如果要运输动物产品（肉类和副产品），还需提供货物目的地国家和畜牧渔业部的卫生证明。

接受[①]。

（四）提示与建议

1. 事先查阅并咨询专业人员货物是否属于被禁止或限制进口或出口类型。

2. 对涉及需申请进口、出口许可证的货物，及时向有关当局申领许可证。

3. 在进口、出口通关前了解并咨询专业人员各项检验检疫程序及具体要求。

七、纠纷解决

A. 国际商事仲裁

（一）管辖机构

1. 亚太区内仲裁机构：中国国际经济贸易仲裁委员会（CIETAC）、中国香港国际仲裁中心（HKIAC）、新加坡国际仲裁中心（SIAC）、巴厘岛国际仲裁与调解中心（BIAMC）、亚洲国际仲裁中心（AIAC）、吉隆坡区域仲裁中心（KLRCA）、缅甸仲裁中心（MAC）[②]。

2. 亚太区外仲裁机构：国际商会仲裁院（ICC）、伦敦国际仲裁院（LCIA）、瑞士苏黎世商会仲裁院（ZCC）、瑞典斯德哥尔摩商会仲裁院（SCC）等。

（二）管辖依据

仲裁机构及纠纷适用的准据法可由当事人选择确定。

---

① 若来自其他国家的货物因特殊情况而未被接受，必须将其重新运送给出口商，费用由企业主承担。

② 缅甸仲裁中心于2019年8月3日在缅甸工商联合总会正式成立，该仲裁中心主要处理国内外投资者间的经济纠纷。

（三）法律适用

1. 仲裁程序规则：一般适用管辖案件的仲裁机构的仲裁规则，当事人选择余地不大。缅甸仲裁中心的规则为缅甸《仲裁法》。

2. 案件准据法：由当事人选定或仲裁庭选定案件审理适用的准据法，可以是缅甸国内法或我国国内法。案件执行阶段，可以适用《承认及执行外国仲裁裁决公约》(《纽约公约》)、缅甸《仲裁法》、《仲裁（协议和公约）法》等。

（四）常见法律问题

1. 仲裁协议瑕疵导致仲裁机构选择不当或无效。

2. 争议的可仲裁性问题。

3. 仲裁员选择不当、仲裁程序失误、举证不力等导致仲裁败诉。

4. 仲裁前或仲裁过程中，未能对相关财产采取保全措施，仲裁胜诉后，可能无法执行或无法全部执行。

5. 外国或国际仲裁裁决在缅甸的承认与执行。①

（五）提示与建议

1. 重视纠纷的可仲裁性问题，在拟定仲裁协议时明确纠纷是否具有缅

---

① 缅甸《仲裁法》第46条第b、c款规定了法院可以拒绝承认和执行外国仲裁裁决的事项：(1）仲裁协议的当事人根据对其适用的法律具有某种无行为能力的情形；(2）仲裁协议在各方约定的法律下无效，或在当事人未约定法律的情况下，根据仲裁裁决作出地所在国的法律无效；(3）被申请人未获得关于指定仲裁员或仲裁程序相关事宜的适当通知，或被申请人因其他原因未能陈述其案情；(4）仲裁裁决所涉事项并非仲裁条款所预期的或在其条款范围内的争议，或仲裁裁决超出提交的仲裁范围的事项；(5）仲裁庭的组成或仲裁程序与当事人的仲裁协议不符，或在当事人未对此作出约定的情况下，与仲裁进行地所在国的法律不符；(6）裁决对各方当事人尚无拘束力，或裁决已被裁决作出地所在国或依其法律作出裁决之国家的主管机关撤销或中止。

此外，法院可以在其认定存在以下情形时拒绝承认与执行外国仲裁裁决：(1）依据缅甸法律，争议事项不能通过仲裁解决；(2）执行仲裁裁决与缅甸的国家利益相冲突。

甸《仲裁法》规定的可仲裁性。

2. 建议中方当事人就经济贸易纠纷优先选择机构仲裁，可以选择外国或国际仲裁机构，而不仅限于缅甸仲裁中心（MAC）。根据自身需求，选择更有利于自身的争端解决机构。

3. 当发现仲裁员与争议有利益关系或与对方当事人有亲戚关系等影响公正的情形时，要及时提出异议，维护自身合法权益。

B. 国际商事调解

（一）管辖机构

1. 亚太区内调解机构：亚太仲裁与调解中心（APCAM）、新加坡国际调解中心（SIMC）、缅甸仲裁中心（MAC）。

2. 国内调解机构：中国国际贸易促进委员会/中国国际商会调解中心（CCPIT）、一带一路国际商事调解中心（BNRMC）、最高人民法院国际商事法庭（CICC）。

（二）管辖依据

管辖权产生的依据为当事人的意思自治。

（三）法律适用

1. 程序规则：可以适用《亚太仲裁与调解中心调解规则（2020版）》《新加坡调解公约》《越南国际商事调解中心规则》《越南调解中心规则》《国际商会调解与仲裁规则》《一带一路国际商事调解中心调解规则》《最高人民法院国际商事法庭程序规则（试行）》，以及缅甸《民事诉讼法》[①] 等。

2. 案件准据法适用：由当事人选择案件审理适用的准据法，即我国相关国内法或缅甸相关国内法。

① 缅甸《民事诉讼法》第89条规定了与调解相关的部分事项，可登录http://www.mlis.gov.mm/lsScPop.do?lawordListId=51522查阅，2024年5月28日访问。

（四）常见法律问题

1. 调解协议须经司法确认才具有强制执行力。①

2. 调解员选择不当、调解程序失误、证据可采性等② 导致调解失败。

3. 启动仲裁或司法程序不能视为对调解协议的豁免或调解程序的终止。

4. 缅甸不是《新加坡公约》成员国的影响。③

（五）提示与建议

1. 重视提交材料的完整性。

2. 当发现调解员与争议有利益关系或与对方当事人有亲戚关系等影响公正的情形时，要及时提出异议，维护自身合法权益。

C. 民事诉讼

（一）管辖机构

缅甸法院体系④ 由以下组成：根据《联邦司法法》，缅甸的普通法院系统分为四级，即联邦最高法院，省邦高级法院，自治区域、自治地方和区域法院，镇区和其他法院。四级法院均具有一审案件的管辖权（根据案件性质、标的、区域等决定），但最基层的镇区和其他法院没有上诉案件的管辖权。根据世界银行旗下Doing Business组织发布的《Doing Business

---

① 在我国，调解书具有强制执行力，调解协议须经法院司法确认才具有强制执行力。但根据《新加坡调解公约》规定，和解协议无须经司法确认即可得到执行。缅甸《民事诉讼法》第89条的规定，调解当事人达成协议的，应当申请人民法院予以核实。法院应根据民事诉讼法的有关规定，通过其认为适当的命令或法令。由此可见，当事人所达成的调解协议也需要经过人民法院司法确认才具有强制执行力。

② 以下信息不得作为证据使用：调解员的建议、一方当事人在调解程序中的陈述或承认、仅为调解程序准备的文件等。

③ 缅甸不是《新加坡调解公约》成员国，且中国与缅甸并未签订相关国际条约，所以只有基于互惠的基础进行申请并获得批准后才能得到承认和执行，且申请结果具有不确定性，https://uncitral.un.org/zh/texts/mediation/conventions/international_settlement_agreements/status，2024年5月28日访问。

④ 参见商务部发布的《对外投资合作国别（地区）指南——缅甸（2022年版）》第86页。

2020》的数据，在缅甸通过法院诉讼方式执行合同需要耗时1160天，费用成本为诉讼标的51.5%（含诉讼费、律师费等）。

（二）管辖依据

1. 国别管辖：缅甸尚未加入海牙国际私法会议2005年《选择法院协议公约》，中国已签署但尚未批准核准，故无法直接援引适用《选择法院协议公约》确定国别管辖法院。

2. 国内管辖：通过中国《民事诉讼法》及其司法解释，或缅甸《民事诉讼法》① 等确定国内管辖法院。

（三）法律适用

1. 程序法的适用：适用缅甸《民事诉讼法》《期限法》《限制法》② 等。

2. 准据法的适用：无法直接适用《承认与执行外国民商事判决公约》③，可约定适用我国或缅甸国内法。

① 参见缅甸《民事诉讼法》第9—24条。

② 《期限法》《任期限制法》《限制法》均对诉讼时效进行了具体规定。

③ 缅甸未签署2019年《承认与执行外国民商事判决公约》，且目前该公约尚未生效，无法直接援引适用。

（四）常见法律问题

1. 判决的承认与执行。①

2. 诉讼时效的限制。②

3. 缅甸法院判决的依据。③

（五）提示与建议

中方当事人就经济贸易纠纷提交缅甸法院审理存在一定的风险，需要慎重抉择，包括但不限于：

1. 庭审语言障碍。缅甸的官方语言是缅甸语，庭审语言通常以缅甸语或英语进行，中方当事人在缅甸法院起诉将增加翻译成本和案件审理难度。

---

① 1. 缅甸承认和执行互惠领土的高级法院作出的判决，参见缅甸《民事诉讼法》第44条：如果任何互惠领土的任何高级法院的判决核证副本已提交给地方法院，则该判决可以在缅甸联邦执行，如同该判决已由地方法院通过一样。同时，应提交一份来自该上级法院的证明，说明该判决已得到满足或调整的程度（如有），并且该证明应是对这种满足或调整程度的决定性证据。

2. 拒绝执行的情况，参见缅甸《民事诉讼法》第13、44条：（1）尚未由有管辖权的法院宣布的；（2）未根据案件的是非曲直作出的；（3）诉讼程序是基于对国际法的错误认识或在适用缅甸联邦法律的情况下拒绝承认该法律；（4）作出判决的程序违反自然正义；（5）通过欺诈手段获得的；（6）维持因违反缅甸联邦现行法律而提出的索赔。

3. 执行的时间限制，参见缅甸《民事诉讼法》第48条：如果已经申请执行未被授予禁令的判决，则自以下日期起12年后，不能再因为提出了任何新申请，作出执行同一判决的命令：（1）判决规定的执行日期；（2）如果判决或任何后续命令规定在特定日期或期间支付任何款项或交付任何财产，则为申请人申请执行判决中拖欠付款或交付的日期。

② 基于不同的诉讼请求，诉讼时效并非一致：（1）口头合同的合同纠纷诉讼时效是自违约之日起3年内；（2）书面合同的合同纠纷诉讼时效是6年内；（3）海运运输合同的合同纠纷诉讼时效是货物应当运抵之日起1年内。参见缅甸《期限法》《任期限制法》《限制法》。

③ 缅甸是成文法国家，其主要法律渊源是以宪法为核心的成文法。但由于缅甸曾是英国的殖民地，其国内法体系深受英国影响，成文法与判例法在其商事活动中都作为法律渊源，成文法没有明确规定的，判例法可以作补充。

2. 诉讼审理周期长。缅甸实行三审终审制，审理期限较长，时间成本较高。

3. 诉讼费用承担。在缅甸诉讼需要考虑的成本包括法院费用、开庭费用、律师费、上诉费以及其他法院服务费用（翻译费等）。

4. 承认与执行可能存在的障碍。一方面，中缅之间尚未签署国家间的司法协助条约，其承认和执行往往建立在惯例和平等互惠原则基础上，缺乏确定性和可预见性。另一方面，缅甸《民事诉讼法》第13、44条规定了法院执行的兜底条款，法院自由裁量权较大，不确定性较高，且即使当申请承认执行的判决全部符合标准时，仍不明确法院是否能自由裁量拒绝承认与执行。

第九章　柬埔寨篇

柬埔寨王国（the Kingdom of Cambodia），简称柬埔寨，位于中南半岛南部，与越南、泰国和老挝毗邻。柬埔寨实行对外开放和自由市场经济政策。

柬埔寨于1958年同中国建交。近年来，中柬双边经贸合作不断深化，中国已连续多年是柬埔寨最大贸易伙伴和最大外资来源国。此外，柬埔寨于1970年加入世界复兴开发银行（WB），1999年加入东盟，2003年正式成为世界贸易组织（WTO）成员，2022年1月1日起，RCEP对包括柬埔寨在内的10国正式生效。

在国内法治方面，柬埔寨司法体系分为三级，第一级为各省市的初级法院，第二级为位于首都金边的中级法院，第三级为同样位于首都金边的高级法院。柬埔寨无经济法庭等专业法庭，民事、刑事、经济纠纷等由同一法庭受理。由于历史原因，柬埔寨的法律体系还不太健全和完善，缺乏系统性，没有具体的法律分工，缺乏必要的部门法。现行法律制度由20世纪60年代民盟时期、金边政权时期和1993年王国政府成立以来三个不同历史时期制定的法律法规组成。

本章对涉柬埔寨国际贸易实务中的法律适用问题予以介绍，具体从以下六个方面介绍柬埔寨参与国际条约的基本状况及相关国内法情况。

第一，国际货物买卖合同：柬埔寨未加入《联合国国际货物销售合同公约》（CISG），该公约对其不具有强制适用效力。柬埔寨于2007年12月8日颁布了《民法典》，于2011年12月生效，该法第四部分和第五部分为合同编。

第二，国际货物运输：

1. 海/水上运输：柬埔寨尚未加入《海牙规则》《海牙—维斯比规则》《汉堡规则》，以上条约对其不具有强制适用效力。中国和东盟曾签订有关客货运输的多边协定，包括2007年《中华人民共和国政府和东南亚国家联盟成员国政府海运协定》，现行有效。

2. 铁路运输：柬埔寨未加入《国际铁路货物运输公约》（CIM）和《国际铁路货物联运协定》（SMGS）。

3. 航空运输：柬埔寨于1996年加入《华沙公约》，1997年公约对其生效；于1996年加入《海牙议定书》，1997年议定书对其生效；于1996年加入《蒙特利尔公约》。中国与柬埔寨于2014年重新签订了《中华人民共和国政府和柬埔寨王国政府航空运输协定》。

4. 多式联运：目前，《联合国国际货物多式联运公约》尚未生效，柬埔寨亦未加入该公约。柬埔寨国内暂无多式联运相关法律法规。

第三，国际货物运输保险：当前，尚无统一的国际保险条约。柬埔寨于2000年颁布了《保险法》，并于2014年6月进行了修订，现行有效。

第四，国际贸易支付：

1. 国际托收：ICC《托收统一规则》（URC522）是托收关系的主要法律依据。

2. 信用证支付：ICC《跟单信用证统一惯例》（UCP600）和《关于审核跟单信用证项下单据的国际标准银行实务》（ISBP745）是信用证领域的主要法律依据。

3. 国际保理：柬埔寨尚未加入《国际保理公约》《联合国国际贸易应收款转让公约》。

第五，进出口通关：柬埔寨于2004年加入世界贸易组织（WTO），于2016年向WTO递交了《贸易便利化协定》（TFA）的接受文书。2022年1月1日《区域全面经济伙伴关系协定》（RCEP）对柬埔寨生效。

关于海关制度，柬埔寨颁布了《进出口商品关税管理法》《关于制衣行业原产地证书、商业发票、出口许可证核发的规定》《关于实施装运前检验服务的规定》等与进出口通关有关的法律法规。

第六，纠纷解决：

1. 国际商事仲裁：柬埔寨已于1960年1月加入《纽约公约》，同年4月公约对其生效，未作任何保留声明。柬埔寨随后颁布了《承认及执行外国仲裁裁决法》，要求柬埔寨法院根据《纽约公约》承认和执行外国仲裁裁决，并进一步规定了柬埔寨承认及执行外国仲裁裁决的程序。此外，柬埔寨于2006年7月6日颁布了《民事诉讼法》、2006年5月5日颁布了《商业仲裁法》、2001年颁布了《国家商事仲裁中心仲裁规则》。

2. 国际商事调解：柬埔寨未加入《新加坡调解公约》。国内可适用柬埔寨《民事诉讼法》和《商业仲裁法》中有关调解的规定。

3. 民事诉讼：柬埔寨尚未加入海牙国际私法会议2005年《选择法院协议公约》和2019年《承认与执行外国民商事判决公约》，与中国之间亦没有民商事领域的司法协助条约。柬埔寨于1993年颁布了《宪法》、2006年7月6日颁布了《民事诉讼法》。

一、国际货物买卖合同

（一）法律适用

1. 国际层面：中国为《联合国国际货物销售合同公约》（CISG）缔约国，但柬埔寨非CISG缔约国。根据CISG规定，若根据国际私法规则导致适用缔约国法律，则也应当适用CISG。但由于中国对CISG第1条第1款b项作出了保留，只对双方的营业地所在国均为缔约国的当事人之间订立的国际货物销售合同才适用CISG。因此，若双方约定适用中国法，仍应当适用中国法律。此外，即使柬埔寨并非缔约国，若当事人明确选择CISG调整案涉争议，我国法院也可根据当事人的选择适用CISG，这一选择可以被视为当事人将CISG作为双方订立合同的内容。

2. 国别层面：可选择适用我国《民法典》，或柬埔寨《民法典》[①]。

（二）核心法律义务

1. 卖方义务：（1）交货义务：合同约定的时间内交货；（2）交单义务：按合同约定的时间、地点和方式移交单据；（3）货物相符：卖方应保证其交付的货物品质、数量和规格与合同约定相符；（4）权利担保：卖方保证对其出售的货物享有完全的所有权或处分权，并承担知识产权担保义务。

---

① 参见柬埔寨《民法典》特殊合同/侵权编第一章的“买卖合同”部分（第515—565条）。

2. 买方义务：（1）按合同约定支付货款；（2）接收货物；（3）检验货物：在目的地或转运目的地及时检验。

（三）常见法律问题

1. CISG：（1）交货数量不符合合同要求[①]；（2）货物包装不符合合同要求[②]；（3）货物规格不符合合同要求[③]；（4）卖方违反知识产权担保义务[④]；（5）买方未按合同要求付款[⑤]；（6）风险的转移与所有权的转

---

① 少交货物时，买方可以要求卖方补齐不足部分或者赔偿损失；多交货物时，买方有权拒绝收取多交的货物。需要注意的是，如果交货数量与合同不符导致单证不符，卖方有遭到银行拒付的风险。此外，交货数量与合同不符还会给货物顺利通关过境带来风险。

② 注意卖方提供的包装是否足以保全和保护货物的安全以避免货物损坏，同时关注包装是否违反进口国的法律规定或者是否含有贬损进口国某些民族风俗习惯的图案或文字。

③ 卖方交货规格低于合同的要求属于明显的违约行为，在某些情况下卖方交货规格高于合同的要求，在货物办理进出口手续时有可能要多缴关税；此外，交货规格与合同不符，可能造成货物通关时被认定为“货证不符”。

④ 卖方承担的知识产权担保义务及于两个地方：买方营业地和合同预期的货物转售或使用地。

⑤ 参见本章“五、国际货物贸易支付”部分。

移[①]；（7）买方未合理地接收货物[②]。

2. 柬埔寨《民法典》:（1）卖方提供解释的义务[③]；（2）卖方对标的物享有的权利存在瑕疵时的各类义务[④]；（3）质量条款（不合格的认定、

---

① 1. 关于合同中有运输条款的货物买卖的风险转移。若合同没有明确交货地点，卖方货交第一承运人后，货物风险转移至买方；若合同明确了交货地点，卖方在该特定地点货交承运人后，货物风险转移至买方；若卖方有义务将货物特定化，在该特定化工作完成之前，风险不能转移给买方。参见CISG第67条。

2. 关于在运输中销售的货物的风险转移，自买卖合同成立时起转移给买方。若情况表明有此需要，风险自货物交付给签发载有运输合同单据的承运人时起即转移给买方，但这种情况须以卖方在订立合同时不知道货物已灭失或损坏为限。参见CISG第68条。

3. 针对不属于CISG第67—68条规定情形，如在卖方营业地或卖方营业地以外的地点交货，此时的风险从货物交由买方处置但其不收取货物从而违反合同时起转移给买方。若买方有义务在卖方营业地以外的某一地点接收货物，当交货时间已到而买方知道货物已在该地点交给其处置时，风险方始移转。如果合同指的是当时未加识别的货物，则这些货物在未清楚注明有关合同以前，不得视为已交给买方处置。参见CISG第69条。

② 买方不能因货物的质量问题而拒绝接收货物，同时应按时提取货物，未按时提取货物而扩大的损失或产生的费用由买方承担。

③ 卖方必须向买方提供关于买方应承担的义务的内容，以及说明构成销售标的的货物或权利的法律状态，特别是在出售不动产的情况下，所有权状态、产权负担、边界等。参见柬埔寨《民法典》第529条。

④ 包括:（1）卖方不享有出售权；（2）出售权部分属于他人；（3）标的物存在产权负担；（4）标的物存在真实担保。参见柬埔寨《民法典》第532—535条。

卖方义务、买方权利及义务）[①]；（4）卖方的送货义务[②]；（5）买方延迟付款的特别规定[③]。

（四）提示与建议

1. 建议审查主体是否适格，明确企业是否具有进出口经营权，并核实签约主体、签约人资格。

2. 谨慎约定品质条款，对技术复杂、内容繁多的产品，可单独在合同附件中约定品质条款，并注明是合同的组成部分。

3. 制定明确、详细的检验条款，在进出口合同中避免使用同一检验条款，并约定由独立第三人进行检验。

4. 争议发生后要重视固定证据以保障企业权益。

二、国际货物运输

A. 海/水上运输

（一）法律适用

1. 国际层面：调整海/水上运输的国际公约有《海牙规则》《海牙—维

---

① （1）不合格货物的认定要件；（2）卖方义务：对不符货物的保修责任和不符事项的补救措施；（3）买方权利：要求卖方完全履行的权利、要求终止合同的权利、要求降价的权利、要求损害赔偿的权利。参见柬埔寨《民法典》第539—545条。

② （1）卖方有义务在合同规定的时间和地点将货物交付给买方。（2）如果合同中仅规定了支付货款的时间，则该时间也可推定为适用于货物的交付。（3）如果合同没有规定交货时间或支付货款的时间，卖方有义务在买方要求交货后立即交付货物。（4）如果合同中没有约定交货地点，在销售特定货物的情况下，卖方应在订立合同时该特定货物的所在地交货，在其他情况下，应在买方的住所地交货。（5）除非双方另有约定，交货费用应由卖方承担。但是，如果由于买方地址的变更或任何买方的行为导致交货成本增加，增加的费用应由买方承担。参见柬埔寨《民法典》第549条。

③ 即使延迟支付货款，买方在收到货物交付之前也无须为延迟履行支付损害赔偿金。参见柬埔寨《民法典》第556条。

斯比规则》《汉堡规则》和《鹿特丹规则》。柬埔寨尚未加入《海牙规则》《海牙—维斯比规则》《汉堡规则》，不具有强制适用效力，但当事人可选择适用。《鹿特丹规则》尚未生效，不建议当事人选择。此外，还可参考中国与东盟成员国2007年签订的《中华人民共和国政府和东南亚国家联盟成员国政府海运协定》。

2. 国别层面：可约定适用我国《民法典》《海商法》，也可约定适用柬埔寨有关水运海运的法律等。

（二）核心法律义务

1. 承运人义务：（1）适航义务，使船舶在开航前和开航时处于适航状态；（2）管理货物；（3）不得进行不合理绕航；（4）依约签发提单。

2. 托运人义务：（1）支付运费；（2）妥善包装货物；（3）办理相关手续。

（三）常见法律问题

1. 承运人的基本义务。[①]

2. 承运人的责任期间。[②]

3. 承运人的免责情形。[③]

---

① 《海牙规则》规定了适航义务和管货义务，适航义务的时间为“开航前和开航时适航”。《海牙—维斯比规则》同《海牙规则》规定一致。《汉堡规则》规定了承运人对货物的灭失、损坏以及延迟交付所造成的损失负赔偿责任。

② 《海牙规则》规定为“钩至钩”，即从货物装上船起至卸完船为止的期间。《海牙—维斯比规则》同《海牙规则》规定一致。《汉堡规则》规定为“收到交”，即货物在装货港、运送途中和卸货港在承运人掌管下的期间。

③ 《海牙规则》规定了包括“航行过失”免责在内的17项免责事项。《海牙—维斯比规则》同《海牙规则》规定一致。《汉堡规则》取消了“航行过失”免责事项。

4. 承运人的赔偿限额。①

5. 索赔时效。②

6. 诉讼时效。③

（四）提示与建议

1. 在合同约定适用中国准据法时应注意国内水路货物运输纠纷诉讼时效。④

2. 建议选择经验丰富的船运公司。

3. 谨慎核查提单表面，保持与合同的一致性。

---

① 《海牙规则》规定承运人对货物的灭失或损失的赔偿责任，在任何情况下每件或每单位不得超过100英镑，但托运人于装货前已申明该货物的性质和价值，并在提单上注明者不在此限。《海牙—维斯比规则》采取了双重责任限额制，即对货物的灭失或损害责任以每件或每单位10000金法郎或每千克30金法郎为限，两者以高者计。《汉堡规则》提高了承运人的最高赔偿限额，规定承运人对货物灭失或损坏的赔偿责任限额为每件或每单位835特别提款权（SDR），或每千克2.5特别提款权，以高者为准。

② 《海牙规则》规定收货人在提货时应检查货物，损坏明显的应立即提出索赔；损坏不明显的于3日内提出；在联合检验的情况下，无须出具索赔通知。《海牙—维斯比规则》同《海牙规则》规定一致。《汉堡规则》关于索赔通知的时间较《海牙规则》有所延长，规定索赔通知应在收货后的第1个工作日内提交；损害不明显时，在收货后15日内提交；在联合检验的情况下，无须出具索赔通知。

③ 《海牙规则》规定货方对承运人或船舶提起货物灭失或损害赔偿的诉讼时效为1年，自货物交付之日起算，在货物灭失的情况下，自货物应交付之日起算。《海牙—维斯比规则》规定诉讼时效为1年，双方协商可延长时效；对第三者的追偿诉讼，在1年的诉讼时效期满后，仍有3个月的宽限期。《汉堡规则》规定诉讼时效为2年，自承运人或实际承运人交付货物或交付部分货物，或者自应交付货物的最后一日起算。索赔双方可协商延长时效。对于承运人向收货人赔付后在向第三者追偿时，仍有90日的宽限期。

④ 根据《最高人民法院关于如何确定沿海、内河货物运输赔偿请求权时效期间问题的批复》，托运人、收货人就沿海、内河货物运输合同向承运人要求赔偿的请求权，或者承运人就沿海、内河货物运输向托运人、收货人要求赔偿的请求权，时效期间为1年，自承运人交付或者应当交付货物之日起计算。

B. 铁路运输

（一）法律适用

1. 国际层面：柬埔寨不是《国际铁路货物运输公约》[①]（CIM）和《国际铁路货物联运协定》[②]（SMGS）的参加国，无法适用该公约和协定。

2. 国别层面：可以约定适用我国《铁路法》和中欧班列规则。

（二）核心法律义务

1. 承运人义务：（1）运输货物[③]；（2）管理货物[④]；（3）通知义务[⑤]。

---

①《国际铁路货物运输公约》要求国际铁路货物运输的发站国与到站国都是公约的缔约国，或者如果发站国与到站国有一国是公约的缔约国，并且运输合同双方当事人协商一致而适用公约，这种情况下公约也会被适用。

②《国际铁路货物联运协定》规定适用公约的情形是国际铁路货物运输的发站国与到站国都是公约的缔约国。

③ 铁路运输企业应当按照合同约定的期限或者国务院铁路主管部门规定的期限，将货物、包裹、行李运到目的站；逾期运到的，铁路运输企业应当支付违约金。铁路运输企业逾期30日仍未将货物、包裹、行李交付收货人或者旅客的，托运人、收货人或者旅客有权按货物、包裹、行李灭失向铁路运输企业要求赔偿。参见中华人民共和国《铁路法》第16条。

④ 铁路运输企业应当对承运的货物、包裹、行李自接受承运时起到交付时止发生的灭失、短少、变质、污染或者损坏，承担赔偿责任：（1）托运人或者旅客根据自愿申请办理保价运输的，按照实际损失赔偿，但最高不超过保价额。（2）未按保价运输承运的，按照实际损失赔偿，但最高不超过国务院铁路主管部门规定的赔偿限额；如果损失是铁路运输企业的故意或者重大过失造成的，不适用赔偿限额的规定，按照实际损失赔偿。托运人或者旅客根据自愿可以向保险公司办理货物运输保险，保险公司按照保险合同的约定承担赔偿责任。托运人或者旅客根据自愿，可以办理保价运输，也可以办理货物运输保险；还可以既不办理保价运输，也不办理货物运输保险。不得以任何方式强迫办理保价运输或者货物运输保险。参见中华人民共和国《铁路法》第17条。

⑤ 自铁路运输企业发出领取货物通知之日起满30日仍无人领取的货物，或者收货人书面通知铁路运输企业拒绝领取的货物，铁路运输企业应当通知托运人。参见中华人民共和国《铁路法》第22条。

2. 托运人义务：（1）如实填报托运单[①]；（2）按要求包装、标记货物[②]；（3）处理无人收货的义务[③]。

3. 收货人义务[④]：（1）按照合同支付运费；（2）验收货物。

（三）常见法律问题

1. 发货人的身份识别。[⑤]

---

① 托运人应当如实填报托运单，铁路运输企业有权对填报的货物和包裹的品名、重量、数量进行检查。经检查，申报与实际不符的，检查费用由托运人承担；申报与实际相符的，检查费用由铁路运输企业承担，因检查对货物和包裹中的物品造成的损坏由铁路运输企业赔偿。托运人因申报不实而少交的运费和其他费用应当补交，铁路运输企业按照国务院铁路主管部门的规定加收运费和其他费用。参见中华人民共和国《铁路法》第19条。

② 托运货物需要包装的，托运人应当按照国家包装标准或者行业包装标准包装；没有国家包装标准或者行业包装标准的，应当妥善包装，使货物在运输途中不因包装原因而受损坏。铁路运输企业对承运的容易腐烂变质的货物和活动物，应当按照国务院铁路主管部门的规定和合同的约定，采取有效的保护措施。参见中华人民共和国《铁路法》第20条。

③ 自铁路运输企业发出领取货物通知之日起满30日仍无人领取的货物，或者收货人书面通知铁路运输企业拒绝领取的货物，铁路运输企业应当通知托运人，托运人自接到通知之日起满30日未作答复的，由铁路运输企业变卖；所得价款在扣除保管等费用后尚有余款的，应当退还托运人，无法退还、自变卖之日起180日内托运人又未领回的，上缴国库。参见中华人民共和国《铁路法》第22条。

④ 货物、包裹、行李到站后，收货人或者旅客应当按照国务院铁路主管部门规定的期限及时领取，并支付托运人未付或者少付的运费和其他费用；逾期领取的，收货人或者旅客应当按照规定交付保管费。参见中华人民共和国《铁路法》第21条。

⑤ 如果运单载明的主体确为货运代理身份，则应认定货物权利人为运单发货人，进而其有权向运单缔约承运人索赔；如果运单载明的主体与货物权利人之间是运输合同关系，货物权利人必须在得到运单记载“发货人”配合的情况下才能向承运人主张代理关系，进而认定自己为运单下的“发货人”。

2. 货损索赔主体和索赔对象。①

3. 货损索赔前置条件和时效。②

4. 托运人对运单真实性负责。③

5. 归责原则。④

6. 责任限额及管辖。⑤

（四）提示与建议

1. 在填写运单时认真识别发货人身份。⑥

---

①《国际铁路货物联运协定》赋予了收货人相应索赔权，同时也对收发货人的索赔对象进行了明确规定。《国际铁路货物联运协定》第46条第2款规定，“赔偿请求应附有相应依据并注明赔偿款额，由发货人向缔约承运人，收货人向交付货物的承运人提出。赔偿请求以纸质形式提出，当运送参加者之间有协议时，以电子形式提出”。

②《国际铁路货物联运协定》明确规定“提出相应赔偿请求后，才可提起诉讼，且只可对受理赔偿请求的承运人提起诉讼”，即提赔是诉讼的前置条件，国内就有法院以原告未在诉讼前向被告提出索赔为由驳回诉请［（2013）杭铁民初字第4号］。

③ 托运人应对其在运单中陈述的内容的真实性负责，因记载和声明的事项错误，或未将应填报的事项记入运单而给承运人带来损失的，托运人应该承担责任。

④《国际铁路货物联运协定》对货损的归责原则属于不完全的严格责任，尽管规定承运人对责任期间内货损承担赔偿责任，但同时设置了很多的免责事项，且对于绝大部分免责事由，只要承运人初步证明货损有可能系这些事由所致，在索赔人没有相反证据的情况下，可认定货损中存在免责事项。参见《国际铁路货物联运协定》第39—41条。

⑤ 就责任限额而言，《国际铁路货物联运协定》没有规定责任限额，除保价运输外，其规定承运人按照货物价格进行赔偿，同时《国际铁路货物联运协定》对一些具体情况下的货损计算作出了明确规定，参见《国际铁路货物联运协定》第42—44条。

就管辖而言，《国际铁路货物联运协定》明确起诉对象只能是受理赔偿请求的承运人，进而规定由被告所在地进行管辖。

⑥ 运单发货人的名称处常会被记录为货代或有关的运输企业的名称，在名称下又填入货物权利人的地址，这时如何认定发货人的身份就会存在争议。

2. 商务记录为《国际铁路货物联运协定》下货损索赔的核心证据[①]，应完好留存。

3. 注意索赔前置条件和时效。

C. 航空运输

（一）法律适用

1. 国际层面：中国和柬埔寨均是《华沙公约》《海牙议定书》的成员国，因此可以直接适用该公约。[②]

2. 国别层面：由于上述公约均为强制适用，因此当事人无法选择适用其他法律。

（二）核心法律义务

1. 承运人义务：（1）合法运输货物；（2）对货物进行安检或采取必要安保措施；（3）妥善保管货物。

2. 托运人义务：（1）合法托运货物；（2）依法填写、签发航空货运单证；（3）妥善包装货物；（4）支付运费和其他费用。

（三）常见法律问题

1. 托运人运费支付。[③]

---

① 《国际铁路货物联运协定》第37条第2项规定，“对于承运人负有责任的货物灭失、短少、毁损（腐坏）情况，应以商务记录作为证明”。实践中不乏因为该证明文件的缺失导致索赔失败。

② 柬埔寨尚未加入《瓜达拉哈拉公约》和《蒙特利尔公约》。相关国际民用航空运输条约的签署、加入状况参见国际民航组织（ICAO）发布的文件：https://www.icao.int/secretariat/legal/LEB%20Treaty%20Collection%20Documents/composite_table.pdf，2024年5月28日访问。

③（1）买卖合同确立的运费支付义务不能直接对抗运输合同确立的运费支付义务；（2）如果有确实证据证明运输合同中的托运人不是买卖合同中的卖方，则卖方不承担运费支付义务。

2.“航空运输期间”不同。[①]

3. 不同公约下对承运人责任的规定与限制不同。[②]

（四）提示与建议

1. 空运托运单不是物权凭证，仅是航空货物运输合同的证明。

2. 承运人主张《华沙公约》规定的免责及责任限制的前提是出具包含法定内容的货运单。

3.《华沙公约》禁止承运人规定企图免除责任或低于公约规定赔偿限额的合同条款或承运条件，即低于公约的约定无效。关于承运人责任，公约没有规定的，可以援用国内法解决。

4. 建议根据货物属性选择合适的贸易术语。[③]

D. 多式联运

（一）法律适用

1. 国际层面：适用《联合国国际货物多式联运公约》《国际商会多式联运单证统一规则》及《联合国贸易和发展会议/国际商会多式联运单证

① 包括货物在承运人保管下的整个期间，不论在航空站内、在航空器上或在航空站外降停的任何地点，即“接到交”期间。

② 《华沙公约》为不完全过失责任制，保留了航行过失免责；而《蒙特利尔公约》为完全过失责任制。2019年，国际民航组织对1999年《蒙特利尔公约》责任限额作出了修改，自2019年12月28日起实行经修改的限额。参见https://www.icao.int/secretariat/legal/LEB%20Treaty%20Collection%20Documents/2019_Revised_Limits_of_Liability_Under_the_Montreal_Convention_of_1999_zh.pdf，2024年5月29日访问。

③ 高新技术企业空运出口建议选择C组贸易术语，进口建议选择F组贸易术语；对于紧急运输的货物，空运方式是首选。

规则》。[①]

2. 国别层面：可以约定适用我国《民法典》《海商法》《民用航空法》；同时还可参考《2024—2028年〈大湄公河次区域便利货物及人员跨境运输协定〉实施工作计划》中有关多式联运的规则。

（二）核心法律义务

1. 多式联运经营人义务：（1）对全程运输承担承运人义务；（2）签发多式联运单据；（3）货物交付义务；（4）余款退还义务。

2. 发货人义务：（1）保证义务；（2）遵守危险性货物的强制性规则；（3）支付运费；（4）告知与注明义务。

3. 收货人义务：（1）验收货物；（2）通知货损义务；（3）支付运费；（4）支付额外费用；（5）拒绝接收货物的损害赔偿。

（三）常见法律问题

1. 适用传统运输中的哪一种法律制度来确定多式联运经营人责任。

2. 货代和港口经营人是否具有多式联运经营人主体身份。

---

① 目前，《联合国国际货物多式联运公约》尚未生效，我国和柬埔寨亦未加入该公约，该公约的签署、加入状况参见https://treaties.un.org/Pages/ViewDetails.aspx?src=TREATY&mtdsg_no=XI-E-1&chapter=11&clang=_en，2024年5月29日访问。《国际商会多式联运单证统一规则》是一项国际惯例，供当事人自愿采纳。《联合国贸易和发展会议/国际商会多式联运单证规则》作为示范法，供国际货物多式联运当事人选择适用。

3. 多式联运经营人的赔偿责任。[①]

（四）提示与建议

在我国和柬埔寨均未加入《联合国国际货物多式联运公约》的情况下，建议在交易中选择我国法律作为准据法。

三、卖方交付货物（国际贸易术语适用）

CFR——成本加运费（指定目的港）

（一）基本含义

CFR全称为“Cost and Fright”，意为“成本加运费（指定目的港）”。卖方在约定的日期或期限内在装运港将货物装上船，或设法获取已装船货物即完成交货，卖方还需订立将货物运至目的港的运输合同并支付运费。该术语只适用于水上运输方式。

---

① 1. 关于赔偿责任期间。多式联运经营人的赔偿责任期间为“收到交”，即自其接管货物之时起到交付货物时止。参见《联合国多式联运公约》第14条。

2. 关于赔偿责任基础。多式联运经营人的赔偿责任基础为推定过失或疏忽原则。参见《联合国多式联运公约》第16条。

3. 关于赔偿责任限制。（1）若多式联运经营人对货物的灭失或损坏造成的损失负赔偿责任，其赔偿责任以5倍的数额为限，但不得超过多式联运合同规定的应付运费的总额。（2）多式联运经营人赔偿责任的总和不得超过货物全部灭失的赔偿责任限额。经多式联运经营人和发货人之间协议，多式联运单证中可规定超过规定的赔偿限额。参见《联合国多式联运公约》第18条。

4. 关于索赔时效。货物损坏明显时，收货人应当在不迟于货物交给其后的次一工作日提出索赔；货物损坏不明显的，收货人应在货物交给其之日后连续6日内提出索赔；针对迟延交货，收货人应在货物交给其之日后连续60日内提出索赔。参见《联合国多式联运公约》第24条。

5. 关于诉讼时效。国际多式联运的诉讼时效为2年。诉讼时效受索赔通知的影响，即若货物交付之日后6个月内，或者货物未能交付，在本应交付之日后6个月内，没有提出说明索赔的性质和主要事项的书面索赔通知，则在此期限届满后即失去诉讼时效。参见《联合国多式联运公约》第25条。

（二）核心法律义务

1. 卖方义务:（1）安排运输：订立运输合同并支付运费；（2）办理出口清关手续；（3）交货义务：在规定的时间地点装运上船，并及时通知买方；（4）交单义务：提供商业发票和运输单据或具有同等效力的电子数据交换信息；（5）风险承担：负担货物在装运港装上船之前的一切风险和费用。

2. 买方义务:（1）办理进口清关手续；（2）安排货运保险；（3）受领义务：按合同规定受领货物、收取单据、支付价款；（4）风险承担：负担货物在装运港装上船之后的一切费用和风险。

（三）常见法律问题

1. 买方订立货运保险合同。[①]

2. 通知的重要性。[②]

3. CFR术语的变形。[③]

四、国际货物运输保险

（一）法律适用

1. 国际层面：目前尚未有统一的国际保险条约，实务中适用当事人与保险公司订立的格式保险合同。

2. 国别层面：可以选择适用我国《保险法》及中国人民保险公司制

---

① 卖方没有替买方订立货运保险合同的义务，买方需自行投保。在买方要求并由其承担风险和费用的情况下，卖方须提供获得保险所需的信息。

② 使用CFR术语时须注意，卖方在装运港将货物装船后应给予买方充分通知，以便买方办理投保手续。若卖方未履行该项通知义务导致买方漏保，即使货物已经完成装船，运输途中的损失也由卖方承担。

③ 为在贸易合同中明确卸货费用的负担方，通常采用在CFR后附加条件来说明，但并不改变该术语项下的交货地点及风险、责任的划分。CFR的变形有4种：CFR Liner Terms（由船方或卖方负担）、CFR Landed（由卖方负担）、CFR under Ship's Tackle（由卖方负担）、CFR Ex Ship's Hold（由买方负担）。

定的海洋、陆上、航空运输货物保险条款[①]，也可以约定适用柬埔寨《保险法》[②]。

（二）核心法律义务

1. 保险人义务：（1）出具保险单证；（2）支付保险赔偿金。

2. 被保险人义务：（1）支付保险费；（2）如实告知义务[③]；（3）通知义务；（4）采取必要措施的义务[④]。

（三）常见法律问题

1. 保险单的生效日期应不晚于提单签发日期。

2. 如果损失是铁路运输企业的故意或者重大过失造成的，不受保价额的限制，按照实际损失赔偿。

3.海洋、陆上、航空运输货物保险的责任范围、除外责任、责任期间、

---

① 国际上没有统一的货物运输保险法，一般通过各国国内法和当事人订立的保险合同确定权利义务。《英国伦敦保险协会海运货物保险条款》《美国协会货物保险条款》是通常适用的国际海上货物运输保险惯例，规定了保险规则、险别等。

② 关于保险合同的规定，参见柬埔寨《保险法》第二章。关于保险人与被保险人的权利、义务，参见柬埔寨《保险法》第二章“保险合同”第16—22条。

③ 保险合同订立前，被保险人应当将其知道的或者在通常业务中应当知道的有关影响保险人据以确定保险费率或者确定是否同意承保的重要情况，如实告知保险人。

④ 一旦发生保险事故，被保险人应当立即通知保险人，并采取必要的合理措施，防止或者减少损失。

索赔时效。[①]

（四）提示与建议

1. 在国际货物贸易中，由哪一方负责投保，取决于交易所使用的贸易术语和合同约定。

2. 建议投保短期出口贸易信用保险以分散风险。[②]

3. 在投保时注意投保单、保险单中对除外责任、纠纷先决条款等格式条款的约定。

五、国际货物贸易支付

A. 托收

（一）法律适用

1. 国际层面：ICC《托收统一规则》（URC522）是托收关系的主要法律依据，通常情况下，银行会选择适用该规则。

---

① 1. 海洋运输货物保险：（1）责任范围：平安险、水渍险、一切险。（2）除外责任：除外责任包括保险人的故意行为或过失所造成的损失；属于发货人责任引起的损失；保险责任开始前，被保险货物已存在品质不良或数量短差所造成的损失等（参见中国人民保险公司海洋运输货物保险条款第2条）。（3）责任期间："仓至仓"条款。（4）索赔时效：2年，从被保险货物在最后卸货港全部卸离运输工具后起算。

2. 陆上运输货物保险：（1）责任范围：陆运险和一切险；（2）除外责任：参见中国人民保险公司陆上运输货物保险条款（火车、汽车）第2条；（3）责任期间："仓至仓"条款；（4）索赔时效：2年，从被保险货物在最后目的地车站全部卸离车辆后起算。

3. 航空运输货物保险：（1）责任范围：航空运输险和航空运输一切险；（2）除外责任：参见中国人民保险公司航空运输货物保险条款第2条；（3）责任期间："仓至仓"条款；（4）索赔时效：2年，从被保险货物在最后卸货地卸离飞机后计算。

② 短期出口贸易信用保险一般保障信用期限在一年以内的出口收汇风险，承保风险包括买方破产、拖欠、拒收等商业风险和贸易管制、外汇管制、战争等政治风险。

2. 国别层面：由于我国未对托收作出专门的法律规定，《托收统一规则》作为国际贸易结算中的国际惯例已经在国际贸易实践中获得了广泛承认和普遍适用，现已成为我国法院解决此类纠纷的主要依据。可以约定适用我国《支付结算办法》。

（二）核心法律义务

1. 付款人义务：履行付款义务，不得无故延迟付款或拒付。

2. 委托人义务：（1）明确指示；（2）及时指示，当银行将发生的意外情况通知委托人时，委托人必须及时指示，否则，因此而发生的损失由委托人自行负责；（3）支付费用。

3. 银行义务：（1）及时收款与转款义务，若买方拒付则无须履行付款义务；（2）通知义务：及时向卖方通知买方拒付的情况。

（三）常见法律问题

1. 托收中存在银行免责情形[①]，可能产生银行与外商相互串通而损害另一方的后果。

2. 注意区分付款交单（D/P）与承兑交单（D/A）两种结算方式。对于卖方而言，承兑交单风险大于付款交单。

3. 注意中间商选择的规范问题。[②]

（四）提示与建议

国际贸易中，如果选择托收，建议选用付款交单（D/P）结算方式。大额出口业务建议采用信用证和托收相结合方式，切忌采用承兑交单（D/A）结算方式。

---

① 银行对单据的实质、传递延误或遗失、不可抗力、货物、票据、被指示方的行为免责。

② 柬埔寨《外汇法》第5条第1款和第2款规定，柬埔寨与世界其他国家之间、居民与非居民之间的外汇交易，包括在外汇市场上购汇、售汇、转账、各类国际结算、外币或本币资本流动等，均不受入账外汇业务的限制。但是，此类业务只能通过授权的中介机构进行。只有在柬埔寨王国永久设立的银行才被视为授权的中介机构。

B. 信用证

（一）法律适用

1. 国际层面：ICC《跟单信用证统一惯例》（UCP600）和《关于审核跟单信用证项下单据的国际标准银行实务》（ISBP745）是信用证领域的主要法律依据，通常情况下，银行会选择适用该规则。

2. 国别层面：可以约定适用我国《最高人民法院关于审理信用证纠纷案件若干问题的规定》或柬埔寨的相关法律。目前，在我国对外经济贸易业务中，如采用跟单信用证的支付方式，我国银行一般也以《跟单信用证统一惯例》作为主要依据办理业务。

（二）核心法律义务

1. 开证申请人义务：（1）申请开立信用证；（2）缴付押金、担保及相关费用；（3）及时付款赎单；（4）承担第二付款责任，向受益人付款。

2. 受益人义务：（1）按信用证规定装货、制单、交单；（2）做到“货约一致、单货一致、单证一致、单单一致”；（3）赔偿责任。

（三）常见法律问题

1. 开证行援引免责情形导致卖方无法获得相应款项。[①]

2. 进口商不申请开证或迟延开证。

3. 进口商伪造信用证。[②]

4. “软条款”信用证。[③]

5. 伪造单据。

---

① 开证行对单据的实质、传递延误或遗失、不可抗力、买卖合同的实际履行状况免责。

② 伪造信用证的情形包括：一是进口商故意伪造或冒用银行名义开立信用证；二是进口商伙同资信不良的银行开立信用证。

③ 常见的“软条款”有：（1）以本国法律干预信用证业务。如信用证规定审核标准，除《跟单信用证统一惯例》外，还有进出口国法律。（2）陷阱条款。如进口商修改信用证意思不够明确，造成出口方误解。

6. 以保函换取与信用证相符的提单。[①]

7. 信用证欺诈例外原则。[②]

（四）提示与建议

1. 建议选择资信良好的开证行。

2. 选择适当的信用证类型。[③]

3. 出口企业应高度关注三个日期：最迟装运日、信用证截止日和交单截止日，逾期可能会导致银行拒付。

4. 审慎对待信用证中的“软条款”，建议少用或不用。

C. 国际保理

（一）法律适用

1. 国际层面：现行的主要规则依据包括《国际保理公约》[④]、《国际保

① 以保函换取与信用证相符的提单主要有倒签提单、预借提单及凭保函换取清洁提单。

1. 倒签提单是货物装船的日期晚于信用证规定的装船日期，但仍按信用证规定的日期签署装船日期的提单。

2. 预借提单是在货物实际装船完毕前签发的，并将当天的日期记载于提单签发日期栏内。倒签提单和预借提单均属于欺诈行为。

3. 凭保函换取清洁提单通常情况下也属于欺诈行为，但在特殊情形下，在没有欺诈意图的情况下，由于客观条件所限，承托双方就货物的数量、重量或包装等问题存在认识上的分歧，又无法对所装运的货物的实际数量进行再核实，此时凭保函签发清洁提单是商业习惯允许的变通做法，司法实践中已有案例承认了此种善意保函的效力。此时承运人仍对货损货差向收货人承担责任，但有权依有效的保函向托运人追偿。

② 信用证独立于买卖合同为原则，但也有例外。若在银行对卖方提交的单据付款或承兑之前，发现或获得确凿证据，证明卖方确有欺诈行为，买方可请求法院向银行颁发禁止令，禁止银行付款。

③ 出口企业应当结合买卖双方的需求及合同货物的特征，选择适当的信用证类型。如果出口企业注重自身交单的便利性，可以考虑可议付信用证，就近指定议付行；如果买方有融资的需要，或者货物的生产周期较长，可以考虑远期信用证，分期交单付款，但要尽量压缩尾款的比例，以降低货款回收的风险。

④《国际保理公约》虽已生效，但中国与柬埔寨均未加入，条约现状可参见国际统一私法协会官网：https://www.unidroit.org/instruments/leasing/convention/status，2024年5月29日访问。

理业务惯例规则》、《联合国国际贸易应收款转让公约》[①]。中国和柬埔寨均未加入国际统一私法协会1988年《国际保理公约》和联合国国际贸易法委员会2001年《联合国国际贸易应收款转让公约》。国际保理商联合会（FCI）《国际保理业务惯例规则》作为国际惯例，是保理行业的主要法律依据，通常情况下保理商会选择适用该规则。

2. 国别层面：可以约定适用我国《民法典》有关保理合同的规定，或柬埔寨《民法典》合同编中合同通则、债权转让等方面的规定[②]。

（二）核心法律义务

1. 债务人（买方）义务：向保理商履行付款的义务，但买方可以根据基础合同约定的付款抗辩条件对抗保理商的付款请求权。

2. 供应商（卖方）义务：（1）向债务人履行通知义务；（2）转让应收账款；（3）接受出口保理商的再转让；（4）支付约定的费用和利息。

（三）常见法律问题

1. 买方付款条件：债务人向保理商的付款义务以供应商的通知义务的履行为前提。

2. 卖方可能面临款项被索回与反转让。

3. 信用额度被取消或被缩减。

（四）提示与建议

作为卖方，应注意以下方面：

1. 尽可能充分了解买方的付款能力及诚信记录。

2. 在签订保理合同时尽量排除“进口保理商有权无条件缩减或撤销信用额度”的规定。

3. 建议选择资信良好、海外机构较多、账务管理严格的国际保理机构。

---

① 《联合国国际贸易应收款转让公约》尚未生效，条约现状可参见联合国官网：https://uncitral.un.org/en/texts/securityinterests/conventions/receivables/status，2024年5月29日访问。

② 柬埔寨《民法典》未对保理合同的内涵予以界定，在柬埔寨法中为无名合同。

六、进出口通关

（一）法律适用

1. 国际层面：适用WTO《贸易便利化协定》（TFA）和《区域全面经济伙伴关系协定》（RCEP），其中与中国的贸易关税适用关税减让表的特殊约定。

2. 国别层面：适用柬埔寨《海关法》《植物保护和卫生检疫法》《禁止和限制货物清单》等。

（二）核心法律义务

1. 进口通关需履行下列义务：（1）进行舱单申报；（2）必须从列明的口岸进口；（3）货物进口通关时，贸易商必须向海关官员提供以下文件：海关进口申报、商业发票、提货单、打包清单和原产地证书以及某些进口商品所需的进一步许可；（4）依法缴纳关税。

2. 出口通关需履行下列义务：（1）进行舱单申报；（2）必须从列明的口岸出口；（3）向海关提供以下文件：提单或托运单、货物的商业发票、银行单证（如信用证等）、货物原产地证书、装箱清单、出口许可证（需要时提供）、相关外汇管制单证等。

（三）常见法律问题

1. 进出口通关：（1）货物可能被禁止或限制出口[①]；（2）因检验检疫

---

① 禁止或严格限制出口的产品包括文物、麻醉品和有毒物质、原木、贵重金属和宝石、武器等。2013年初，柬埔寨政府明令禁止红木的贸易与流通。出口半成品或成品木材制品、橡胶、生皮或熟皮、鱼类（生鲜、冷冻或切片）及动物活体需缴纳10%的出口税。服装出口需向商业部交纳管理费。普惠制下服装出口至美国或欧盟的，须获得出口许可证。参见商务部发布的《对外投资合作国别（地区）指南——柬埔寨（2022年版）》第35页。

影响货物进、出口通关[①]；（3）矿产品出口[②]。

2. 关税税率[③]：除天然橡胶、宝石、半成品或成品木材、海产品、沙石等5类产品外，一般出口货物不需要缴纳关税。所有货物在进入柬埔寨时均应缴纳进口税，投资法或其他特殊法规规定享受免税待遇的除外。进口关税主要由四种汇率组成：7%、15%、35%和50%。在东盟自由贸易协定的共同有效关税体制下，从东盟其他成员国进口、满足原产地规则规定的产品可享受较低的关税税率。

3. 报关途径[④]：所有进口货物均应通过合法途径向最近的海关报告。具体包括：（1）抵达柬埔寨的人实际拥有的货物，或构成个人行李一部分的货物，由其履行报关手续；（2）如果货物通过快递或邮寄方式进口，则由出口货物的人履行报关手续；（3）除第1项、第2项所述货物外，通过运输工具抵达柬埔寨的货物，包括军用运输工具，由运输负责人履行报关手续；（4）在任何其他情况下，由货物进口代表人履行报关手续。

---

① 柬埔寨财经部海关与关税总司、商业部进出口检验与反欺诈局联合负责进出口商品的检验，检验地点为工厂或进出口港口。目前，柬埔寨进出口货物均需接受检验，政府正计划逐年降低检验比率。价值5000美元或以上的进口货物，在出口国进行装运前检验。检验报告和其他装船前检验文件将被递交柬埔寨海关，货物抵达柬埔寨后，买方凭检验单据到海关缴纳税款并提出货物。参见商务部发布的《对外投资合作国别（地区）指南——柬埔寨（2022年版）》第36页。

② 为加强对矿产品出口的有效监管，柬埔寨明确了矿产品出口法律程序及手续。矿产品出口公司须完成2项出口审批：一是拥有矿产执照的出口公司，须向矿产能源部提交既定时间内（最多1年）的出口计划，以获得原则性批准的出口配额（EQAP）；二是拥有配额后，每次装运还需获得矿产能源部的出口许可及财经部下属海关与关税总司的批准。出口公司须在装货前7日通知矿产能源部进行检查，装运离境10日内向矿产能源部提交海关支持文件报告。对于违反规定的出口公司，矿产能源部将拒绝签发新的出口许可、暂停出口配额3个月，并面临一段时间内被政府列入“黑名单”的处罚。参见商务部发布的《对外投资合作国别（地区）指南——柬埔寨（2022年版）》第35—36页。

③ 参见商务部发布的《对外投资合作国别（地区）指南——柬埔寨（2022年版）》第36—37页。

④ 参见柬埔寨《海关法》第11条。

申报货物的每个人应：（1）如实回答海关官员提出的有关货物的任何问题；（2）在海关官员提出要求时，按海关关长确定的方式将货物送交海关检查。

4. 报关所需材料[①]：（1）在出口方签发的联运提单；（2）出口方有关签证机构签发的原产地证书；（3）产品的商业发票复印件；（4）符合《中国—柬埔寨自由贸易协定》项下原产地规则章节第8条第2款第2项之1、2、3要求的证明文件。

（四）提示与建议

1. 事先查阅并咨询专业人员货物是否属于被禁止或限制进口或出口类型。

2. 对涉及需申请进口、出口许可证的货物，及时向有关当局申领许可证。

3. 在进出口通关前了解并咨询专业人员各项检验检疫程序及具体要求。

4. 及时关注柬埔寨发布的最新进出口货物管理清单（禁止进出口、需要办理进出口许可证、符合卫生和植物卫生措施与技术条例要求的货物清单等）。

七、纠纷解决

A. 国际商事仲裁

（一）管辖机构

1. 亚太区内仲裁机构：中国国际经济贸易仲裁委员会（CIETAC）、中国香港国际仲裁中心（HKIAC）、新加坡国际仲裁中心（SIAC）、巴厘岛国际仲裁与调解中心（BIAMC）、亚洲国际仲裁中心（AIAC）、吉隆坡区

---

① 参见《中华人民共和国政府和柬埔寨王国政府自由贸易协定》第三章第二节第19条。

域仲裁中心（KLRCA）、柬埔寨国家商事仲裁中心（NCAC）[①]。

2. 亚太区外仲裁机构：国际商会仲裁院（ICC）、伦敦国际仲裁院（LCIA）、瑞士苏黎世商会仲裁院（ZCC）、瑞典斯德哥尔摩商会仲裁院（SCC）等。

（二）管辖依据

仲裁机构及纠纷适用的准据法可由当事人选择确定。

（三）法律适用

1. 仲裁程序规则：一般适用管辖案件的仲裁机构的仲裁规则，当事人选择余地不大。[②]

2. 案件准据法：由当事人选定或仲裁庭选定案件审理适用的准据法，可以是柬埔寨国内法或我国国内法。案件执行阶段，可以适用柬埔寨《民法典》《民事诉讼法》《商业仲裁法》等，以及《承认及执行外国仲裁裁决公约》(《纽约公约》)[③]。

（四）常见法律问题

1. 仲裁协议瑕疵导致仲裁机构选择不当或无效。[④]

2. 争议的可仲裁性问题。[⑤]

---

① 柬埔寨的主要仲裁机构为柬埔寨国家商事仲裁中心（NCAC），于2006年根据《柬埔寨商事仲裁法》成立。

② 若当事人将争议提交给柬埔寨国家商事仲裁中心（NCAC）仲裁，可参考适用于2006年3月6日通过的柬埔寨《商业仲裁法》。

③ 柬埔寨于1960年加入《纽约公约》。

④ 仲裁协议瑕疵包括仲裁机构选择不明确、当事人仲裁意愿的不明确等。

⑤ 柬埔寨《商业仲裁法》第2条规定，“商业”一词应作广义解释，以涵盖所有商业性质关系所产生的事项，无论是否具有商业性质的合同关系，包括但不限于以下交易：为提供或交换货物或服务而进行的任何贸易交易；分销协议；商业代表或代理；保理；租赁；工程建设；顾问资格的；工程；发牌；投资；融资；银行业；保险；开发协议或特许权；合资企业和其他形式的工商业合作；以及通过空运、海运、铁路或公路运输货物或旅客。

3. 仲裁员选择不当、仲裁程序失误、举证不力等导致仲裁败诉。

4. 外国或国际仲裁裁决在柬埔寨的承认与执行。[①]

（五）提示与建议

1. 重视纠纷的可仲裁性问题，在拟定仲裁协议时明确纠纷是否具有柬埔寨《商业仲裁法》规定的可仲裁性。

2. 建议中方当事人就经济贸易纠纷优先选择机构仲裁，可以选择外国或国际仲裁机构，而不仅限于柬埔寨国家商事仲裁中心（NCAC）。

3. 当发现仲裁员与争议有利益关系或与对方当事人有亲戚关系等影响公正的情形时，要及时提出异议，维护自身合法权益。

4. 在柬埔寨法律尚无明文规定申请期限的情况下，我国企业应在仲裁裁决作出后及时向柬埔寨上诉法院提出申请。

---

① 柬埔寨法院可以拒绝承认与执行仲裁裁决的理由如下：

1. 应被申请人的请求，如果被申请人能够提供证据证明:（1）仲裁协议的一方当事人处于某种无行为能力状态；（2）根据当事人所同意适用的法律或根据柬埔寨法律（可从当事人的约定判断是否依据柬埔寨法律判断仲裁协议的效力），仲裁协议是无效的；（3）提出拒绝承认与执行申请的一方当事人未获得有关指定仲裁员或仲裁程序的适当通知，或该方因其他原因未能有效地陈述其案情；（4）裁决涉及了不是仲裁协议所涵盖的或不在其条款范围之内的争议，或裁决包含了超出仲裁协议范围的事项。但如果对提交仲裁的事项所作出的裁决与对未提交仲裁的事项所作出的裁决可以分开时，只有裁决中包括了对未提交仲裁的事项所作出的部分可以被撤销；（5）仲裁庭的组成或仲裁程序与当事人之间的协议不符，或当没有这种协议时，与仲裁地现行有效的法律不符；（6）在裁决作出地所在国或依其法律作出裁决之国家，裁决对各方当事人尚无拘束力，或裁决已被裁决地所在国的法院撤销或停止执行［如果有当事人以上述理由为由，向上诉法院申请撤销或停止执行仲裁裁决，上诉法院可以（如果其认为适当）暂缓作出决定，并且可以依请求承认裁决的一方当事人的申请，命令另一方当事人提供适当的担保］。

2. 上诉法院认为争议事项根据柬埔寨法律不能通过仲裁解决，或承认裁决将有悖于柬埔寨公共政策。参见柬埔寨《商业仲裁法》第46条，《民事诉讼法》第353条第3、4款。

B. 国际商事调解

（一）管辖机构

1. 亚太区内调解机构：亚太仲裁与调解中心（APCAM）、新加坡国际调解中心（SIMC）。

2. 国内调解机构：中国国际贸易促进委员会/中国国际商会调解中心（CCPIT）、一带一路国际商事调解中心（BNRMC）、最高人民法院国际商事法庭（CICC）。

（二）管辖依据

管辖权产生的依据为当事人的意思自治。

（三）法律适用

1. 程序规则：可以适用《亚太仲裁与调解中心调解规则（2020版）》《新加坡调解公约》《国际商会调解与仲裁规则》《一带一路国际商事调解中心调解规则》《最高人民法院国际商事法庭程序规则（试行）》，以及柬埔寨《民事诉讼法》等。

2. 案件准据法适用：由当事人选择案件审理适用的准据法，即我国相关国内法或柬埔寨相关国内法。

（四）常见法律问题

1. 调解协议须经司法确认才具有强制执行力。[①]

2. 调解员选择不当、调解程序失误、证据可采性等[②]导致调解失败。

3. 启动仲裁或司法程序不能视为对调解协议的豁免或调解程序的终止。

（五）提示与建议

中方当事人选择将争议提交给柬埔寨国家商事仲裁中心（NCAC）进

① 在我国，调解书具有强制执行力，调解协议须经司法确认才具有强制执行力。但根据《新加坡调解公约》规定，和解协议无须经司法确认即可得到执行。

② 以下信息不得作为证据使用：调解员的建议、一方当事人在调解程序中的陈述或承认、仅为调解程序准备的文件等。

行调解需要注意提交争议的地点；申请调解材料的完整性；当发现调解员与争议有利益关系或与对方当事人有亲戚关系等影响公正的情形时，要及时提出异议，维护自身合法权益；当争议无法通过调解解决，要及时利用调解—仲裁或调解—诉讼衔接机制，防止纠纷解决的拖延。

C. 民事诉讼

（一）管辖机构

柬埔寨法院体系①由以下组成：初审法院②、上诉法院③以及最高法院④。初审法院是下级法院。上诉法院和最高法院是上级法院。根据实际需要，依法设立其他法院或者特别法庭。诉讼实行三审终审制，即初审、上诉和终审。

（二）管辖依据

1. 国别管辖：柬埔寨尚未加入海牙国际私法会议2005年《选择法院协议公约》，中国已签署但尚未批准核准，故无法直接援引适用《选择法院协议公约》确定国别管辖法院。

2. 国内管辖：通过我国《民事诉讼法》及其司法解释，或柬埔寨《法院组织法》《民事诉讼法》等确定国内管辖法院。

（三）法律适用

1. 程序法的适用：适用柬埔寨《民事诉讼法》等。

---

① 参见柬埔寨《法院组织法》第3条。

② 初审法院是一级法院，位于柬埔寨的金边省和阿里省。所有初审法院的运行均应按照皇家法令进行。初审法院分为专门法院。初审法院属于普通法院，对所有案件都有管辖权，但案件属于由单独法律设立的专门法院或特别法庭管辖的除外。参见柬埔寨《法院组织法》第12条。

③ 上诉法院是二级法院。上诉法院包括金边上诉法院和地区上诉法院。各地区上诉法院的职能和上诉法院属地管辖权的确定应由皇家法令作出规定。参见柬埔寨《法院组织法》第35条。

④ 柬埔寨最高法院设在金边。参见柬埔寨《法院组织法》第55条。

2. 准据法的适用：无法直接适用《承认与执行外国民商事判决公约》。[①]

（四）常见法律问题

1. 判决的承认与执行（柬埔寨《民事诉讼法》[②]）。

2. 诉讼时效的限制。[③]

（五）提示与建议

中方当事人就经济贸易纠纷提交柬埔寨法院审理存在一定的风险，需要慎重抉择，包括但不限于：

1. 庭审语言障碍。柬埔寨的官方语言是高棉语，庭审语言通常以高棉语或英语进行，中方当事人在柬埔寨法院起诉将增加翻译成本和案件审理难度。

2. 诉讼审理周期长。柬埔寨实行三审终审制，审理期限较长，时间成本较高。

3. 承认与执行可能的障碍。目前，柬埔寨仅与越南签订有互惠条例，中国判决不能直接在柬埔寨法院执行。

---

① 柬埔寨未签署2019年《承认与执行外国民商事判决公约》，且目前该公约尚未生效，无法直接援引适用。

② 根据柬埔寨《民事诉讼法》第199条规定，符合以下四个要件的外国法院所作判决应当被柬埔寨法院承认：（1）作出该判决的外国法院具有管辖权；（2）被告/被申请人/被执行人如缺席庭审，应当有合理的通知或公告；（3）承认及执行该判决不违反柬埔寨公共利益；（4）柬埔寨与作出判决的外国法院所在国家有互惠政策。

③ 柬埔寨《民法典》第482条规定，一般债权的诉讼时效为5年，除非本法典或其他法律或条例另有规定。柬埔寨《民法典》第483条规定，与制造商或商家向非商家销售或提供的产品或服务价格有关索赔的诉讼时效为2年。

第十章 菲律宾篇

菲律宾共和国（Republic of The Philippines），简称菲律宾，地处亚洲东南部，北隔巴士海峡与中国台湾遥遥相对，南和西南隔苏拉威西海、巴拉巴克海峡与印度尼西亚、马来西亚相望，西濒南海，东临太平洋。菲律宾在国际贸易方面具有明显的人力资源优势。

菲律宾于1975年同中国建交，1996年中菲建立面向21世纪的睦邻互信合作关系。2000年，双方签署了《中华人民共和国政府和菲律宾共和国政府关于二十一世纪双边合作框架的联合声明》，确定在睦邻合作、互信互利的基础上建立长期稳定的关系。目前，中国是菲律宾第一大贸易伙伴、第一大进口来源地、第三大出口市场。此外，菲律宾是世界贸易组织（WTO）、亚太经合组织（APEC）和东盟（ASEAN）成员国。2023年6月2日，《区域全面经济伙伴关系协定》（RCEP）对菲律宾正式生效。

在国内法治方面，菲律宾的法系属于大陆法系和英美法系的混合体，法律渊源主要有宪法、国家法律、法令、总统令和行政法规等。菲律宾的法院实行两审终审制，法院体系共有四级，分别为最高法院、上诉法院、区域法院、地方法院和市辖法院，此外还设立了特别法院和准司法机构。

本章对涉菲律宾国际贸易实务中的法律适用问题予以介绍，具体从以下六个方面介绍菲律宾参与国际条约的基本状况及相关国内法的情况。

第一，国际货物买卖合同：菲律宾未加入《联合国国际货物销售合同公约》（CISG）；1949年6月18日发布了《民法典》，并于2011年12月生效且现行有效，该法第四册为“义务和合同编”。

第二，国际货物运输：

1. 海/水上运输：菲律宾已加入《海牙规则》《汉堡规则》。中国与菲律宾在2005年4月27日签署并发布了《菲律宾共和国交通运输部与中华人民共和国交通部关于海上合作的谅解备忘录》，现行有效。菲律宾《民法典》《商法典》《菲律宾海上货物运输法》现行有效。

2. 铁路运输：菲律宾未加入《国际铁路货物运输公约》（CIM），也未加入《国际铁路货物联运协定》（SMGS）。

3. 航空运输：菲律宾已加入《华沙公约》《海牙议定书》《瓜达拉哈拉公约》《蒙特利尔公约》，中国已加入《华沙公约》《海牙议定书》，中国与菲律宾之间的合作可以直接适用《华沙公约》《海牙议定书》。

4. 多式联运：目前，《联合国国际货物多式联运公约》尚未生效，菲律宾亦未加入该公约。

第三，国际货物运输保险：目前国际层面尚未有统一的国际保险条约，实务中适用当事人与保险公司订立的格式保险合同。国内层面可以选择适用我国《保险法》及中国人民保险公司制定的海洋、陆上、航空运输货物保险条款，现行有效。

第四，国际贸易支付：

1. 国际托收：ICC《托收统一规则》（URC522）是托收关系的主要法律依据。

2. 信用证支付：ICC《跟单信用证统一惯例》（UCP600）和《关于审核跟单信用证项下单据的国际标准银行实务》（ISBP745）是信用证领域的主要法律依据。

3. 国际保理：菲律宾尚未加入《国际保理公约》和《联合国国际贸易应收款转让公约》。

第五，进出口通关：菲律宾于1995年1月1日加入世界贸易组织（WTO），于2016年10月27日向WTO递交了《贸易便利化协定》（TFA）的接受文书。2023年6月2日《区域全面经济伙伴关系协定》（RCEP）对菲律宾正式生效。

关于海关制度，菲律宾进出口贸易相关的法律主要有《海关法》《出口发展法》《反倾销法》《反补贴法》《保障措施法》。

第六，纠纷解决：

1. 国际商事仲裁：菲律宾于1967年6月7日加入《纽约公约》；于1997年颁布《民事诉讼法》，2019年进行最新一次修订，2021年颁布了新版的《PDRCI仲裁规则》。

2. 国际商事调解：菲律宾未加入《新加坡调解公约》。菲律宾《1997年民事诉讼法》《法院规则》和《PDRCI仲裁规则》现行有效。

3. 民事诉讼：菲律宾尚未加入2005年《选择法院协议公约》和2019年《承认与执行外国民商事判决公约》，与中国之间亦没有民商事领域的司法协助条约；于1987年颁布了《宪法》、1980年颁布了《司法重组法》，现行有效。

一、国际货物买卖合同

（一）法律适用

1. 国际层面：中国为《联合国国际货物销售合同公约》（CISG）缔约国，但菲律宾非CISG缔约国。根据CISG规定，若根据国际私法规则导致适用缔约国法律，则也应当适用CISG。由于中国对CISG第1条第1款b项作出了保留，只对双方的营业地所在国均为缔约国的当事人之间订立的国际货物销售合同才适用CISG。因此，若双方约定适用中国法，仍应当适用中国法律。此外，即使菲律宾并非缔约国，若当事人明确选择CISG调整案涉争议，我国法院也可根据当事人的选择适用CISG，这一选择可以被视为当事人将CISG作为双方订立合同的内容。

2. 国别层面：可以选择适用我国《民法典》或者菲律宾《民法典》①。

（二）核心法律义务

1. 卖方义务：（1）交货义务：合同约定的时间内交货；（2）交单义务：按合同约定的时间、地点和方式移交单据；（3）货物相符：卖方应保证其交付的货物品质、数量和规格与合同约定相符；（4）权利担保：卖方保证对其出售的货物享有完全的所有权或处分权，并承担知识产权担保义务。

2. 买方义务：（1）按合同约定支付货款；（2）接收货物；（3）检验货物：在目的地或转运目的地及时检验。

---

① 参见菲律宾《民法典》第四册第二编“义务与合同”部分（第1158—1430条）。

（三）常见法律问题

1. CISG：（1）交货数量不符合合同要求[①]；（2）货物包装不符合合同要求[②]；（3）货物规格不符合合同要求[③]；（4）卖方违反知识产权担保义务[④]；（5）买方未按合同要求付款[⑤]；（6）风险的转移与所有权的转移[⑥]；

---

① 少交货物时，买方可以要求卖方补齐不足部分或者赔偿损失；多交货物时，买方有权拒绝收取多交的货物。需要注意的是，如果交货数量与合同不符导致单证不符，卖方有遭到银行拒付的风险。此外，交货数量与合同不符还会在货物顺利通关过境方面带来风险。

② 注意卖方提供的包装是否足以保全和保护货物的安全以避免货物损坏，同时关注包装是否违反进口国的法律规定或者是否含有贬损进口国某些民族风俗习惯的图案或文字。

③ 卖方交货规格低于合同的要求属于明显的违约行为，在某些情况下卖方交货规格高于合同的要求，在货物办理进出口手续时有可能要多缴关税；此外，交货规格与合同不符，可能造成货物通关时被认定为"货证不符"。

④ 卖方承担的知识产权担保义务及于两个地方：买方营业地和合同预期的货物转售或使用地。

⑤ 参见本章"五、国际货物贸易支付"部分。

⑥ 1. 关于合同中有运输条款的货物买卖的风险转移。若合同没有明确交货地点，卖方货交第一承运人后，货物风险转移至买方；若合同明确了交货地点，卖方在该特定地点货交承运人后，货物风险转移至买方；若卖方有义务将货物特定化，在该特定化工作完成之前，风险不能转移给买方。参见CISG第67条。

2. 关于在运输中销售的货物的风险转移，自买卖合同成立时起转移给买方。若情况表明有此需要，风险自货物交付给签发载有运输合同单据的承运人时起即转移给买方，但这种情况须以卖方在订立合同时不知道货物已灭失或损坏为限。参见CISG第68条。

3. 针对不属于CISG第67—68条规定情形，如在卖方营业地，或卖方营业地以外的地点交货，此时的风险从货物交由买方处置但其不收取货物从而违反合同时起转移给买方。若买方有义务在卖方营业地以外的某一地点接收货物，当交货时间已到而买方知道货物已在该地点交给其处置时，风险方始移转。如果合同指的是当时未加识别的货物，则这些货物在未清楚注明有关合同以前，不得视为已交给买方处置。参见CISG第69条。

（7）买方未合理地接收货物[①]。

2. 菲律宾《民法典》：（1）买卖合同中合同标的所有权、卖方责任和买卖风险的转移时间点以及卖方的免责情形[②]；（2）买卖合同中债务人迟延履行义务的责任[③]和单方面履行义务行为有效的法定情形[④]；（3）根据买卖合同标的物的确定性区分可替代履行合同和不可替代履行合同的责

---

① 买方不能因货物的质量问题而拒绝接收货物，同时应按时提取货物，未按时提取货物而扩大的损失或产生的费用由买方承担。

② 1. 买卖合同中商品所有权的转移时间点是货物交付之后；获得孳息的时间点是从交付货物的义务产生之时。参见菲律宾《民法典》第1163—1164条。

2. 卖方责任：（1）保管货物物品的责任，不受毁灭和损失。（2）交付货物的义务。（3）在履行交付义务之前对物的损毁灭失负有过错赔偿责任，其中包括因偶然事件的原因产生的货物的毁灭损失的赔偿责任；此外，如果因为债务人的义务性质要求承担损害赔偿责任的风险的，根据该义务性质包括的风险要求，应当承担损害赔偿责任。货物毁损、灭失风险责任转移时间点为货物交付。卖方的免责情形：非因债务人的责任导致物的毁损、灭失的，履行交货的义务应当延迟且该义务的履行应当因非债务人的原因消灭；但是交付的货物是一般物品时，并不产生义务的消灭。参见菲律宾《民法典》第1262—1269条。

3. 双方免责情形：合同履行过程中，无论是买方还是卖方均不应对无法预见或者虽可预见但不可避免的事件负责，但是法律另有规定或者根据合同义务的性质要求承担风险除外。参见菲律宾《民法典》第1174条。

③ （1）从债权人以司法方式或者法外方式要求债务人履行义务之日起，义务的履行发生延迟；但是法律规定的情况除外，法律规定的情况有：①义务或者法律明文宣告的；②从义务的性质和情况来看，指定交付的物品是订立合同的控制动机；③其他情况，比如已经超出债务人的履行能力。（2）债务人应承担应为而不为义务的履行费用。（3）债务人实施了禁止做的义务，而导致撤销，应承担由此产生的撤销费用。（4）迟延履行义务的责任消灭：一方当事人不遵守或者不准备以适当的方式遵守其义务。参见菲律宾《民法典》第1166—1169条。

④ 买卖合同中债权人无正当理由拒绝接受的，债务人可以选择寄售的方式履行义务，即在法律规定的情况下，单方面履行义务的行为有效，法律规定的情况有：（1）债权人不在或者不明，或者未到付款地；（2）在债务到期时无能力领取款项；（3）无正当理由拒不开具收据的；（4）两人以上主张同一收款权的；（5）所有权丧失时。参见菲律宾《民法典》第1256—1261条。

任[①]；（4）买卖合同中合同履行的履行原则、履行地点、损害赔偿责任和合同义务的终止履行[②]；（5）无利害关系的第三人履行合同义务，不产生

---

① 买卖合同的标的物确定的，有权强迫合同义务人履行；合同标的物不确定时，可以以债务人为代价来履行。替代义务产生于非特定物品的货物买卖合同。合同标的具有可替代履行性的情况下：（1）选择权属于债务人，但是选择权有限制，限制体现在债务人不能选择不可能的、不合法的或者不可能成为合同标的的物品；如果债务人无法根据债权人的行为作出选择，则债务人可以解除合同并承担损害赔偿责任，选择权自通知给债权人之日起转移给债权人，并自通知之日起对债务人失去效力。（2）债务人交付货物以及瑕疵保证责任：①因偶然事件导致货物毁损、灭失或者丢失的，债务人承担继续履行义务和损害赔偿责任；②由于债务人的过错导致合同交付的货物部分或者全部毁损、灭失或者丢失的，可以选择继续履行义务或者承担损害赔偿责任；③如果替代义务是在债务人不知情或违背债务人意愿的情况下进行的，则新债务人破产或者不履行债务的不应该引起原债务人承担任何责任。在债务人不知情或者违背其意愿的情况下，原债务人不再承担任何责任。参见菲律宾《民法典》第1199—1206条、第1294条。

② 1. 损害赔偿责任：在履行合同的过程中，存在欺诈、疏忽或者拖延履行义务的任何一方，以及以任何方式违反其条款的人，应当承担损害赔偿责任。但是其中因履行义务的疏忽而产生的过失责任，由法院根据情况酌情认定损害赔偿责任。参见菲律宾《民法典》第1170—1172条。

2. 义务终止履行：（1）严格的履行终止：商品货物已经完成交付和已经完成金钱的交付；（2）视为履行终止：买卖合同中的权利人明知义务人不完整或者不规范而接受履行，并且未表示任何抗议或反对时，该义务被视为完全履行，合同义务完成合同终止。参见菲律宾《民法典》第1232—1235条。

3. 履行原则：买卖合同的履行以货币交付为原则，以其他形式交付为例外。只有在兑现或者因债权人的过失时，应给付的订单的本票、汇票或者其他商业单据的交付，才产生法律效力。合同约定的货币币种出现异常通货膨胀或者紧缩的情况下，应以确定债务时的货币价值作为付款基础。参见菲律宾《民法典》第1249—1250条。

4. 履行地点：（1）原则：付款义务应在债务人指定的地点进行。（2）例外：承诺交付确定物时，在义务成立时该物所在的任何地方；其他任何情况下付款地为债务人的住所地；债务人恶意变更住所或者迟延变更住所的，额外费用由债务人承担。参见菲律宾《民法典》第1251条。

法律效力，但法律有明确规定的除外[①]；（6）买卖合同中须经过债务人同意才能生效的债权转让[②]；（7）买卖合同中债权债务关系产生后的法定或者当事人约定产生的第三人代位求偿权[③]；（8）买卖合同中法律明确规定

---

① 买卖合同以外的利益不受直接影响的第三人不能以合同的非法性为由进行抗辩。参见菲律宾《民法典》第1421条。第三人替代履行的合同：（1）第三人履行了合同义务的，可以向买卖合同中的债务人追偿，但是债务人不知情或者违背债务人意愿的情况除外。第三人代替买卖合同中的债务人履行债务的，只有在该债务的履行对债务人有利的情况下，才可以向合同中的债务人主张追回。（2）在第三人代替履行合同义务后，第三人不得强迫债权人行使代位权。（3）第三人无偿替代履行视为捐赠，但是以债务人的同意作为前提；该履行义务的行为即支付货款的行为对债权人均有效。参见菲律宾《民法典》第1236—1237条。

向第三人履行的合同：（1）货物买卖合同中，向第三人履行合同义务的第三人包括债务的受益人、合同利益继承人或者有权接受债务的任何人（也包括无能力人，但有特殊规定，即向无能力管理财产的人履行支付款项的义务，其在保留货物或者对其有利的情况下，履行付款义务的行为有效）。（2）向第三人履行支付货款的义务，有效的前提是对债权人有利，但法律另有规定的除外：①受偿后，第三人取得债权的；②债权人同意向第三人付款的；③由于债权人的行为，债务人被误导相信第三人有权收取付款。参见菲律宾《民法典》第1240—1243条。

② 债权的转让：需要经过债务人的同意。（1）债务人同意：属于转让人即原债权人的损害赔偿权利不发生转移，但是债务人在同意的同时通知转让人的除外；（2）债务人不同意：债务人仅对转让前的债务承担损害赔偿责任；（3）债务人不知情：债务人可以对债务人知道的转让之前和转让之后的所有债务确定损害赔偿责任，即损害赔偿责任的范围可以债务人的确定为限制。参见菲律宾《民法典》第1278—1290条。

③ 第三人的代位求偿权：（1）产生原因：①法律的明确规定，包括推定产生；②当事人之间明确的规定，也是生效的前提。（2）生效前提：经过原当事人和第三人的同意。（3）法律规定的推定存在代位求偿权的条件：①债权人在债务人不知情的情况下向另一优先债权人付款；②与债务人无利害关系的第三人经债务人明示或者默示同意而清偿的；③即使债务人不知情，与履行债务有利害关系的人也支付了款项，但不影响债务人份额混淆的。（4）权利范围：①原债权人对债务人的所有权利；②原债权人对抵押权人的所有权利。（5）权利行使的顺序限制：同一债务中同时存在代位求偿权人和债权人的，债权人权利的行使优先于代位求偿权人，并且行使权利的范围以债务人剩余未偿还部分的债权为限。参见菲律宾《民法典》第1300—1304条。

的合同的有效条件、无效合同或者可撤销合同的情况[①]。

---

① 买卖合同中双方当事人的真实意图是决定合同生效的关键因素。

（1）合同的成立和有效条件：基于双方共同的意思表示；要约是合同订立的前提，必须是确定的，接受要约即合同成立；接受要约是绝对的，有条件的接受不构成接受；接受的形式：明示或者默示方式；以信函或者电报方式作出的接受，从要约人知道之日起对其产生约束力；要约的撤回：有期限的接受要约在要约到期之前；但是在到期之前已经支付对价或者已承诺的要约不得撤回。

（2）约束对象：当事人、受让人和继承人；但是合同产生的权利和义务因其性质、约定或者法律规定不可转移的情况除外；继承人的合同权利范围以被继承人的财产实际价值为限；由第三人履行的合同：以通知作为履行有效的前提条件。参见菲律宾《民法典》第1305—1326条。

（3）可撤销合同：买卖合同中如果存在法律规定的特殊情形，即使是有效的合同也是可以被撤销的，可撤销的合同在被撤销之前仍然是有效合同，合同的撤销权以诉讼的方式行使，并且作为补充手段，具有滞后性。可撤销合同的情形：错误、暴力、恐吓、不当影响或欺诈、催眠或者醉酒状态下；未经他人授权的无权代理或者超越权限的，但是在撤销之前得到被代表人明示或者默示批准的。参见菲律宾《民法典》第1328、1330、1380—1402条。

（4）无效合同：显失公平、绝对模拟合同、虚假合同、法律明文禁止的等。货物买卖合同中，合同的目的是非法的情况下：1）合同一方当事人可以在目的实现之前或者在对第三人造成损害之前，解除合同；2）合同存在被法律禁止的情况时，基于加强公共政策的目的和保护原告利益的目的，买方可以收回支付的款项；3）买卖合同标的物的价值和价格事先由法规或者法律授权确定的，买方可以收回超过法定允许的最高价格金额部分的款项。参见菲律宾《民法典》第1409—1422条。

（5）合同目的具有非法性，并不必然导致合同无效。在货物买卖合同中，合同目的是非法的情况下：1）合同一方当事人可以在目的实现之前或者在对第三人造成损害之前解除合同；2）合同存在被法律禁止的情况时，基于加强公共政策的目的和保护原告利益的目的，买方可以收回支付的款项；3）买卖合同标的物的价值和价格事先由法规或者法律授权确定的，买方可以收回超过法定允许的最高价格金额部分的款项。参见菲律宾《民法典》第1414—1417条。货物买卖合同中存在可分割条款情况下：非法条款的无效不影响其他条款的效力，可以分开执行、分别生效。参见菲律宾《民法典》第1420条。

（6）货物买卖合同中非物权人作为出卖人：1）出售或者转让货物并交付时无所有权，但之后取得所有权的，则该买卖合同有效，货物转移所有权的行为有效，所以货物的所有权的变动时间点以合同履行完成的时间点为依据；2）仅第三人代表货物的真正所有权人出售的行为，不能享有和对买方行使原所有权人应当享有的权利。参见菲律宾《民法典》第1434—1435条。

（四）提示与建议

1. 严格审查合同主体的诚信和履行资质，在合同签订前对合同相对人进行详细且全面的背调。

2. 合同签订之前，要注意要约承诺的形式是否符合法律规定；合同签订过程中要注意是否符合法律规定的合同成立和生效的条件，事先明确合同的履行地点，避免履行合同义务的过程中发生争议；明确风险责任转移时间点。

3. 谨慎对待合同履行过程出现除了合同当事人以外的第三人的情况，并坚持以保护相对人的利益为原则，确定合同各方参与人的责任。

4. 合同履行过程中发生争议的，要重视证据的有效保存和权益的保障。

二、国际货物运输

A. 海/水上运输

（一）法律适用

1. 国际层面：调整海/水上运输的国际公约有《海牙规则》《海牙—维斯比规则》《汉堡规则》和《鹿特丹规则》。菲律宾已加入《海牙规则》《汉堡规则》，具有强制适用效力。《鹿特丹规则》尚未生效，不建议当事人选择。中国与菲律宾在2005年4月27日签署并发布了《菲律宾共和国交通运输部与中华人民共和国交通部关于海上合作的谅解备忘录》，对中国和菲律宾均具有软约束力。

2. 国别层面：可约定适用我国《民法典》《海商法》，也可约定适用菲律宾《民法典》《商法典》《海上货物运输法》。

（二）核心法律义务

1. 承运人义务：（1）适航义务，使船舶在开航前和开航时处于适航状态；（2）管理货物；（3）不得进行不合理绕航；（4）依约签发提单。

2. 托运人义务：（1）支付运费；（2）妥善包装货物；（3）办理相关手续。

（三）常见法律问题

1. 承运人的基本义务。①

2. 承运人的责任期间。②

3. 承运人的免责情形。③

4. 承运人的赔偿限额。④

5. 索赔时效。⑤

6. 诉讼时效。⑥

（四）提示与建议

1. 在合同约定适用中国准据法时应注意国内水路货物运输纠纷诉

---

① 《海牙规则》规定了适航义务和管货义务，适航义务的时间为"开航前和开航时适航"。《海牙—维斯比规则》同《海牙规则》规定一致。《汉堡规则》规定了承运人对货物的灭失、损坏以及延迟交付所造成的损失负赔偿责任。

② 《海牙规则》规定为"钩至钩"，即从货物装上船起至卸完船为止的期间。《海牙—维斯比规则》同《海牙规则》规定一致。《汉堡规则》规定为"收到交"，即货物在装货港、运送途中和卸货港在承运人掌管下的期间。

③ 《海牙规则》规定了包括"航行过失"免责在内的17项免责事项。《海牙—维斯比规则》同《海牙规则》规定一致。《汉堡规则》取消了"航行过失"免责事项。

④ 《海牙规则》规定承运人对货物的灭失或损失的赔偿责任，在任何情况下每件或每单位不得超过100英镑，但托运人于装货前已申明该货物的性质和价值，并在提单上注明者不在此限。

⑤ 《海牙规则》规定收货人在提货时应检查货物，损坏明显的应立即提出索赔；损坏不明显的于3日内提出；在联合检验的情况下，无须出具索赔通知。《海牙—维斯比规则》同《海牙规则》规定一致。《汉堡规则》关于索赔通知的时间较《海牙规则》有所延长，规定索赔通知应在收货后的第1个工作日内提交；损害不明显时，在收货后15日内提交；在联合检验的情况下，无须出具索赔通知。

⑥ 《海牙规则》规定货方对承运人或船舶提起货物灭失或损害赔偿的诉讼时效为1年，自货物交付之日起算，在货物灭失的情况下，自货物应交付之日起算。《汉堡规则》规定诉讼时效为2年，自承运人或实际承运人交付货物或交付部分货物，或者自应交付货物的最后一日起算；索赔双方可协商延长时效；对于承运人向收货人赔付后在向第三者追偿时，仍有90日的宽限期。

讼时效。[①]

2. 建议选择经验丰富的船运公司。

3. 谨慎核查提单表面，保持与合同的一致性。

B. 铁路运输

（一）法律适用

1. 国际层面：菲律宾不是《国际铁路货物运输公约》[②]（CIM）、《国际铁路货物联运协定》[③]（SMGS）的参加国，无法适用该公约和协定。

2. 国别层面：可以约定适用我国《铁路法》和中欧班列规则。

（二）核心法律义务

1. 承运人义务：（1）运输货物；（2）管理货物：保持货物原状不被损坏；（3）赔偿义务[④]。

2. 托运人义务：（1）正确填写、签发运输单证；（2）按要求包装、标记货物；（3）按规定计算、支付运费。

3. 收货人义务：（1）按照合同支付运费；（2）验收货物；（3）通知义务。

---

① 根据《最高人民法院关于如何确定沿海、内河货物运输赔偿请求权时效期间问题的批复》，托运人、收货人就沿海、内河货物运输合同向承运人要求赔偿的请求权，或者承运人就沿海、内河货物运输向托运人、收货人要求赔偿的请求权，时效期间为1年，自承运人交付或者应当交付货物之日起计算。

②《国际铁路货物运输公约》要求国际铁路货物运输的发站国与到站国都是公约的缔约国，或者如果发站国与到站国有一国是公约的缔约国，并且运输合同双方当事人协商一致而适用公约，这种情况下公约也会被适用。

③《国际铁路货物联运协定》规定适用公约的情形是国际铁路货物运输的发站国与到站国都是公约的缔约国。

④（1）承运人应当对承运的货物自接受承运时起至交付时止发生的灭失或者损坏，承担赔偿责任。（2）承运人不承担赔偿责任的例外：①不可抗力；②货物或者包裹、行李中的物品本身的自然属性或者合理损耗；③托运人、收货人或者旅客的过错。参见中华人民共和国《铁路法》第17—18条。

（三）常见法律问题

1. 发货人的身份识别。①

2. 货损索赔主体和索赔对象。②

3. 货损索赔前置条件和时效。③

4. 托运人对运单真实性负责。④

5. 归责原则。⑤

6. 责任限额及管辖。⑥

---

① 如果运单载明的主体确为货运代理身份，则应认定货物权利人为运单发货人，进而其有权向运单缔约承运人索赔；如果运单载明的主体与货物权利人之间是运输合同关系，货物权利人必须在得到运单记载“发货人”配合的情况下才能向承运人主张代理关系，进而认定自己为运单下的“发货人”。

② 《国际铁路货物联运协定》赋予了收货人相应索赔权，同时也对收发货人的索赔对象进行了明确规定。《国际铁路货物联运协定》第46条第2款规定，赔偿请求应附有相应依据并注明赔偿款额，由发货人向缔约承运人，收货人向交付货物的承运人提出。赔偿请求以纸质形式提出，当运送参加者之间有协议时，以电子形式提出。

③ 《国际铁路货物联运协定》明确规定“提出相应赔偿请求后，才可提起诉讼，且只可对受理赔偿请求的承运人提起诉讼”，即提赔是诉讼的前置条件，国内就有法院以原告未在诉讼前向被告提出索赔为由驳回诉请［（2013）杭铁民初字第4号］。

④ 托运人应对其在运单中陈述的内容的真实性负责，因记载和声明的事项错误，或未将应填报的事项记入运单而给承运人造成损失的，托运人应该承担责任。

⑤ 《国际铁路货物联运协定》对货损的归责原则属于不完全的严格责任，尽管规定承运人对责任期间内货损承担赔偿责任，但同时设置了很多的免责事项，且对于绝大部分免责事由，只要承运人初步证明货损有可能系这些事由所致，在索赔人没有相反证据的情况下，可认定货损中存在免责事项。参见《国际铁路货物联运协定》第39—41条。

⑥ 就责任限额而言，《国际铁路货物联运协定》没有规定责任限额，除保价运输外，其规定承运人按照货物价格进行赔偿，同时《国际铁路货物联运协定》对一些具体情况下的货损计算作出了明确规定，参见《国际铁路货物联运协定》第42—44条。

就管辖而言，《国际铁路货物联运协定》明确起诉对象只能是受理赔偿请求的承运人，进而规定由被告所在地进行管辖。

（四）提示与建议

1. 在填写运单时认真识别发货人身份。[①]

2. 商务记录为《国际铁路货物联运协定》下货损索赔的核心证据[②]，应完好留存。

3. 注意索赔前置条件和时效。

C. 航空运输

（一）法律适用

1. 国际层面：菲律宾是《华沙公约》《海牙议定书》《瓜达拉哈拉公约》《蒙特利尔公约》的成员国，中国是《华沙公约》《海牙议定书》的成员国，故可以直接适用《华沙公约》《海牙议定书》。[③]

2. 国内层面：由于上述公约为强制适用，因此当事人无法选择适用其他法律。

（二）核心法律义务

1. 承运人义务：（1）合法运输货物；（2）对货物进行安检或采取必要安保措施；（3）妥善保管货物。

2. 托运人义务：（1）合法托运货物；（2）依法填写、签发航空货运单证；（3）妥善包装货物；（4）支付运费和其他费用。

---

① 运单发货人的名称处常会被记录为货代或有关的运输企业的名称，在名称下又填入货物权利人的地址，这时如何认定发货人的身份就会存在争议。

② 《国际铁路货物联运协定》第37条第2项规定，“对于承运人负有责任的货物灭失、短少、毁损（腐坏）情况，应以商务记录作为证明”。实践中不乏因为该证明文件的缺失导致索赔失败。

③ 菲律宾加入了《瓜达拉哈拉公约》和《蒙特利尔公约》。相关国际民用航空运输条约的签署、加入状况参见国际民航组织（ICAO）发布的文件：https://www.icao.int/secretariat/legal/LEB%20Treaty%20Collection%20Documents/composite_table.pdf，2024年5月30日访问。

（三）常见法律问题

1. 托运人运费支付。①

2. “航空运输期间”不同。②

3. 不同公约下对承运人责任的规定与限制不同。③

（四）提示与建议

1. 空运托运单不是物权凭证，仅是航空货物运输合同的证明。

2. 承运人主张《华沙公约》规定的免责及责任限制的前提是出具包含法定内容的货运单。

3.《华沙公约》禁止承运人规定企图免除责任或低于公约规定赔偿限额的合同条款或承运条件，即低于公约的约定无效。关于承运人责任，公约没有规定的，可以援用国内法解决。

4. 建议根据货物属性选择合适的贸易术语。④

D. 多式联运

（一）法律适用

1. 国际层面：适用《联合国国际货物多式联运公约》《国际商会多式联运单证统一规则》及《联合国贸易和发展会议/国际商会多式联运单证

---

①（1）买卖合同确立的运费支付义务不能直接对抗运输合同确立的运费支付义务；（2）如果有确实证据证明运输合同中的托运人不是买卖合同中的卖方，则卖方不承担运费支付义务。

② 包括货物在承运人保管下的整个期间，不论在航空站内、在航空器上或在航空站外降停的任何地点，即“接到交”期间。

③《华沙公约》为不完全过失责任制，保留了航行过失免责；而《蒙特利尔公约》为完全过失责任制。2019年，国际民航组织对1999年《蒙特利尔公约》责任限额作出了修改，自2019年12月28日起实行经修改的限额。参见https://www.icao.int/secretariat/legal/LEB%20Treaty%20Collection%20Documents/2019_Revised_Limits_of_Liability_Under_the_Montreal_Convention_of_1999_zh.pdf，2024年5月30日访问。

④ 高新技术企业空运出口建议选择C组贸易术语，进口建议选择F组贸易术语；对于紧急运输的货物，空运方式是首选。

规则》。[①]

2. 国别层面：可以约定适用我国《民法典》《海商法》《民用航空法》。

（二）核心法律义务

1. 多式联运经营人义务：（1）对全程运输负责并负责组织履行的义务[②]；（2）签发多式联运单据；（3）货物交付义务；（4）维护安全、秩序，保护自然环境和社会；（5）责任期限[③]；（6）损害赔偿责任和责任推定[④]。

---

① 目前，《联合国国际货物多式联运公约》尚未生效，我国和菲律宾并未加入该公约，该公约的签署、加入状况参见https://treaties.un.org/Pages/ViewDetails.aspx?src=TREATY&mtdsg_no=XI-E-1&chapter=11&clang=_en，2024年5月30日访问。《国际商会多式联运单证统一规则》是一项国际惯例，供当事人自愿采纳。《联合国贸易和发展会议/国际商会多式联运单证规则》作为示范法，供国际货物多式联运当事人选择适用。

② 多式联运经营人负责履行或者组织履行多式联运合同，并对全程运输负责。即在实际的货物买卖交易过程中，多式联运经营人负责将货物从起点运输到终点而不造成任何损害，或者按照合同和多式联运单证规定的条件完整、适当地交付货物。参见中华人民共和国《海商法》第104条。

③ 多式联运经营人对多式联运货物的责任期间：从接收货物时起至交付货物时止。参见中华人民共和国《海商法》第103条。

④（1）区段损坏的赔偿：货物的灭失或者损坏发生于多式联运的某一运输区段的，多式联运经营人的赔偿责任和责任限额，适用调整该区段运输方式的有关法律规定。（2）责任推定：货物的灭失或者损坏发生的运输区段不能确定的，多式联运经营人应当依照本章关于承运人赔偿责任和责任限额的规定负赔偿责任。参见中华人民共和国《海商法》第105—106条。

2. 承运人义务:（1）交货义务和谨慎义务[①]；（2）延迟交付的责任和免责例外[②]；（3）责任范围[③]；（4）承运人和实际承运人的责任[④]。

3. 托运人义务:（1）正确申报的义务[⑤]；（2）及时办理手续的义务[⑥]；（3）危险货物托运的义务[⑦]；（4）赔偿责任范围[⑧]；（5）提单相

---

① （1）谨慎处理船舶开航前和开航时，使船舶处于适航状态的义务；（2）应当妥善地、谨慎地装载、搬移、运输和保管等义务；（3）谨慎选择合理航线的义务；（4）责任期间：从装货港接收货物时起至卸货港交付货物时止。参见中华人民共和国《海商法》第46—49条。

② 迟延交付的责任:（1）承运人过失导致货物迟延交付而灭失、损坏的，应当赔偿。（2）承运人的过失导致货物迟延交付而遭受经济损失的，即使货物没有灭失或者损坏，承运人仍应当赔偿。（3）承运人的免责事由。参见中华人民共和国《海商法》第50—51条。（4）迟延交付的承运人仅承担有限制的赔偿责任，即承运人对货物因迟延交付造成经济损失的赔偿限额，为所迟延交付的货物的运费数额。货物的灭失或者损坏和迟延交付同时发生的，承运人的赔偿责任限额按照货物件数或者货物毛重计算。参见中华人民共和国《海商法》第56—57条。（5）限制赔偿责任的例外：货物的灭失、损坏或者迟延交付是由于承运人的故意或者明知可能造成损失而轻率地作为或者不作为造成的。参见中华人民共和国《海商法》第59条。

③ 责任范围仅限于在其不能免除赔偿责任的范围内负责，但是承运人对其他原因造成的灭失、损坏或者迟延交付应当负举证责任。

④ （1）承运人对全部运输需要承担的责任不会因承运人将货物运输或者部分运输委托给实际承运人履行而免除。（2）承运人应当对实际承运人的行为或者实际承运人的受雇人、代理人在受雇或者受委托的范围内的行为负责。（3）合同约定实际承运人的责任的同时还可以约定承运人对在实际承运人掌管期间发生的货物灭失、损坏或者迟延交付不负赔偿责任，即可以通过约定免除责任。（4）承运人和实际承运人之间的内部责任：首先承运人和实际承运人都负有赔偿责任，并且属于责任范围内的连带责任；其次承运人和实际承运人之间享有相互追偿权。参见中华人民共和国《海商法》第60—65条。

⑤ 参见中华人民共和国《海商法》第66条。

⑥ 参见中华人民共和国《海商法》第67条。

⑦ 参见中华人民共和国《海商法》第68条。

⑧ 托运人的赔偿责任仅限于货物的灭失或者损坏是由于托运人或者托运人的受雇人、代理人的过失造成的。参见中华人民共和国《海商法》第70条。

关的义务[①]。

（三）常见法律问题

1. 适用传统运输中的哪种法律制度来确定多式联运经营人责任。
2. 货代和港口经营人是否具有多式联运经营人主体身份。
3. 多式联运经营人的赔偿责任和责任范围（《联合国多式联运公约》）。[②]
4. 多式联运经营人的责任期限。
5. 争端解决途径。[③]

---

① 参见中华人民共和国《海商法》第71—80条。

② 1. 关于赔偿责任期间。多式联运经营人的赔偿责任期间为“收到交”，即自其接管货物之时起到交付货物时止。参见《联合国多式联运公约》第14条。

2. 关于赔偿责任基础。多式联运经营人的赔偿责任基础为推定过失或疏忽原则。参见《联合国多式联运公约》第16条。

3. 关于赔偿责任限制。（1）若多式联运经营人对货物的灭失或损坏造成的损失负赔偿责任，其赔偿责任以灭失或损坏的货物的每件或其他货运单位920特别提款权，以及毛重每千克2.75特别提款权中两者较高者为准。若根据合同不包括海上或内河运输，则按灭失或损坏货物毛重每千克8.33特别提款权确定。（2）若多式联运经营人对延迟交货造成的损失负赔偿责任，其赔偿责任以相当于迟延交付货物应付运费的2.5倍的数额为限，但不得超过多式联运合同规定的应付运费的总额。（3）多式联运经营人赔偿责任的总和不得超过货物全部灭失的赔偿责任限额。经多式联运经营人和发货人之间协议，多式联运单证中可规定超过规定的赔偿限额。参见《联合国多式联运公约》第18条。

4. 关于索赔时效。货物损坏明显时，收货人应当在不迟于货物交给他的次一工作日提出索赔；货物损坏不明显的，收货人应在货物交给他之日后连续6日内提出索赔；针对迟延交货，收货人应在货物交给他之日后连续60日内提出索赔。参见《联合国多式联运公约》第24条。

5. 关于诉讼时效。国际多式联运的诉讼时效为2年。诉讼时效受索赔通知的影响，即若货物交付之日后6个月内，或者货物未能交付，在本应交付之日后6个月内，没有提出说明索赔的性质和主要事项的书面索赔通知，则在此期限届满后即失去诉讼时效。参见《联合国多式联运公约》第25条。

③ 争端解决途径包括协商调解、经济争端解决组织、诉讼和国际争端解决机制。参见菲律宾《1997年民事诉讼法》。

（四）提示与建议

在我国和菲律宾均未加入《联合国国际货物多式联运公约》的情况下，建议在交易中选择我国法律作为准据法。

三、卖方交付货物（国际贸易术语适用）

CIF——成本、保险费加运费（指定目的港）

（一）基本含义

CIF全称为“Cost，Insurance and Freight”，意为“成本、保险费加运费（指定目的港）”。卖方在合同规定的装运期内在装运港将货物装上船，或设法获取已装船货物即完成交货，卖方还需订立把货物运至目的港的运输合同并支付运费，并负责订立货运保险合同及支付保险费。该术语只适用于水上运输方式。

（二）核心法律义务

1. 卖方义务:（1）安排运输：订立运输合同并支付运费；（2）交货义务：在规定的时间地点装运上船，并及时通知买方；（3）办理出口清关手续；（4）安排货运保险；（5）交单义务：提供商业发票、保险单和运输单据或具有同等效力的电子数据交换信息；（6）风险承担：负担货物在装运港装上船之前的一切风险和费用。

2. 买方义务:（1）办理进口清关手续；（2）受领义务：按合同规定受领货物、收取单据、支付价款；（3）风险承担：负担货物在运港装上船之后的一切费用和风险。

（三）常见法律问题

1. 区分风险和费用转移点。[①]

① CIF术语项下，卖方承担货物在装运港装上船之前的一切风险，但要承担到指定目的港为止的运费和保险费，所以风险转移点在装运港，费用转移点在目的港。建议在买卖合同中明确装运港和目的港。

2. CIF合同的属性。①

3. 卖方订立运输合同。②

4. 货运保险的险别。③

5. CIF的变形。④

四、国际货物运输保险

（一）法律适用

1. 国际层面：目前尚未有统一的国际保险条约，实务中适用当事人与保险公司订立的格式保险合同。

2. 国别层面：可以选择适用我国《保险法》及中国人民保险公司制定的海洋、陆上、航空运输货物保险条款。⑤

---

① CIF合同属“装运合同”和“象征性交货”，因此合同内容中应只规定装运货物的时间，无须规定抵达目的港的具体时间。实务中，买卖双方在适用CIF时，会在合同中增加“必须于某年某月某日到货”条款。此类规定到货期限的限制性条款会导致合同的装运属性升级为严格的到达属性，给卖方造成不利，因此需要格外谨慎对待。

② 卖方只需按照通常条件订立运输合同，有权拒绝买方提出的关于限制船舶的国籍、船型、船龄、船级等要求，卖方租船时使用惯使航线及普通船舶类型即可。若买卖双方就租船订舱问题中的特殊条件达成合意，应当在合同中说明。

③ CIF术语项下，卖方只有义务投保海上货物运输的最低险别（平安险），买方如要投保其他险别或特种险，应在合同中说明并自负该项加保费用。

④ 为在贸易合同中明确卸货费用的负担方，通常采用在CIF后附加条件来说明，但并不改变该术语项下的交货地点及风险、责任的划分。CIF的变形有4种：CIF Liner Terms（由船方或卖方负担）、CIF Landed（由卖方负担）、CIF under Ship’s Tackle（由卖方负担）、CIF Ex Ship’s Hold（由买方负担）。

⑤ 国际上没有统一的货物运输保险法，一般通过各国国内法和当事人订立的保险合同确定权利义务。《英国伦敦保险协会海运货物保险条款》《美国协会货物保险条款》是通常适用的国际海上货物运输保险惯例，规定了保险规则、险别等。

（二）核心法律义务

1. 保险人义务：（1）出具保险单证；（2）支付保险赔偿金。

2. 被保险人义务：（1）支付保险费；（2）如实告知义务[①]；（3）通知义务；（4）采取必要措施的义务[②]。

（三）常见法律问题

1. 保险单的生效日期应不晚于提单签发日期。

2. 如果损失是因铁路运输企业的故意或者重大过失造成的，不受保价额的限制，按照实际损失赔偿。

3. 海洋、陆上、航空运输货物保险的责任范围、除外责任、责任期间、索赔时效。[③]

（四）提示与建议

1. 在国际货物贸易中，由哪方负责投保，取决于交易所使用的贸易术

---

① 保险合同订立前，被保险人应当将其知道的或者在通常业务中应当知道的有关影响保险人据以确定保险费率或者确定是否同意承保的重要情况，如实告知保险人。

② 一旦发生保险事故，被保险人应当立即通知保险人，并采取必要的合理措施，防止或者减少损失。

③ 1. 海洋运输货物保险：（1）责任范围：平安险、水渍险、一切险。（2）除外责任：除外责任包括保险人的故意行为或过失所造成的损失；属于发货人责任引起的损失；保险责任开始前，被保险货物已存在品质不良或数量短差所造成的损失等（参见中国人民保险公司海洋运输货物保险条款第2条）。（3）责任期间："仓至仓"条款。（4）索赔时效：2年，从被保险货物在最后卸货港全部卸离运输工具后起算。

2. 陆上运输货物保险：（1）责任范围：陆运险和一切险；（2）除外责任：参见中国人民保险公司陆上运输货物保险条款（火车、汽车）第2条；（3）责任期间："仓至仓"条款；（4）索赔时效：2年，从被保险货物在最后目的地车站全部卸离车辆后起算。

3. 航空运输货物保险：（1）责任范围：航空运输险和航空运输一切险；（2）除外责任：参见中国人民保险公司航空运输货物保险条款第2条；（3）责任期间："仓至仓"条款；（4）索赔时效：2年，从被保险货物在最后卸货地卸离飞机后计算。

语和合同约定。

2. 建议投保短期出口贸易信用保险以分散风险。①

3. 在投保时注意投保单、保险单中对除外责任、纠纷先决条款等格式条款的约定。

五、国际货物贸易支付

A. 托收

（一）法律适用

1. 国际层面：ICC《托收统一规则》（URC522）是托收关系的主要法律依据，通常情况下，银行会选择适用该规则。

2. 国别层面：由于我国未对托收作出专门的法律规定，《托收统一规则》作为国际贸易结算中的国际惯例已经在国际贸易实践中获得了广泛承认和普遍适用，现已成为我国法院解决此类纠纷的主要依据。可以约定适用我国《支付结算办法》。

（二）核心法律义务

1. 付款人义务：履行付款义务，不得无故延迟付款或拒付。

2. 委托人义务：（1）明确指示；（2）及时指示，当银行将发生的意外情况通知委托人时，委托人必须及时指示，否则，因此而发生的损失由委托人自行负责；（3）支付费用。

3. 银行义务：（1）及时收款与转款义务，若买方拒付则无须履行付款义务；（2）通知义务：及时向卖方通知买方拒付的情况。

---

① 短期出口贸易信用保险一般保障信用期限在一年以内的出口收汇风险，承保风险包括买方破产、拖欠、拒收等商业风险和贸易管制、外汇管制、战争等政治风险。

（三）常见法律问题

1. 托收中存在银行免责情形[①]，可能产生银行与外商相互串通而损害另一方的后果。

2. 注意区分付款交单（D/P）与承兑交单（D/A）两种结算方式。对于卖方而言，承兑交单风险大于付款交单。

（四）提示与建议

国际贸易中，如果选择托收，建议选用付款交单（D/P）结算方式。大额出口业务建议采用信用证和托收相结合方式，切忌采用承兑交单（D/A）结算方式。

B. 信用证

（一）法律适用

1. 国际层面：ICC《跟单信用证统一惯例》（UCP600）和《关于审核跟单信用证项下单据的国际标准银行实务》（ISBP745）是信用证领域的主要法律依据，通常情况下，银行会选择适用该规则。

2. 国别层面：可以约定适用我国《最高人民法院关于审理信用证纠纷案件若干问题的规定》。目前，在我国对外经济贸易业务中，如采用跟单信用证的支付方式，我国银行一般也以《跟单信用证统一惯例》作为主要依据办理业务。

（二）核心法律义务

1. 开证申请人义务：（1）申请开立信用证；（2）缴付押金、担保及相关费用；（3）及时付款赎单；（4）承担第二付款责任，向受益人付款。

2. 受益人义务：（1）按信用证规定装货、制单、交单；（2）做到“货约一致、单货一致、单证一致、单单一致”；（3）赔偿责任。

---

① 银行对单据的实质、传递延误或遗失、不可抗力、货物、票据、被指示方的行为免责。

（三）常见法律问题

1. 开证行免责情形。①

2. 进口商不申请开证或迟延开证。

3. 进口商伪造信用证。②

4.“软条款”信用证。③

5. 伪造单据。

6. 以保函换取与信用证相符的提单。④

7. 信用证欺诈例外原则。⑤

---

① ICC《跟单信用证统一惯例》不同于国际公约，其并非必须遵守的法律，只对接受它的银行和其他有关当事人具有约束力。即使接受它的银行和受益人也可以在采用它时对个别条款加以修改、补充。在实际信用证业务中，采用ICC《跟单信用证统一惯例》时，一般都在信用证中加注“除另有规定外，本证根据ICC《跟单信用证统一惯例》（2017年修订本）即国际商会600号出版物办理”。

② 伪造信用证的情形包括：一是进口商故意伪造或冒用银行名义开立信用证；二是进口商伙同资信不良的银行开立信用证。

③ 常见的“软条款”有：（1）以本国法律干预信用证业务。如信用证规定审核标准，除ICC《跟单信用证统一惯例》外，还有进出口国法律。（2）陷阱条款。如进口商修改信用证意思不够明确，造成出口方误解。

④ 以保函换取与信用证相符的提单主要有倒签提单、预借提单及凭保函换取清洁提单。

1. 倒签提单是货物装船的日期晚于信用证规定的装船日期，但仍按信用证规定的日期签署装船日期的提单。

2. 预借提单是在货物实际装船完毕前签发的，并将当天的日期记载于提单签发日期栏内。倒签提单和预借提单均属于欺诈行为。

3. 凭保函换取清洁提单通常情况下也属于欺诈行为，但在特殊情形下，在没有欺诈意图的情况下，由于客观条件所限，承托双方就货物的数量、重量或包装等问题存在认识上的分歧，又无法对所装运的货物的实际数量进行再核实，此时凭保函签发清洁提单是商业习惯允许的变通做法，司法实践中已有案例承认了此种善意保函的效力。此时承运人仍对货损货差向收货人承担责任，但有权依有效的保函向托运人追偿。

⑤ 信用证独立于买卖合同为原则，但也有例外。若在银行对卖方提交的单据付款或承兑之前，发现或获得确凿证据，证明卖方确有欺诈行为，买方可请求法院向银行颁发禁止令，禁止银行付款。

（四）提示与建议

1. 建议选择资信良好的开证行。

2. 选择适当的信用证类型。[①]

3. 出口企业应高度关注三个日期：最迟装运日、信用证截止日和交单截止日，逾期可能会导致银行拒付。

4. 审慎对待信用证中的“软条款”，建议少用或不用。

C. 国际保理

（一）法律适用

1. 国际层面：国际保理现行的规则依据主要包括:《国际保理公约》[②]、《国际保理业务惯例规则》、《联合国国际贸易应收款转让公约》[③]。菲律宾已加入国际统一私法协会1988年《国际保理公约》，但未加入联合国国际贸易法委员会2001年《联合国国际贸易应收款转让公约》，中国未加入以上两项国际公约。国际保理商联合会（FCI）《国际保理业务惯例规则》作为国际惯例，是保理行业的主要法律依据，通常情况下保理商会选择适用该规则。

2. 国别层面：可以约定适用我国《民法典》有关保理合同的规定，或菲律宾《民法典》合同编中合同通则、债权转让等方面的规定[④]。

---

① 出口企业应当结合买卖双方的需求及合同货物的特征，选择适当的信用证类型。如果出口企业注重自身交单的便利性，可以考虑可议付信用证，就近指定议付行；如果买方有融资的需要，或者货物的生产周期较长，可以考虑远期信用证，分期交单付款，但要尽量压缩尾款的比例，以降低货款回收的风险。

② 该条约已生效，菲律宾已加入该条约，但是中国未加入，条约现状可参见国际统一私法协会官网：https://www.unidroit.org/instruments/leasing/convention/status，2024年5月30日访问。

③ 《联合国国际贸易应收款转让公约》尚未生效，条约现状可参见联合国官网：https://uncitral.un.org/en/texts/securityinterests/conventions/receivables/status，2024年5月30日访问。

④ 菲律宾《民法典》未对保理合同的内涵予以界定，在菲律宾《民法典》中为无名合同。

（二）核心法律义务

1. 债务人（买方）义务：向保理商履行付款的义务，但买方可以根据基础合同约定的付款抗辩条件对抗保理商的付款请求权。

2. 供应商（卖方）义务：（1）向债务人履行通知义务；（2）转让应收账款；（3）接受出口保理商的再转让；（4）支付约定的费用和利息。

（三）常见法律问题

1. 买方付款条件：债务人向保理商的付款义务是以供应商的通知义务的履行为前提。

2. 卖方可能面临款项被索回与反转让。

3. 信用额度被取消或被缩减。

（四）提示与建议

作为卖方，应注意以下方面：

1. 尽可能充分了解买方的付款能力及诚信记录。

2. 在签订保理合同时尽量排除“进口保理商有权无条件缩减或撤销信用额度”的规定。

3. 建议选择资信良好、海外机构较多、账务管理严格的国际保理机构。

六、进出口通关

（一）法律适用

1. 国际层面：适用WTO《贸易便利化协定》（TFA）、《中国—东盟自由贸易协定》、《区域全面经济伙伴关系协定》（RCEP），其中与中国的贸易关税适用关税减让表的特殊约定。

2. 国别层面：菲律宾进出口贸易相关的法律主要有《海关法》《出口发展法》《反倾销法》《反补贴法》《保障措施法》等。

（二）核心法律义务

1. 进口通关需履行下列义务：（1）进行舱单申报；（2）必须从列明的

口岸进口；（3）货物进口通关时，贸易商必须向海关官员提供以下文件：海关进口申报、商业发票、提货单、打包清单和原产地证书以及某些进口商品所需的进一步许可；（4）依法缴纳关税。

2. 出口通关需履行下列义务：（1）进行舱单申报；（2）必须从中列明的口岸出口；（3）向海关提供以下文件：提单或托运单、货物的商业发票、银行单证（如信用证等）、货物原产地证书、装箱清单、出口许可证（需要时提供）、相关外汇管制单证等。

（三）常见法律问题

1. 进出口通关：（1）货物可能被禁止进出口或限制进出口[①]；（2）货物

---

① 菲律宾将进口商品分为四类：自由进口商品、管制进口商品、限制进口商品、禁止进口商品。参见《菲律宾海关现代化和关税法》（CMTA）。

1. 限制进出口商品包括：除非法律或法规授权，禁止进出口下列受限货物：（1）炸药、火药、弹药和其他爆炸物、火器和战争武器或其部件；（2）用于赌博或分配金钱、雪茄、香烟或其他货物（如果该等分配是靠运气）的机器、装置或机械装置，包括头彩和弹球机或类似的发明或其部分；（3）彩票和抽奖券，但其广告和其中的抽奖清单除外；（4）大麻、鸦片、罂粟、古柯叶、海洛因或其他麻醉品或菲律宾总统宣布或今后可能宣布的合成药物，或任何化合物、人造盐、衍生物或其制剂，但由菲律宾政府或经危险药物管理局正式授权的任何人为医疗目的进口的除外；（5）任何材质的鸦片烟斗或其部件；（6）其他限制进出口的货物。对上述货物的进出口限制应包括对其过境的限制。参见《菲律宾海关现代化和关税法》（CMTA）第119条。

2. 禁止进出口商品包括：（1）任何形式的书面或印刷品，其中包含任何鼓吹或煽动叛国、叛乱、煽动反对菲律宾政府或强行抵抗菲律宾任何法律的事项，或含有任何威胁要夺走菲律宾境内任何人的生命或对其造成身体伤害的书面或印刷品；（2）设计、意图或改装用于生产非法堕胎的货物、器械、药物和物质，或任何宣传、描述或提供直接或间接信息的印刷品，说明非法堕胎的地点、方式或实施者；（3）含有淫秽或不道德性质的文字或印刷品、底片或电影胶片、照片、版画、平版版画、物品、绘画、素描或其他表现；（4）全部或部分由金、银、其他贵重金属或合金制造的任何货物，而印章、品牌或标记未表明金属或合金的实际质量纯度；（5）违反有关法律法规，在供人食用的食品、商品中掺假、贴错标签的，在供人食用的药品中掺假、贴错标签的；（6）《知识产权法》和相关法律规定的侵权商品；（7）主管当局颁布的法律或规章明确禁止进出口的所有其他货物或其部件。参见《菲律宾海关现代化和关税法》（CMTA）第118条。

可能被管制进出口[①]；（3）部分货物进出口需进行检验检疫[②]；（4）货物出口采取鼓励政策[③]；（5）货物进口申报时限限制[④]；（6）进口开始和终止的时间点[⑤]；（7）区分不同商品类型进行征收关税和税款[⑥]；（8）区分

---

① 受管制的货物只有在进口或者出口之前取得必要的货物申报或出口报关、清关、许可证和任何其他要求后才能进出口。管制进口商品必须获得相应主管部门的许可证或授权才可进口，受管制的进口商品清单可以在菲律宾国家贸易资料库中查看。参见《菲律宾海关现代化和关税法》（CMTA）第117条、我国商务部《对外投资合作国别（地区）指南——菲律宾（2022年版）》第27页。

② 进出口需要检验检疫的商品：（1）涉及民生、健康、安全和财产的商品，比如医用氧气、消费品、电器和防火设备、建筑材料等产品；（2）食品、药品和化妆品，相关规定参见菲律宾《食品和药品监管法》（第9711号共和国法案）、《食品、药品和化妆品法》（第3720号共和国法案）；（3）动植物产品，比如进口肉类、鱼类或者农产品都要求注册进口商是货物的接收者，相关规定参见菲律宾《家肉类检验法》（第9296号共和国法案）、《农业和渔业现代化法》（第8435号共和国法案）；（4）危险品的进口，必须依照菲律宾卫生部标准张贴标签、销售；（5）其他普通商品，共有28种产品要在当地进行产品标准检验，包括照明用品、电线电缆、卫生洁具、家用电器、轮胎和水泥等。参见中华人民共和国商务部《对外投资合作国别（地区）指南——菲律宾（2022年版）》第28页。

③ 菲律宾一般对出口贸易采取鼓励政策，主要包括简化出口手续并免征出口附加税，进口商品再出口可享受增值税退税、外汇资助和使用出口加工区的低成本设施等。参见《菲律宾海关现代化和关税法》（CMTA）。

④ 货物申报必须在船舶或飞机上最后一个包裹卸货之日起15日内提交。根据具体情况，提交货物申报的期限可以根据有效理由再延长15日，但该请求要在提交货物申报单的原始期限届满之前提出，未在规定期限内提交货物申报单构成默示放弃货物。参见《菲律宾海关现代化和关税法》（CMTA）第407条。

⑤ 进口开始的计算时间点：当运载船只、飞机进入菲律宾领土并打算卸货时；进口视为终止的情况：（1）货物应付的关税、税款和其他费用已在入境口岸支付或担保支付，并已获得撤销的法定许可；（2）如果货物被视为免征关税、税款和其他费用，货物已合法地离开该局的管辖范围。参见《菲律宾海关现代化和关税法》（CMTA）第103条。

⑥ 针对FOB和FCA货物价值为千比索或以下的商品不征收关税和税款，具体参见《菲律宾海关现代化和关税法》（CMTA）第3条。有条件征税商品，参见《菲律宾海关现代化和关税法》（CMTA）第800条。

不同类型货物申报[①]。

2. 关税税率[②]：菲律宾的进口关税税率一般为0—30%，对原木出口征收20%的关税；对大米等部分农产品实行关税配额管理措施，对配额内的产品征收正常关税，对配额外的商品征收高关税；对东盟成员国全部产品进行实行零关税。具体商品的税率可从菲律宾的关税委员会[③]的网页查阅。

（四）提示与建议

1. 事先查阅并咨询专业人员货物是否属于被禁止或限制进口或出口类型。

2. 对涉及需申请进口、出口许可证的货物，及时向有关当局申领许可证。

3. 在进口、出口通关前了解并咨询专业人员各项检验检疫程序及具体要求。

4. 及时关注菲律宾发布的最新进出口货物管理清单（禁止进出口、需要办理进出口许可证、符合卫生和植物卫生措施与技术条例要求的货物清单等）。[④]

5. 进口货物注意货物的申报类型要求和货物的申报时间限制。

---

① 所有进口货物均须提交货物申报单。货物申报类型：（1）正式入境包括货物价值不低于5000比索的机上免费FOR或者免费承运人FCA的商业性质货物；（2）乘客行李或者邮件中进口的个人和家庭财物或非商业数量的货物；（3）非正式入境涵盖货物价值低于5000比索的船上FOB或自由承运人FCA的商业性质货物。参见《菲律宾海关现代化和关税法》（CMTA）第400、402条。

② 参见中华人民共和国商务部《对外投资合作国别（地区）指南——菲律宾（2022年版）》第29页。

③ 具体商品税率查询参见菲律宾关税委员会网：http://www.tariffcommission.gov.ph/tariff_finder，2024年5月30日访问。

④ 菲律宾贸易管理中对不同货物有不同的管理规定，相关最新管制的法令、决定等可在菲律宾贸工部官网查阅：https://www.dti.gov.ph/resources/laws-and-policies/exports，2024年5月30日访问。

七、纠纷解决

A. 国际商事仲裁

（一）管辖机构

1. 亚太区内仲裁机构：中国国际经济贸易仲裁委员会（CIETAC）、中国香港国际仲裁中心（HKIAC）、新加坡国际仲裁中心（SIAC）、巴厘岛国际仲裁与调解中心（BIAMC）、亚洲国际仲裁中心（AIAC）、吉隆坡区域仲裁中心（KLRCA）、菲律宾争议解决中心（PDRCI）[①]、中国国际贸易促进委员会（CCPIT）。

2. 亚太区外仲裁机构：国际商会仲裁院（ICC）、伦敦国际仲裁院（LCIA）、瑞士苏黎世商会仲裁院（ZCC）、瑞典斯德哥尔摩商会仲裁院（SCC）等。

（二）管辖依据

仲裁机构及纠纷适用的准据法可由当事人选择确定。

（三）法律适用

1. 仲裁程序规则：发生争议的双方可以通过实现合同约定或者事后双方同意的方式提起仲裁。仲裁双方应首先签署书面的仲裁协议，并由起诉方或其合法代理人签署[②]。

2. 案件准据法：由当事人选定或仲裁庭选定案件审理适用的准据法，可以是菲律宾国内法或我国国内法。可以适用菲律宾2021年《PDRCI仲裁规则》，以及《承认及执行外国仲裁裁决公约》(《纽约公约》)。

---

① 菲律宾争议解决中心（PDRCI）是菲律宾主要的仲裁机构，属于一家非股份制的非营利组织，1996年成立于菲律宾工商会（PCCI）仲裁委员会，该机构与国际多家仲裁中心达成了合作协议，如韩国商事仲裁委员会、印度仲裁委员会、新加坡国际仲裁中心等。官方网址：https://www.pdrci.org，2024年5月30日访问。

② 参见菲律宾《仲裁法》(菲律宾共和国法案第876号）。

（四）常见法律问题

1. 仲裁的瑕疵。[①]

2. 仲裁的终止。[②]

3. 仲裁放弃反对权以明示方式作出，默示无效。[③]

4. 仲裁违约情况。[④]

（五）提示与建议

1. 重视纠纷的可仲裁性问题，在拟定仲裁协议时明确纠纷是否属于当事人约定的仲裁情况。

2. 建议中方当事人就经济贸易纠纷优先选择机构仲裁，可以选择外国或国际仲裁机构，而不仅限于菲律宾争议解决中心（PDRCI）。

3. 当发现仲裁员与争议有利益关系或与对方当事人有亲戚关系等影响

---

① 仲裁协议瑕疵包括仲裁机构选择不明确、当事人仲裁意愿不明确等。就前者而言，如果双方事先未就仲裁地点达成协议，仲裁所在地应为菲律宾，除非仲裁庭考虑到案件的情况，确定另一地点更为合适。参见菲律宾2021年《PDRCI仲裁规则》第27条。就后者而言，当事人应当向菲律宾争议解决中心（PDRCI）提交解决争议的书面协议，既可以是合同中的仲裁条款，也可以是单独的仲裁协议，必须具有书面性。书面陈述索赔应当包括法律规定的必要内容，对诉讼请求或者辩护的修改不能拖延或者损害其他当事人。参见菲律宾2021年《PDRCI仲裁规则》第30—32条。

② 仲裁“终止的理由”:（1）在裁决前，双方同意解决争议的，或者经双方请求并接受的，仲裁庭应发出终止仲裁的命令；（2）由仲裁庭签署的终止仲裁的命令或裁决书，应由菲律宾争议解决中心（PDRCI）通知双方。参见菲律宾2021年《PDRCI仲裁规则》第50条。

③ 任何一方未能及时反对任何不遵守规则或仲裁协议的任何要求应视为放弃异议的权利，除非该方可以表明，在这种情况下，其未能反对是正当的。参见菲律宾2021年《PDRCI仲裁规则》第45条。

④ 在仲裁庭规定的期限内:（1）索赔人在没有充分理由的情况下，未能传达该声明，对于索赔，仲裁庭可以发出终止仲裁的命令；（2）被申请人没有充分的理由，未能沟通，根据仲裁通知或辩护声明，仲裁庭应命令诉讼继续进行，而不将这种失败本身视为对索赔的承认。本项也适用于未对反诉或任何其他索赔提出抗辩。参见菲律宾2021年《PDRCI仲裁规则》第43条。

公正的情形时，要及时提出疑问，维护自身合法权益。

4. 了解菲律宾争议解决中心（PDRCI）的设立情况，根据自身需求，选择更有利于自身的争端解决机构。

B. 国际商事调解

（一）管辖机构

1. 亚太区内调解机构：亚太仲裁与调解中心（APCAM）、新加坡国际调解中心（SIMC）、菲律宾国家调解中心（NCM）等。

2. 国内调解机构：菲律宾国家调解中心（NCM）、中国国际贸易促进委员会/中国国际商会调解中心（CCPIT）、一带一路国际商事调解中心（BNRMC）、最高人民法院国际商事法庭（CICC）。

（二）管辖依据

管辖权产生的依据为当事人的意思自治。

（三）法律适用

1. 程序规则：可以适用《亚太仲裁与调解中心调解规则（2020版）》《新加坡调解公约》《国际商会调解与仲裁规则》《一带一路国际商事调解中心调解规则》《最高人民法院国际商事法庭程序规则（试行）》，以及菲律宾《1997年民事诉讼法》（2019年修订）。

2. 案件准据法：由当事人选择案件审理适用的准据法，即我国相关国内法或菲律宾相关国内法。

（四）常见法律问题

1. 签订调解协议之前需要以调解申请为前提。[①]

---

① 在中国调解书具有强制执行力，调解协议须经法院司法确认才具有强制执行力。但根据《新加坡调解公约》规定，和解协议无须经司法确认即可得到执行。菲律宾的商事调解具有亲和性和非对抗性的特点，手续和程序简单，私密性强。

2. 调解员选择不当、调解程序失误、证据可采性等[①]导致调解失败。

3. 启动仲裁或司法程序不能视为对调解协议的豁免或调解程序的终止。

（五）提示与建议

1. 中方当事人选择将争议提交给菲律宾国家调解中心（NCM）中心进行调解需要注意提交争议的地点；申请调解材料的完整性。

2. 当发现调解员与争议有利益关系或与对方当事人有亲戚关系等影响公正的情形时，要及时提出异议，维护自身合法权益。

3. 当争议无法通过调解解决，要注意举行调解会议的时间限制，要及时利用调解—仲裁或调解—诉讼衔接机制，防止纠纷解决的拖延。

C. 民事诉讼

（一）管辖机构

菲律宾法院体系[②]分为四个层级，第一层级是各市级法院；第二层级是各地区法院；第三层级是上诉法院；第四层级是最高法院。在南部穆斯林地区，设有伊斯兰教巡回法院、地区法院和上诉法院。另外，菲律宾还设有专门的税务上诉法院。诉讼实行两审终审制，如果二审后发现重大错误或者出现新的证据，可以要求再审。

（二）管辖依据

1. 国别管辖：菲律宾尚未加入海牙国际私法会议2005年《选择法院协议公约》，中国已签署但尚未批准核准，故无法直接援引适用《选择法院协议公约》确定国别管辖法院。

2. 国内管辖：通过中国《民事诉讼法》及其司法解释或菲律宾《法院规则》等确定国内管辖法院。

---

① 以下信息不得作为证据使用：调解员的建议、一方当事人在调解程序中的陈述或承认、仅为调解程序准备的文件等。

② 参见菲律宾1987年《宪法》和1980年《司法重组法》。

（三）法律适用

1. 程序法的适用：适用菲律宾1997年《民事诉讼规则》之《法院规则》等。

2. 准据法的适用：菲律宾未加入《承认与执行外国民商事判决公约》[①]且未有相关法律冲突的专门规定，具体审查要求参见我国或菲律宾国内法。

（四）常见法律问题

1. 菲律宾1997年《民事诉讼法》之《法院规则》。[②]

2. 菲律宾法院判决的依据。[③]

（五）提示与建议

中方当事人就经济贸易纠纷提交菲律宾法院审理存在一定的风险，需要慎重抉择，包括但不限于：

1. 庭审语言障碍。菲律宾的庭审语言通常以菲律宾语或英语进行，中方当事人在菲律宾法院起诉将增加翻译成本和案件审理难度。

---

① 菲律宾未签署2019年《承认与执行外国民商事判决公约》，且目前该公约尚未生效，无法直接援引适用。

② 根据菲律宾1997年《民事诉讼法》之《法院规则》第8条第6节规定，只有在判决或决定不具有法律规定的管辖权的情况下才能主张请求外国法院或司法的判决或决定。根据菲律宾《法院规则》第39条第48节的规定，对外国判决或裁定的最终效力的认定，具有管辖权作出该判决或最终命令的外国法庭的判决或命令的效力如下:（1）对于针对某一特定事物的最终判决或者命令，该判决或者命令对该事物的所有权具有决定性效力；（2）对于针对某人的最终判决或者命令，该判决或者命令是当事人及其利益继承人之间的权利的推定证据。在任何一种情况下，最终的判决或者命令都可能因缺乏管辖权、缺乏通知当事人、串通、欺诈或者法律或事实的明显错误而被排斥。

③ 菲律宾属于成文法国家，其主要渊源是以宪法为核心的成文法。司法判例也是菲律宾的重要法律渊源，现仍是调整菲律宾居民法律关系的重要依据之一。对于某些案件，如果法律规定不清晰或者没有法律规定，菲律宾法院会依据法律原则或者最高法院的判决案例作出裁判。菲律宾部门法体系也较为完善，具有大陆法系法典化的特征。

2. 诉讼审理实际效率较低。菲律宾虽然实行两审终审制，法律规定最高法院审理期限为24个月，上诉法院、反腐败法院和税务上诉法院为12个月，其他法院为3个月，但是在实践中上述期限并未得到严格执行，实际执行的审理期限较长，时间成本较高，简单案件的审理经常持续几个月，复杂案件至少持续两年，诉讼效率极低。

3.承认与执行可能的障碍。中菲未签订关于民商事司法协助的条约，但是签订了《关于刑事司法协助的条约》。因此，对于商事类争议的判决能否在两国之间依照该司法协助条约执行尚不明确。

第四编　法律法规中英文名称索引

一、国际条约

1.《联合国国际货物销售合同公约》，The United Nations Convention on Contracts for the International Sale of Goods，CISG。[①]

2.《统一提单的若干法律规则的国际公约》，International Convention for the Unification of Certain Rules of Law Relating to Bills of Lading(《海牙规则》，The Hague Rules）。[②]

3.《修改统一提单的若干法律规则的国际公约》，Protocol to Amend the International Convention for the Unification of Certain Rules of Law Relating to Bills of Lading（《海牙—维斯比规则》，The Hague-Visby Rules）。[③]

4.《联合国海上货物运输公约》，United Nations Convention on the Carriage of Goods by Sea（《汉堡规则》，Hamburg Rules）。[④]

5.《联合国全程或者部分海上国际货物运输合同公约》，United Nations Convention on Contracts for the International Carriage of Goods Wholly or Partly by Sea（《鹿特丹规则》，The Rotterdam Rules）。[⑤]

---

① https://uncitral.un.org/sites/uncitral.un.org/files/media-documents/uncitral/zh/v1056996-cisg-c.pdf，2024年5月14日访问。

② https://dgtr.de/wp-content/uploads/HagueVisbyRules19681979engl.pdf，2024年5月14日访问。

③ https://treaties.un.org/doc/Publication/UNTS/Volume%201412/volume-1412-I-23643-English.pdf，2024年5月14日访问。

④ https://uncitral.un.org/sites/uncitral.un.org/files/media-documents/uncitral/en/hamburg_rules_e.pdf，2024年5月14日访问。

⑤ https://uncitral.un.org/sites/uncitral.un.org/files/media-documents/uncitral/en/rotterdam-rules-e.pdf，2024年5月14日访问。

6.《统一国际航空运输某些规则的公约》(1929), Convention for the Unification of Certain Rules for International Carriage by Air [《华沙公约》, The Warsaw Convention (1929)]。[①]

7.《修改1929年10月12日在华沙签订的统一国际航空运输某些规则的公约的议定书》, Protocol to Amend the Convention for the Unification of Certain Rules Relating to International Carriage by Air signed at Warsaw on 12 October 1929 [(1955年《海牙议定书》,The Hague Protocol (1955)]。[②]

8.《统一非缔约承运人所办航空运输某些规则以补充华沙公约》, Convention Supplementary to the Warsaw Convention, for the Unification of Certain Rules Relating to International Carriage by Air Performed by a Person Other than the Contracting Carrier (《瓜达拉哈拉公约》, Guadalajara Convention)。[③]

9.《统一国际航空运输某些规则的公约》(1999), Convention for the Unification of Certain Rules for International Carriage by Air (《蒙特利尔公约》, The Montreal Convention)。[④]

10.《国际铁路货物运输公约》, The Convention Concerning International Carriage of Goods by Rail, COTIF/CIM。[⑤]

11.《国际铁路货物联运协定》, The Agreement on International Railroad through Transport of Goods, SMGS。[⑥]

12.《联合国国际货物多式联运公约》, The United Nations Convention

---

① https://www.mcgill.ca/iasl/files/iasl/warsaw1929.pdf, 2024年5月14日访问。

② https://www.mcgill.ca/iasl/files/iasl/hague1955.pdf, 2024年5月14日访问。

③ https://dgtr.de/wp-content/uploads/GuadalEngl.pdf, 2024年5月14日访问。

④ https://www.icao.int/Meetings/AirCargoDevelopmentForum-Togo/Documents/9740.pdf, 2024年5月14日访问。

⑤ http://otif.org/fileadmin/new/3-Reference-Text/3A-COTIF99/02_Basic_Convention.pdf, 2024年5月14日访问。

⑥ https://www.nra.gov.cn/jglz/ysjg/fgys/202105/P020210903329601713789.pdf, 2024年5月14日访问。

International Multimodal Transport Goods。[①]

13.《国际商会多式联运单证统一规则》，The Uniform Rules for a Combined Transportation Document，1973。[②]

14.《联合国贸易和发展会议/国际商会多式联运单证规则》，The UNCTAD/ICC Rules for Multimodal Transport Documents。[③]

15.《国际贸易术语解释通则》（2000），The International Rules for the Interpretation of Trade Terms，INCOTERMS2000。[④]

16.《国际贸易术语解释通则》（2010），The International Rules for the Interpretation of Trade Terms，INCOTERMS2010。[⑤]

17.《国际贸易术语解释通则》（2020），The International Rules for the Interpretation of Trade Terms，INCOTERMS2020。[⑥]

18.《英国伦敦保险协会海运货物保险条款》（I.C.C），The Institute Cargo Clause，I.C.C。[⑦]

---

① https://treaties.un.org/doc/Treaties/1980/05/19800524%2006-13%20PM/Ch_XI_E_1.pdf，2024年5月14日访问。

② http://tfs.mofcom.gov.cn/article/date/j/ak/200212/20021200058426.shtml，2024年5月14日访问。

③ https://unctad.org/system/files/official-document/tradewp4inf.117_corr.1_en.pdf，2024年5月14日访问。

④ 国际商会中国国家委员会编:《2000年国际贸易术语解释通则》，中信出版社2000年版。

⑤ 国际商会（ICC）编写、中国国际商会/国际商会中国国家委员会组织翻译:《国际贸易术语解释通则2010》，中国民主法制出版社2011年版。

⑥ 中国国际商会/国际商会中国国家委员会组织翻译:《国际贸易术语解释通则2020》，对外经济贸易大学出版社2019年版。

⑦ I.C.C（A）：https://www.if-insurance.com/globalassets/industrial/files/marine-cargo/institute-clauses/institute-cargo-clauses-a-2009.pdf，2024年5月14日访问。

I.C.C（B）：https://www.if-insurance.com/globalassets/industrial/files/marine-cargo/institute-clauses/institute-cargo-clauses-b-2009.pdf，2024年5月14日访问。

I.C.C（C）：https://www.if-insurance.com/globalassets/industrial/files/marine-cargo/institute-clauses/institute-cargo-clauses-c-2009.pdf，2024年5月14日访问。

19.《美国协会货物保险条款》，The American Institute Cargo Clause，1965。[①]

20.《托收统一规则》（URC522），The Uniform Rules for Collection，URC522。[②]

21.《跟单信用证统一惯例》（UCP600），The Uniform Customs & Practice for Documentary Credits（2007 revision），UCP600。[③]

22.《关于审核跟单信用证项下单据的国际标准银行实务》（ISBP745），The International Standard Banking Practice for the Examination of Documents under Documentary Credits，ISBP745。[④]

23.《国际保理公约》，The Convention on International Factoring。[⑤]

24.《联合国国际贸易应收款转让公约》，United Nations Convention on the Assignment of Receivables in International Trade。[⑥]

25.《国际保理业务惯例规则》，The General Principles of International Factoring。[⑦]

26.《贸易便利化协定》，The Trade Facilitation Agreement。[⑧]

27.《区域全面经济伙伴关系协定》，The Regional Comprehensive Economic

---

① http://www.fortunes-de-mer.com/mer/images/documents%20pdf/polices%20facultes/Etrangeres/Etats%20Unis/American%20Institute%20Cargo%20Clauses%2032B-10.pdf，2024年5月14日访问。

② 国际商会中国国家委员会（ICC CHINA）组织翻译:《国际商会托收统一规则》，中国民主法制出版社2003年版。

③ 国际商会中国国家委员会编译:《ICC跟单信用证统一惯例（UCP600）（2007年修订版）及关于电子交单的附则（eUCP）（版本1.1）》，中国民主法制出版社2006年版。

④ 国际商会:《关于审核跟单信用证项下单据的国际标准银行实务》，中国民主法制出版社2013年版。

⑤ https://www.unidroit.org/instruments/leasing/convention/，2024年5月14日访问。

⑥ https://uncitral.un.org/sites/uncitral.un.org/files/media-documents/uncitral/en/ctc-assignment-convention-e.pdf，2024年5月14日访问。

⑦ https://www.tebfaktoring.com.tr/sites/1/upload/files/9_FCI_GRIF-35.pdf，2024年5月14日访问。

⑧ https://www.wto.org/english/docs_e/legal_e/tfa-nov14_e.htm#fntext-12，2024年5月14日访问。

Partnership，RCEP。[①]

28.《全面与进步跨太平洋伙伴关系协定》，Comprehensive and Progressive Agreement for Trans-Pacific Partnership，CPTPP。[②]

29.《选择法院协议公约》，Convention on Choice of Court Agreements。[③]

30.《承认与执行外国民商事判决公约》，Convention on the Recognition and Enforcement of Foreign Judgments in Civil or Commercial Matters。[④]

31.《承认和执行外国仲裁裁决公约》(《纽约公约》)，The United Nations Convention on the Recognition and Enforcement of Foreign Arbitral Awards。[⑤]

32.《联合国关于调解所产生的国际和解协议公约》(《新加坡调解公约》)，The Singapore Convention on Mediation。[⑥]

33.《新加坡国际调解中心调解规则》，The Singapore International Mediation Centre Mediation Rules。[⑦]

34.《国际商会2021年仲裁规则和2014年调解规则》，The Arbitration and Conciliation Rules of the International Commercial Chamber。[⑧]

35.《联合国国际贸易法委员会国际商事仲裁示范法》，UNCITRAL Model

① http://fta.mofcom.gov.cn/rcep/rcep_new.shtml，2024年5月14日访问。

② http://images.mofcom.gov.cn/sms/202101/20210111155647995.pdf，2024年5月14日访问。

③ https://assets.hcch.net/docs/510bc238-7318-47ed-9ed5-e0972510d98b.pdf，2024年5月14日访问。

④ https://assets.hcch.net/docs/806e290e-bbd8-413d-b15e-8e3e1bf1496d.pdf，2024年5月14日访问。

⑤ https://uncitral.un.org/sites/uncitral.un.org/files/media-documents/uncitral/zh/new-york-convention-c.pdf，2024年5月14日访问。

⑥ https://uncitral.un.org/sites/uncitral.un.org/files/media-documents/uncitral/zh/mediation_convention_c_0.pdf，2024年5月14日访问。

⑦ https://simc.com.sg/v3/wp-content/uploads/2023/05/SIMC-Mediation-Rules-2023.pdf，2024年5月14日访问。

⑧ https://iccwbo.org/wp-content/uploads/sites/3/2023/06/icc-2021-arbitration-rules-2014-mediation-rules-chinese-version-2023-version.pdf，2024年5月14日访问。

Law on International Commercial Arbitration。①

36.《新加坡国际仲裁中心仲裁规则》(2016),Arbitration Rules of the Singapore International Arbitration Centre(2016)。②

37.《联合国贸易委员会仲裁规则》(2021),UNCITRAL Arbitration Rules(2021)。③

38.《一带一路国际商事调解中心调解规则》(2021),Mediation Rules of the International Commercial Mediation Center for the Belt & Road(2021)。④

39.《亚太仲裁与调解中心调解规则》(2020),Mediation Rules of the Asia Pacific Centre for Arbitration & Mediation(2020)。⑤

40. 中老《关于澜沧江—湄公河客货运输协定》,Agreement on Cargo and Passenger Transport on the Lancang-Mekong River between the Government of the People's Republic of China and the Government of the Lao People's Democratic Republic。⑥

41. 中老缅泰《澜沧江—湄公河商船通航协定》,Agreement on Commercial Navigation on Lanchang-Mekong River among the Government of the People's Republic of China, the Lao People's Democratic Republic, the Union of Myanmar and the Kingdom of Thailand。⑦

① https://uncitral.un.org/sites/uncitral.un.org/files/media-documents/uncitral/zh/19-09954_c_ebook_1.pdf,2024年5月14日访问。

② https://siac.org.sg/wp-content/uploads/2022/06/SIAC-Rules-2016_Chinese_Final1.pdf,2024年5月14日访问。

③ https://uncitral.un.org/sites/uncitral.un.org/files/media-documents/uncitral/en/21-07996_expedited-arbitration-e-ebook.pdf,2024年5月14日访问。

④ http://www.bnrmediation.com/CN/GuideTnt/542ec98f-2a64-4c6a-9ed9-790293844a8d/909b2068-d56c-42c6-9fac-6544d87bc67e,2024年5月14日访问。

⑤ https://apcam.asia/mediation-rules/,2024年5月14日访问。

⑥ http://treaty.mfa.gov.cn/tykfiles/20180718/1531876706198.pdf,2024年5月14日访问。

⑦ http://treaty.mfa.gov.cn/tykfiles/20180718/1531875998850.pdf,2024年5月14日访问。

42. 中老缅泰交通部《关于实施四国政府澜沧江—湄公河商船通航协定的谅解备忘录》，Memorandum of Understanding among the Ministry of Communications of the People's Republic of China，the Ministry of Communication of the Lao People's Democratic Republic，the Ministry of Transport and Communications of the Kingdom of Thailand concerning the Implemention of the Quadripartite Agreement on Commercial Navigation of the Lanchang-Mekong River。①

43. 中老《关于民事和刑事司法协助的条约》，The People's Republic of China and Lao PDR about Civil and Criminal Judicial Assistance Treaty。②

44.《中华人民共和国政府和越南民主共和国政府关于两国间海上运输的协定》，The Agreement on Maritime Transport between the Government of the People's Republic of China and the Government of the Democratic Republic of Viet Nam。③

45.《中华人民共和国铁道部和越南民主共和国交通运输部铁路联运协定》，Agreement on Railway Inter-modal Transport between the Ministry of Railways of the People's Republic of China and the Ministry of Communications of the Democratic Republic of Viet Nam。④

46.《中华人民共和国和越南社会主义共和国关于民事和刑事司法协助的条约》，Treaty Between the People's Republic of China and the Socialist Republic of Viet Nam on Judicial Assistance in Civil and Criminal Matters。⑤

47.《中华人民共和国和新加坡共和国关于民事和商事司法协助的条约》（中新《关于民事和商事司法协助的条例》），Treaty on Judicial Assistance in Civil and Commercial Matters between the People's Republic of China and the Republic of Singapore。⑥

---

① http://treaty.mfa.gov.cn/tykfiles/20180718/1531876080974.pdf，2024年5月14日访问。
② http://treaty.mfa.gov.cn/tykfiles/20180718/1531876794047.pdf，2024年5月14日访问。
③ http://treaty.mfa.gov.cn/tykfiles/20180718/1531876388771.pdf，2024年5月14日访问。
④ http://treaty.mfa.gov.cn/tykfiles/20180718/1531876385165.pdf，2024年5月14日访问。
⑤ http://treaty.mfa.gov.cn/tykfiles/20180718/1531876784522.pdf，2024年5月14日访问。
⑥ https://cicc.court.gov.cn/html/1/218/62/162/562.html，2024年5月14日访问。

48.《中华人民共和国政府和新加坡共和国政府自由贸易协定》，Free Trade Agreement between the Government of the People's Republic of China and the Government of the Republic of Singapore。①

49.《关于升级〈中华人民共和国政府和新加坡共和国政府自由贸易协定〉的议定书》，Protocol to Upgrade the Free Trade Agreement between the Government of the People's Republic of China and the Government of the Republic of Singapore。②

50.《中华人民共和国政府和新加坡共和国政府海运协定》，The Agreement on Maritime Transport between the Government of the People's Republic of China and the Government of the Republic of Singapore。③

51.《中华人民共和国政府和新加坡共和国政府海运协定修改议定书》，Protocol to Amend the Agreement on Maritime Transport between the Government of the People's Republic of China and the Government of the Republic of Singapore。④

52.《中华人民共和国最高人民法院和新加坡共和国最高法院关于承认与执行商事案件金钱判决的指导备忘录》，Memorandum of Guidance between the Supreme People's Court of the People's Republic of China and the Supreme Court of Singapore on Recognition and Enforcement of Money Judgments in Commercial Cases。⑤

---

① http://fta.mofcom.gov.cn/singapore/doc/cs_xieyi_cn.pdf，2024年5月14日访问。

② http://fta.mofcom.gov.cn/singapore/doc/sjyds_cn.pdf，2024年5月14日访问。

③ http://treaty.mfa.gov.cn/tykfiles/20180718/1531876638337.pdf，2024年5月14日访问。

④ http://treaty.mfa.gov.cn/tykfiles/20180718/1531876880420.pdf，2024年5月14日访问。

⑤ https://zh-cn.chinajusticeobserver.com/p/memorandum-of-guidance-between-china-supremecourt-and-singapore-supremecourt-on-recognition-and-enforcement-of-money-judgments，2024年5月14日访问。

二、马来西亚国内法

1.《马来西亚1950年合同法令》（1974年修订），The Contract Act 1950 of Malaysia（Revised 1974）。①

2.《马来西亚2020年海上货物运输法》，The Carriage of Goods by Sea（Amendment）Act（2020）of Malaysia。②

3.《马来西亚2011年商船（修订和扩展）法》，Merchant Shipping（Amendment and Extension）Act 2011 of Malaysia。③

4.《马来西亚1991年铁路法案》，Railways Act 1991 of Malaysia。④

5.《马来西亚1974年航空运输法》，Carriage by Air Act 1974 of Malaysia。⑤

6.《马来西亚1996年保险法案》，Insurance Act 1996 of Malaysia。⑥

7.《马来西亚2013金融服务法令》，Banking and Financial Institution Act of Malaysia。⑦

8.《马来西亚1967年海关法》（1980年修订），Customs Act 1967 of Malaysia（Revised 1980）。⑧

9.《马来西亚1977年海关条例》，Customs Regulations 1977 of Malaysia。

10.《马来西亚1976年植物检疫法》，Plant Quarantine Act 1976 of Malaysia。⑨

11.《马来西亚1957年联邦宪法》，Federal Constitution（Amendment）

---

① http://www.commonlii.org/my/legis/consol_act/ca19501974200/，2024年5月15日访问。

② http://lib.perdana.org.my/PLF/GOVERNMENT%20PUBLICATION/federalgazette%202020/Amending%20Act/20200204_A1613_BI_WJW0146XX%20BI.pdf，2024年5月15日访问。

③ https://natlex.ilo.org/dyn/natlex2/r/natlex/fe/details?p3_isn=89549，2024年5月15日访问。

④ http://www.commonlii.org/my/legis/consol_act/ra1991121/，2024年5月15日访问。

⑤ http://www.commonlii.org/my/legis/consol_act/cbaa1974125/，2024年5月15日访问。

⑥ http://www.commonlii.org/my/legis/consol_act/ia1996116/，2024年5月15日访问。

⑦ http://www.commonlii.org/my/legis/consol_act/bafia1989325/，2024年5月15日访问。

⑧ http://www.commonlii.org/my/legis/consol_act/ca19671980199/，2024年5月15日访问。

⑨ http://www.commonlii.org/my/legis/consol_act/pqa1976189/，2024年5月15日访问。

Act 1957 of Malaysia。[①]

12.《马来西亚2018年联邦法院规则（修订）》，Rules of the Federal Court（Amendment）2018［PU（A）25/2018］of Malaysia。[②]

13.《马来西亚2018年上诉法院规则（修订）》，Rules of the Court of Appeal（Amendment）2018［PU（A）26/2018］of Malaysia。[③]

14.《马来西亚1964年法院审判条例》（1972年修订），Courts of Judicature Act 1964 of Malaysia（Revised 1972）。[④]

15.《马来西亚1948年下级法院条例》（1972年修订），Subordinate Court Act 1948 of Malaysia（Revised 1972）。[⑤]

三、印度尼西亚国内法

1.《印度尼西亚民法典》，The Civil Code of Indonesia（2018）。[⑥]

2.《印度尼西亚第17/2008号航运法》，Law of the Republic of Indonesia No.17 /2008 on Shipping。[⑦]

3.《印度尼西亚第23/2007号铁路运输法》，Law of the Republic of Indonesia

---

① https://natlex.ilo.org/dyn/natlex2/r/natlex/fe/details?p3_isn=44034，2024年5月15日访问。

② https://lom.agc.gov.my/act-view.php?type=pua&no=P.U.%20（A）%2025/2018，2024年5月15日访问。

③ https://lom.agc.gov.my/act-view.php?type=pua&no=P.U.%20（A）%2026/2018，2024年5月15日访问。

④ http://www.commonlii.org/my/legis/consol_act/coja19641972307/，2024年5月15日访问。

⑤ http://www.commonlii.org/my/legis/consol_act/sca19481972303/，2024年5月15日访问。

⑥ https://www.ilo.org/dyn/natlex/docs/ELECTRONIC/77113/81600/F323756734/IDN.77113.pdf.，2024年5月16日访问。

⑦ https://www.ilo.org/dyn/natlex/docs/ELECTRONIC/80281/124957/F-351715374/IDN80281%20Idn.pdf.，2024年5月16日访问。

No. 23/2007 on Rail Transportation。[①]

4.《印度尼西亚第1/2009号航空法》，Law of the Republic of Indonesia No.1/2009 on Aviation。[②]

5.《印度尼西亚多式联运法规》，Government Regulation of the Republic of Indonesia No.8 /2011 on Multimodal Transportation。[③]

6.《印度尼西亚保险法》，Law of the Republic of Indonesia No.40/2014 on Insurance。[④]

7.《印度尼西亚出口货物信用证使用办法》，Regulation of Ministry of Trade of Indonesia No.94/2018 concerning use of Letter of Credit for Export of Certain Goods。[⑤]

8.《印度尼西亚出口融资机构法》，Law of the Republic of Indonesia No.2/2009 concerning Export Financing Institution。[⑥]

9.《印度尼亚海关法》，Law of the Republic of Indonesia No.10/1995 concerning Customs。[⑦]

10.《印度尼西亚海关法（2006年修订）》，Law of the Republic of Indonesia No.17/2006 concerning Amendments to Law No.10/1995 concerning Customs。[⑧]

---

① http://peraturan.go.id/common/dokumen/ln/2007/uu23-2007.pdf.，2024年5月16日访问。

② http://peraturan.go.id/common/dokumen/ln/2009/uu1-2009bt.pdf.，2024年5月16日访问。

③ https://peraturan.go.id/common/dokumen/terjemah/2020/Lembaran%20Lepas%20Permenhub%20PM%208%202012.pdf.，2024年5月16日访问。

④ https://peraturan.go.id/common/dokumen/terjemah/2020/Lembaran%20Lepas%20Permenhub%20PM%208%202012.pdf.，2024年5月16日访问。

⑤ http://peraturan.go.id/common/dokumen/bn/2018/bn1251-2018.pdf.，2024年5月16日访问。

⑥ http://peraturan.go.id/common/dokumen/ln/2009/uu2-2009pjl.pdf.，2024年5月16日访问。

⑦ http://www.flevin.com/id/lgso/translations/JICA%20Mirror/english/7201_UU_17_2006_EN.html.，2024年5月16日访问。

⑧ http://www.flevin.com/id/lgso/translations/JICA%20Mirror/english/7201_UU_17_2006_EN.html.，2024年5月16日访问。

11.《印度尼西亚出口海关程序规定》，Regulation of the Director General of Customs and Excise of Indonesia concerning Customs Procedures in the Export field。①

12.《印度尼西亚出口货物征税条例》，Government Regulation of the Republic of Indonesia concerning the Imposition of Export Duty on Exported Goods。②

13.《印度尼西亚动植物检疫法》，Law of the Republic of Indonesia No.16/1992 concerning Animal，Fish，and Plant Quarantine。③

14.《印度尼西亚共和国宪法》，The Constitution of the Republic of Indonesia。④

15.《印度尼西亚仲裁和争议解决法》，The Arbitration and ADR Law of Indonesia。⑤

16.《印度尼西亚最高法院调解程序》，The SC Regulation on Mediation of Indonesia。⑥

---

① http://www.flevin.com/id/lgso/translations/JICA%20Mirror/english/4123_145_PMK.04_2007_e.html.，2024年5月16日访问。

② http://www.flevin.com/id/lgso/translations/JICA%20Mirror/english/4674_PP_55_2008_e.html.，2024年5月16日访问。

③ http://www.flevin.com/id/lgso/translations/JICA%20Mirror/english/5.16.1992.eng.qc.html.，2024年5月16日访问。

④ http://www.flevin.com/id/lgso/translations/Various/Constitution.pdf.，2024年5月16日访问。

⑤ http://www.flevin.com/id/lgso/translations/Laws/Law%20No.%2030%20of%201999%20on%20Arbitration%20and%20Alternative%20Dispute%20Resolution%20（no%20elucidation）.pdf.，2024年5月16日访问。

⑥ http://peraturan.go.id/common/dokumen/bn/2016/bn175-2016.pdf.，2024年5月16日访问。

四、老挝国内法

1.《民法典》，Civil Code（2018）。①
2.《水路法》，Law on Waterway（2022）。②
3.《铁路法》，Law on Train（2018）。③
4.《民用航空法》，Law on Civil Aviation（Revised 2018）。④
5.《多式联运法》，Law on Multi-Transportations（2012）。⑤
6.《保险法》，Law on Insurance（Revised 2019）。⑥
7.《支付系统法》，Law on Payment System（2017）。⑦
8.《支付服务协议》，Agreement on Payment Services（2020）。⑧
9.《海关法》，Law on Customs（Revised 2020）。⑨
10.《货物进出口法令》，Decree on Import and Export of Goods（2011）。⑩

---

① https://www.laoofficialgazette.gov.la/kcfinder/upload/files/ilovepdf_merged%20（4）.pdf，2024年5月17日访问。

② http://www.laotradeportal.gov.la/kcfinder/upload/files/Legal_1678870493lo_LA.pdf，2024年5月17日访问。

③ https://na.gov.la/wp-content/uploads/2021/11/law_lodfai-new29_1_2019.pdf，2024年5月17日访问。

④ http://www.laotradeportal.gov.la/kcfinder/upload/files/Legal_1599539480lo_LA.pdf，2024年5月17日访问。

⑤ https://na.gov.la/wp-content/uploads/2021/11/87Multi-Transportation-Law17-1-2013.pdf，2024年5月17日访问。

⑥ https://www.laoofficialgazette.gov.la/kcfinder/upload/files/78%E0%BA%AA%E0%BA%9E%E0%BA%8A2019.pdf，2024年5月17日访问。

⑦ http://www.laotradeportal.gov.la/kcfinder/upload/files/Legal_1612319557.pdf，2024年5月17日访问。

⑧ http://www.laotradeportal.gov.la/kcfinder/upload/files/Legal_1612163592lo_LA.pdf，2024年5月17日访问。

⑨ http://www.laotradeportal.gov.la/kcfinder/upload/files/Legal_1634200031.pdf，2024年5月17日访问。

⑩ http://www.laotradeportal.gov.la/index.php?r=site/display&id=2，2024年5月17日访问。

11.《进口许可程序法令》， Decree on Import Licensing Procedures（2009）。[①]

12.《植物保护和检疫法》，Law on Protection and Quarantine of Plant（Revised 2018）。[②]

13.《经济纠纷解决法》，Law on Economic Dispute Resolutions（Revised 2018）。[③]

14.《宪法》，Constitution of Lao PDR（Revised 2015）。[④]

15.《民事诉讼法》，The Civil Proceedings Act（Revised 2012）。[⑤]

16.《人民法院法》，Law on People's Court（Revised 2017）。[⑥]

五、越南国内法

1.《民法典》，Civil Code。[⑦]

2.《航海法》，The Viet Nam Maritime Code。[⑧]

---

① http://www.laotradeportal.gov.la/kcfinder/upload/files/180_Decree_Eng.pdf，2024年5月17日访问。

② http://www.laotradeportal.gov.la/kcfinder/upload/files/Legal_1531382463.pdf，2024年5月17日访问。

③ https://www.laoofficialgazette.gov.la/kcfinder/upload/files/148%E0%BB%81%E0%BA%81%E0%BB%89%E0%BB%84%E0%BA%82%E0%BA%82%E0%BB%8D%E0%BB%89%E0%BA%82%E0%BA%B1%E0%BA%94%E0%BB%81%E0%BA%8D%E0%BB%88%E0%BA%87.pdf，2024年5月17日访问。

④ https://na.gov.la/wp-content/uploads/2021/10/Constitution-lao-2015.pdf，2024年5月17日访问。

⑤ https://www.laoofficialgazette.gov.la/kcfinder/upload/files/Civil%20Procedure%20Law%20.pdf，2024年5月17日访问。

⑥ https://na.gov.la/wp-content/uploads/2021/11/%E0%BA%AA%E0%BA%B2%E0%BA%99.pdf，2024年5月17日访问。

⑦ https://www.wto.org/english/thewto_e/acc_e/vnm_e/wtaccvnm43_leg_10.pdf，2024年5月18日访问。

⑧ https://www.wto.org/english/thewto_e/acc_e/vnm_e/wtaccvnm43_leg_9.pdf，2024年5月18日访问。

3.《铁路运输法》，Law on Railway Transport。①

4.《越南民用航空法》，Law on Civil Aviation of Viet Nam。②

5.《第125/2003/ND-CP国际多式联运法令》，Decree No.125/2003/ND-CP of October 29，2003 on International Multi-modal Transportation。③

6.《多式联运法令》，Decree on Multimodal Transport。④

7.《商业保险法》，Law on Insurance Business。⑤

8.《企业法》，Law on Enterprises。⑥

9.《信贷机构法》，Law on Credit Institutions。⑦

10.《流通票据法》，Law on Negotiable Instruments。⑧

11.《关于颁布信贷机构保理业务的决定》，Decision No.1096/2004/

---

① https://thuvienphapluat.vn/van-ban/Giao-thong-Van-tai/Luat-Duong-sat-2017-307545.aspx，2024年5月18日访问。

② http://img2.caa.gov.vn/2016/07/28/00/27/2006-Civil-Aviation-Law.pdf，2024年5月18日访问。

③ https://asean.org/wp-content/uploads/2012/05/Viet-Nam-Decree-on-International-Multimodal-transportation-29-Oct-2003....pdf，2024年5月18日访问。

④ https://asean.org/wp-content/uploads/2012/05/Viet-Nam-Multimodal-Transport-Decree-19-Oct-2009.pdf，2024年5月18日访问。

⑤ https://www.wto.org/english/thewto_e/acc_e/vnm_e/wtaccvnm16a1_leg_1.pdf.，2024年5月18日访问。

⑥ https://www.mzv.cz/public/6f/5/6b/1810642_1462220_Law_on_Enterprise_No_68_2014_English.pdf.，2024年5月18日访问。

⑦ https://www.economica.vn/Portals/0/Documents/f6c24d103517f2a8c3ea307d119a2e0e.pdf.；该法的最新修订请见https://www.google.co.jp/url?sa=i&rct=j&q=&esrc=s&source=web&cd=&ved=0CAIQw7AJahcKEwio_tz28K2AAxUAAAAAHQAAAAAQAg&url=https%3A%2F%2Fvbma.org.vn%2Fstorage%2Flegal-documents%2FJuly2021%2F17_2017_QH14_372409.doc&psig=AOvVaw2kq2lFD2bZAZgJgNH2ky4n&ust=1690512726，2024年5月18日访问。

⑧ https://www.google.co.jp/url?sa=t&rct=j&q=&esrc=s&source=web&cd=&ved=2ahUKEwiCiKy65q2AAxXBTEEAHaaWBtAQFnoECA4QAQ&url=https%3A%2F%2Fvbma.org.vn%2Fstorage%2Flegal-documents%2FJuly2021%2F49_2005_QH11_84541.doc&usg=AOvVaw32JH0lu1RCfKBxQACuT_Vd&opi=89978449，2024年5月18日访问。

QD-NHNN of September 6, 2004 Promulgating the Regulation on Factoring Operations by Credit Institutions。[①]

12.《海关法》, Law on Customs。[②]

13.《税务管理法》, Law on Tax Administration。[③]

14.《进出口税法》, Law on Import Duty and Export Duty。[④]

15.《对外贸易管理法》, Law on Foreign Trade Management。[⑤]

16.《关于细化实施商法有关国际货物买卖以及与外国进行货物销售、购买、加工和过境代理活动的法令》, Decree Detailing the Implementation of the Commercial Law regarding International Goods Sale and Purchase and Goods Sale, Purchase, Processing and Transit Agency Activities with Foreign Countries。[⑥]

17.《关于修订和补充2016年9月1日第134/2016/ND-CP号政府法令的若干条款以细化〈进出口税法〉的若干条款和实施措施》, Decree Amending

---

① https://vbpl.vn/TW/Pages/vbpqen-toanvan.aspx?ItemID=7649&Keyword=1096/2004, 2024年5月18日访问。

② https://www.google.co.jp/url?sa=t&rct=j&q=&esrc=s&source=web&cd=&ved=2ahUKEwib666F6a2AAxWDQEEAHU90CGUQFnoECCkQAQ&url=https%3A%2F%2Fwww.dezshira.com%2Flibrary%2Ffile%2F4451%2Fdownload&usg=AOvVaw18TQTRuNHnNTIZUFyi020I& opi=89978449, 2024年5月18日访问。

③ https://www.google.co.jp/url?sa=t&rct=j&q=&esrc=s&source=web&cd=&ved=2ahUKEwiNk_eJ7K2AAxUoWkEAHZFzBF4QFnoECBIQAQ&url=https%3A%2F%2Fwww.dezshira.com%2Flibrary%2Ffile%2F4503%2Fdownload&usg=AOvVaw1XmiDv6JBoH1ICsQ-zMuWT&opi=89978449; 2012年修正案请参见https://www.google.co.jp/url?sa=t&rct=j&q=&esrc=s&source=web&cd=&ved= 2ahUKEwii7d-M662AAxUvVUEAHZY-DWAQFnoECA4QAQ&url=http%3A%2F%2Fwww.accaglobal.com%2Fcontent%2Fdam%2Facca%2Fglobal%2FPDF-students%2Facca%2Ff6%2Fexamdocs%2Fvnm-law-no21-2012-amending%2520law%, 2024年5月18日访问。

④ https://www.economica.vn/Content/files/LAW%20%26%20REG/107_2015_QH13%20Law%20on%20Import%20Export%20Duties.pdf, 2024年5月18日访问。

⑤ https://vbpl.vn/TW/Pages/vbpqen-toanvan.aspx?ItemID=11096&Keyword=Law%20on%20Foreign%20Trade%20Management, 2024年5月18日访问。

⑥ https://faolex.fao.org/docs/pdf/vie170808.pdf, 2024年5月18日访问。

and Supplementing a Number of Articles of the Government's Decree No.134/2016/ND-CP of September 1，2016，Detailing a Number of Articles of，and Measures to Implement，the Law on Import Duty and Export Duty。①

18.《关于进出口关税实施和管理的指导通知》，Circular Guiding the Implementation of Import Tax and Export Tax and Administration of Taxes on Imports and Exports。②

19.《关于修订优惠进口关税中第2710目下若干商品的进口税率的决定》，Decision Amending the Import Tax Rates for a Number of Commodity Items under Heading No. 2710 in the Preferential Import Tariff。③

20.《越南国际商事调解中心规则》（2017），Rules of Arbitration of the Viet Nam International Arbitration Centre（2017）。④

21.《越南调解中心规则》，Mediation Rules of Viet Nam Mediation Centre。⑤

22.《民事诉讼法》，Code of Civil Procedure。⑥

23.《法院组织法》，Law on Organization of People's Courts。⑦

---

① https://faolex.fao.org/docs/pdf/vie205435.pdf，2024年5月18日访问。

② https://vbpl.vn/TW/Pages/vbpqen-toanvan.aspx?ItemID=3695&Keyword=59/2007/TT-BTC，2024年5月18日访问。

③ https://vbpl.vn/TW/Pages/vbpqen-toanvan.aspx?ItemID=548&Keyword=33/2000/QD-BTC，2024年5月18日访问。

④ https://www.viac.vn/images/Arbitration/Administered-of-Arbitration/Rules-of-Arbitration/[Printed-out-version]-VIAC-RULES-OF-ARBITRATION-2017---Chinese-translation.pdf，2024年5月18日访问。

⑤ https://www.vmc.org.vn/images/Mediation/Mediation%20at%20VMC/Mediation-Rules/VMC_Mediation-Rules_English_191231.pdf，2024年5月18日访问。

⑥ https://economica.vn/Content/files/LAW%20%26%20REG/92_2015_QH13%20Civil%20Procedure%20Code.pdf，2024年5月18日访问。

⑦ https://www.ajne.org/sites/default/files/document/laws/6811/law-on-organisation-of-the-courts-revised-google-translate-document.pdf，2024年5月18日访问。

六、新加坡国内法

1.《民法》，Civil Law Act 1909 (Revised 2020)。[①]

2.《合同法（第三方权利）》，Contracts (Rights of Third Parties) Act 2001 (Revised 2020)。[②]

3.《货物销售法》，Sale of Goods Act 1979 (Revised 2020)。[③]

4.《合同落空法》，Frustrated Contracts Act 1959 (Revised 2020)。[④]

5.《显失公平合同条款法》，Unfair Contract Terms Act 1977 (Revised 2020)。[⑤]

6.《错误陈述法》，Misrepresentation Act 1967 (Revised 2020)。[⑥]

7.《消费者保护法（公平交易）》，Consumer Protection (Fair Trading) Act 2003 (Revised 2020)。[⑦]

8.《未成年人合同法》，Minors' Contracts Act 1987 (Revised 2020)。[⑧]

9.《竞争法》，Competition Act 2004 (Revised 2020)。[⑨]

10.《货物销售（联合国公约）法》，Sale of Goods (United Nations Convention) Act 1995 (Revised 2020)。[⑩]

11.《海上货物运输法》，Carriage of Goods by Sea Act 1972 (Revised 2020)。[⑪]

12.《商船法》，Merchant Shipping Act 1995 (Revised 2020)。[⑫]

---

① https://sso.agc.gov.sg//Act/CLA1909，2024年5月21日访问。

② https://sso.agc.gov.sg//Act/CRTPA2001，2024年5月21日访问。

③ https://sso.agc.gov.sg//Act/SGA1979，2024年5月21日访问。

④ https://sso.agc.gov.sg//Act/FCA1959，2024年5月21日访问。

⑤ https://sso.agc.gov.sg//Act/UCTA1977，2024年5月21日访问。

⑥ https://sso.agc.gov.sg//Act/MA1967，2024年5月21日访问。

⑦ https://sso.agc.gov.sg//Act/CPFTA2003，2024年5月21日访问。

⑧ https://sso.agc.gov.sg//Act/MCA1987，2024年5月21日访问。

⑨ https://sso.agc.gov.sg//Act/CA2004，2024年5月21日访问。

⑩ https://sso.agc.gov.sg//Act/SGUNCA1995，2024年5月21日访问。

⑪ https://sso.agc.gov.sg//Act/CGSA1972，2024年5月21日访问。

⑫ https://sso.agc.gov.sg/Act/MSA1995，2024年5月21日访问。

13.《提单法》，Bills of Lading Act 1992（Revised 2020）。[①]

14.《铁路法》，Railways Act 1905（Revised 2020）。[②]

15.《航空法》，Air Navigation Act 1966（Revised 2020）。[③]

16.《航空运输法》，Carriage by Air Act 1988（Revised 2020）。[④]

17.《航空运输法（1999年蒙特利尔公约）》，Carriage by Air（Montreal Convention，1999）Act 2007（Revised 2020）。[⑤]

18.《多式联运法》，Multimodal Transport Act 2021。[⑥]

19.《保险法》，Insurance Act 1966（Revised 2020）。[⑦]

20.《支付服务法》，Payment Services Act 2019（Revised 2020）。[⑧]

21.《2019年支付服务条例》，Payment Services Regulations 2019。[⑨]

22.《海关法》，Customs Act 1960（Revised 2020）。[⑩]

23.《进出口管理法》，Regulation of Imports and Exports Act 1995（Revised 2020）。[⑪]

24.《进出口管理条例》，Regulation of Imports and Exports Regulations（Revised 1999）。[⑫]

25.《战略物资（管制）法》，Strategic Goods（Control）Act 2002（Revised 2020）。[⑬]

---

① https://sso.agc.gov.sg//Act/BLA1992，2024年5月21日访问。

② https://sso.agc.gov.sg//Act/RA1905，2024年5月21日访问。

③ https://sso.agc.gov.sg//Act/ANA1966，2024年5月21日访问。

④ https://sso.agc.gov.sg//Act/CAA1988，2024年5月21日访问。

⑤ https://sso.agc.gov.sg//Act/CAMC1999A2007，2024年5月21日访问。

⑥ https://sso.agc.gov.sg//Act/MTA2021，2024年5月21日访问。

⑦ https://sso.agc.gov.sg//Act/IA1966，2024年5月21日访问。

⑧ https://sso.agc.gov.sg//Act/PSA2019，2024年5月21日访问。

⑨ https://sso.agc.gov.sg//SL/PSA2019-S810-2019?DocDate=20230425，2024年5月21日访问。

⑩ https://sso.agc.gov.sg//Act/CA1960，2024年5月21日访问。

⑪ https://sso.agc.gov.sg//Act/RIEA1995，2024年5月21日访问。

⑫ https://sso.agc.gov.sg//SL/272A-RG1?DocDate=20230512，2024年5月21日访问。

⑬ https://sso.agc.gov.sg//Act/SGCA2002，2024年5月21日访问。

26.《2021年战略物资（管制）令》，Strategic Goods (Control) Order 2021。[①]

27.《化学武器（禁止）法》，Chemical Weapons (Prohibition) Act 2000 (Revised 2020)。[②]

28.《商品服务税法》，Goods and Services Tax Act 1993 (Revised 2020)。[③]

29.《自由贸易区法》，Free Trade Zones Act 1966 (Revised 2020)。[④]

30.《新加坡共和国宪法》，Constitution of the Republic of Singapore (Revised 2020)。[⑤]

31.《最高法院司法制度法》，Supreme Court of Judicature Act 1969 (Revised 2020)。[⑥]

32.《地方法院司法制度法》，State Courts Act 1970 (Revised 2020)。[⑦]

33.《2021年新加坡国际商事法院规则》，Singapore International Commercial Court Rules 2021。[⑧]

34.《2021年法庭规则》，Rules of Court 2021。[⑨]

35.《国际仲裁法》，International Arbitration Act 1994 (Revised 2020)。[⑩]

36.《新加坡调解公约法》，Singapore Convention on Mediation Act 2020。[⑪]

37.《时效法》，Limitation Act 1959 (Revised 2020)。[⑫]

---

① https://sso.agc.gov.sg//SL/SGCA2002-S564-2021?DocDate=20220801，2024年5月21日访问。

② https://sso.agc.gov.sg//Act/CWPA2000，2024年5月21日访问。

③ https://sso.agc.gov.sg//Act/GSTA1993，2024年5月21日访问。

④ https://sso.agc.gov.sg//Act/FTZA1966，2024年5月21日访问。

⑤ https://sso.agc.gov.sg//Act/CONS1963，2024年5月21日访问。

⑥ https://sso.agc.gov.sg//Act/SCJA1969，2024年5月21日访问。

⑦ https://sso.agc.gov.sg//Act/SCA1970，2024年5月21日访问。

⑧ https://sso.agc.gov.sg//SL/SCJA1969-S924-2021?DocDate=20220921，2024年5月21日访问。

⑨ https://sso.agc.gov.sg//SL/SCJA1969-S914-2021?DocDate=20230221，2024年5月21日访问。

⑩ https://sso.agc.gov.sg//Act/IAA1994，2024年5月21日访问。

⑪ https://sso.agc.gov.sg//Act/SCMA2020，2024年5月21日访问。

⑫ https://sso.agc.gov.sg//Act/LA1959，2024年5月21日访问。

38.《外国诉讼时效法》，Foreign Limitation Periods Act 2012（Revised 2020）。①

39.《证据法》，Evidence Act 1893（Revised 2020）。②

40.《外国判决互惠执行法》，Reciprocal Enforcement of Foreign Judgments Act 1959（Revised 2020）。③

41.《选择法院协议法》，Choice of Court Agreements Act 2016（Revised 2020）。④

七、泰国国内法

1.《民商法典》，Civil and Commercial Code（1925）。⑤

2.《海上货物运输法》，Carriage of Goods by Sea Act（1991）。⑥

3.《多式联运法》，The multimodal Transport Act（2005）。⑦

4.《海关法》，Customs Act（Revised 2017）。⑧

5.《货物进出口法》，Export and Import of Goods Act（1979）⑨，2015年修订。⑩

6.《反倾销和反补贴法》，Anti-dumping and Countervailing of Foreign Products

---

① https://sso.agc.gov.sg//Act/FLPA2012，2024年5月21日访问。

② https://sso.agc.gov.sg//Act/EA1893，2024年5月21日访问。

③ https://sso.agc.gov.sg//Act/REFJA1959，2024年5月21日访问。

④ https://sso.agc.gov.sg//Act/CCAA2016，2024年5月21日访问。

⑤ https://faolex.fao.org/docs/pdf/tha200357.pdf，2024年5月24日访问。亦可参见米良译:《泰王国民商法典》，社会科学文献出版社2018年版。

⑥ http://www.tiffathai.org/application/332534_EN.pdf，2024年5月24日访问。

⑦ https://asean.org/wp-content/uploads/2012/05/Thailand_Multimodal-Transport-Act-B-E-2548-Royal-Gazetle.pdf，2024年5月24日访问。

⑧ https://www.customs.go.th/data_files/9b58e9c383e05163c0223e8e2e7e6991.pdf，2024年5月24日访问。

⑨ https://www.dft.go.th/th-th/Detail-Law/ArticleId/2059/28，2024年5月24日访问。

⑩ https://www.dft.go.th/th-th/Detail-Law/ArticleId/17009/17009，2024年5月24日访问。

Act（1999）[①]，2019年修订。[②]

7.《进口激增保障措施法》，Safeguard Measure against Increased Imports Act（2007）。[③]

8.《国家标准化法》，National Standardization Act（2008）。[④]

9.《工业产品标准法》，Industrial Product Standards Act（1968）[⑤]，2005年、2015年修订。[⑥]

10.《食品法》，Food Act（1979）。[⑦]

11.《农业标准法》，Agricultural Standards Act（2008）。[⑧]

12.《动物疫病法》，Animal Epidemics Act（2015）。[⑨]

13.《动物饲料质量控制法》，Animal Feed Quality Control Act（2015）。[⑩]

14.《植物检疫法》，Plant Quarantine Act（2008）。[⑪]

15.《植物法》，Plants Act（2007）。[⑫]

16.《野生动物保护法》，Wildlife Conservation and Protection Act（2019）。[⑬]

---

① https://www.dft.go.th/th-th/Detail-Law/ArticleId/2759/-2542-1，2024年5月24日访问。

② https://www.dft.go.th/th-th/Detail-Law/ArticleId/13404/13404，2024年5月24日访问。

③ https://www.dft.go.th/th-th/Detail-Law/ArticleId/2835/2835，2024年5月24日访问。

④ https://www.tisi.go.th/data/law/pdf_files/law2/2551.pdf，2024年5月24日访问。

⑤ https://www.tisi.go.th/data/law/pdf_files/law1/2511_1968.pdf，2024年5月24日访问。

⑥ https://www.tisi.go.th/law-2511，2024年5月24日访问。

⑦ https://faolex.fao.org/docs/pdf/tha64932.pdf，2024年5月24日访问。

⑧ https://faolex.fao.org/docs/pdf/tha89588.pdf，2024年5月24日访问。

⑨ https://faolex.fao.org/docs/pdf/tha167022.pdf，2024年5月24日访问。

⑩ https://faolex.fao.org/docs/pdf/tha159736.pdf，2024年5月24日访问。

⑪ https://www.ratchakitcha.soc.go.th/DATA/PDF/2551/A/040/28.PDF，2024年5月24日访问。

⑫ https://www.ratchakitcha.soc.go.th/DATA/PDF/2550/A/052/24.PDF，2024年5月24日访问。

⑬ https://faolex.fao.org/docs/pdf/tha201932.pdf，2024年5月24日访问。

17.《仲裁法》，Arbitration Act（2002）。[①]

18.《泰国仲裁中心仲裁规则》，Thailand Arbitration Center Rules on Arbitration（2015）。[②]

19.《泰国仲裁中心调解规则》，Thailand Arbitration Center Rules on Mediation（2014）。[③]

20.《泰中国际仲裁与调解中心仲裁规则》，Thai-Chinese International Arbitration and Mediation Center Rules on Arbitration（2021）。[④]

21.《泰中国际仲裁与调解中心调解规则》，Thai-Chinese International Arbitration and Mediation Center Rules on Mediation（2021）。[⑤]

22.《民事诉讼法典》，Civil Procedure Code（1934）。[⑥]

23.《法律冲突法》，Act on Conflict of Laws（1938）。[⑦]

八、文莱国内法

1.《合同法》，Contracts Act（Revised Edition2015）。[⑧]

---

① https://www.newyorkconvention.org/11165/web/files/document/2/1/21117.pdf，2024年5月24日访问。

② https://thac.or.th/wp-content/uploads/2021/05/THAC-Arbitration-Rules-14.05.21-Revised.pdf，2024年5月24日访问。

③ https://thac.or.th/wp-content/uploads/2021/05/THAC-Mediation-Rules-15.05.21-Revised.pdf，2024年5月24日访问。

④ https://thac.or.th/wp-content/uploads/2022/04/TCIAC-Arbitration-Rules-2021.pdf，2024年5月24日访问。

⑤ https://thac.or.th/wp-content/uploads/2022/04/TCIAC-Mediation-Rules-2021.pdf，2024年5月24日访问。

⑥ 1934年《民事诉讼法典》及历次修改案文件参见：《泰王国程序法汇编》，黎群编译，商务印书馆2022年版，第8-236页。

⑦ https://library.siam-legal.com/act-on-conflict-of-laws-b-e-2481-1938/，2024年5月24日访问。

⑧ https://www.agc.gov.bn/AGC%20Images/LAWS/ACT_PDF/cap106.pdf，2024年5月27日访问。

2.《海关令》，Customs Order（2006）。[①]

3.《传染病令》，Infectious Diseases Order（2000）。[②]

4.《民航令》，Civil Aviation Order（2006）。[③]

5.《商船令》，Merchant Shipping Order（2002。[④]

6.《海事管辖法》，Admiralty Jurisdiction Act（2000）。[⑤]

7.《货物销售法》，Sale Of Goods Act（1999）。[⑥]

8.《保险令》，Insurance Order（2006 ）。[⑦]

9.《回教保险令》，Takaful Order（2008）。[⑧]

10.《货币兑换和汇款业务法》，Money-Changing and Remittance Businesses Act（1999）。[⑨]

11.《付款和结算系统（监督）令》，Payment and Settlement Systems（Oversight）

---

① https://www.mofe.gov.bn/SiteAssets/Cust oms/Legislation/PDF%20NO%2020.pdf，2024年5月27日访问。

② https://www.agc.gov.bn/AGC%20Images/LOB/Order/IL/Infectious%20Diseases%20Order，%202000%20（S%2034）.pdf，2024年5月27日访问。

③ https://www.agc.gov.bn/AGC%20Images/LOB/Order/ABC/Civil%20Aviation%20Order，%202006%20（S%2063）.pdf，2024年5月27日访问。

④ https://www.agc.gov.bn/AGC%20Images/LAWS/Gazette_PDF/2002/EN/s027.pdf，2024年5月27日访问。

⑤ https://www.agc.gov.bn/AGC%20Images/LOB/PDF/Chp.179.pdf，2024年5月27日访问。

⑥ https://www.agc.gov.bn/AGC%20Images/LOB/PDF/Chp.170.pdf，2024年5月27日访问。

⑦ https://www.bdcb.gov.bn/images/Legislation_Regulations/Appendix_14/Insurance%20Order%202006.pdf，2024年5月27日访问。

⑧ https://www.bdcb.gov.bn/SiteAssets/Pages/Legislation-And-Regulations/Takaful%20Regulation，%202008.pdf，2024年5月27日访问。

⑨ https://www.agc.gov.bn/AGC%20Images/LOB/PDF/Chp.174.pdf ，2024年5月27日访问。

Order（2015）。[①]

12.《支付系统要求的通知》，Notice on Requirements for Payment Systems-Amendment No.2（2022）。[②]

13.《仲裁法》，Arbitration Act（1999）。[③]

14.《贸易争端法案》，Trade Disputes Act（1984）。[④]

15.《法律适用法》，Application of Laws Act（2009）。[⑤]

16.《最高法院法》，Supreme Court Act（2003）。[⑥]

17.《下级法院法》，Subordinate Court Act（1984）。[⑦]

18.《文莱国际仲裁中心规则》，Brunei Darussalam Arbitration Centre（BDAC）Arbitration Rules。[⑧]

19.《外国判决相互执行法》，Reciprocal Enforcement of Foreign Judgments（2000）。[⑨]

---

① https://www.bdcb.gov.bn/SiteAssets/Pages/Legislation-And-Regulations/Payment%20Settlement%20Systems%20（Oversight）%20Order，%202015.pdf，2024年5月27日访问。

② https://www.bdcb.gov.bn/SiteAssets/regulatory/legislation-notices-and-regulations/Notice-on-Requirements-for-Payment-Systems-Amendment-No.2.pdf，2024年5月27日访问。

③ https://www.agc.gov.bn/AGC%20Images/LOB/PDF/Chp.173.pdf，2024年5月27日访问。

④ https://www.agc.gov.bn/AGC%20Images/LAWS/ACT_PDF/cap129.pdf，2024年5月27日访问。

⑤ https://www.agc.gov.bn/AGC%20Images/LAWS/ACT_PDF/Cap002.pdf，2024年5月27日访问。

⑥ https://www.agc.gov.bn/AGC%20Images/LAWS/ACT_PDF/cap005.pdf，2024年5月27日访问。

⑦ https://www.agc.gov.bn/AGC%20Images/LAWS/ACT_PDF/S/CHAPTER%20006.pdf，2024年5月27日访问。

⑧ https://www.bdac.com.bn/docs/bdacrules.pdf，2024年5月27日访问。

⑨ https://www.agc.gov.bn/AGC%20Images/LOB/PDF/Chp.177.pdf，2024年5月27日访问。

九、缅甸国内法

1.《合同法》，The Contract Act（1872）。[①]

2.《货物销售法》，The Sale of Goods Act（1930）。[②]

3.《内河船舶法》，Inland Watercraft Act（2015）。[③]

4.《海上航行条约法》，Maritime Navigation Treaties Act（1952）。[④]

5.《内陆航运法》，Inland Shipping Act（2017）。[⑤]

6.《海上货物运输法》，The Myanmar Carriage of Goods by Sea Act（1989）。[⑥]

7.《铁路运输法》，Rail Transport Act（2016）。[⑦]

8.《缅甸航空运输法》，Myanmar Air Transport Act（1934）。[⑧]

9.《综合运输法》/《通用航运法》，Universal Shipping Act（Revised 2022）。[⑨]

10.《道路运输商业法》，Road Transport Business Law（2016）。[⑩]

11.《承运人法案》，The Carriers Act（Revised 1989）。[⑪]

12.《缅甸保险法》，Myanmar Insurance Law（1993）。[⑫]

13.《缅甸中央银行法》，Central Bank of Myanmar Law（2013）。[⑬]

14.《缅甸金融机构法》，Financial Institutions Law（2016）。[⑭]

---

① http://www.mlis.gov.mm/lsScPop.do?lawordListId=2762，2024年5月28日访问。

② https://www.mlis.gov.mm/lsScPop.do?lawordSn=11375，2024年5月28日访问。

③ http://www.mlis.gov.mm/lsScPop.do?lawordListId=1141，2024年5月28日访问。

④ http://www.mlis.gov.mm/lsScPop.do?lawordListId=4115，2024年5月28日访问。

⑤ http://www.mlis.gov.mm/lsScPop.do?lawordListId=3468，2024年5月28日访问。

⑥ http://www.mlis.gov.mm/lsScPop.do?lawordListId=50673，2024年5月28日访问。

⑦ http://www.mlis.gov.mm/lsScPop.do?lawordListId=1019，2024年5月28日访问。

⑧ http://www.mlis.gov.mm/lsScPop.do?lawordListId=8897，2024年5月28日访问。

⑨ http://www.mlis.gov.mm/lsScPop.do?lawordListId=51538，2024年5月28日访问。

⑩ http://www.mlis.gov.mm/lsScPop.do?lawordListId=1018，2024年5月28日访问。

⑪ http://www.mlis.gov.mm/lsScPop.do?lawordListId=50508，2024年5月28日访问。

⑫ http://www.mlis.gov.mm/lsScPop.do?lawordListId=282，2024年5月28日访问。

⑬ http://www.mlis.gov.mm/lsScPop.do?lawordListId=1341，2024年5月28日访问。

⑭ http://www.mlis.gov.mm/lsScPop.do?lawordListId=1345，2024年5月28日访问。

15.《流通票据法》，The Negotiable Instruments Act（1881）。①

16.《海上海关法》，The Sea Customs Act（Revised 2018）。②

17.《陆地海关法》，The Land Customs Act（Revised 2015）。③

18.《商业税法》，Commercial Tax Law（Revised 2015）。④

19.《进出口商登记条例》，Export Importer Registration Ordinance（2023）。⑤

20.《申请出口许可证所需商品种类的公布》，Publication of Commodity Lines Required to Apply for Export License（2023）。⑥

21.《仲裁法》，Arbitration Law（2016）。⑦

22.《仲裁（协议和公约）法》，The Attribution（Protocol and Convention）Act（1937）。⑧

23.《民事诉讼法》，The Code of Civil Procedure（Revised 2021）。⑨

24.《联邦司法法》，Federal Judiciary Act（Revised 2019）。⑩

25.《期限法》，Term Limitation Act（1909）。⑪

26.《限制法》，The Limitation Act（Revised 2014）。⑫

27.《证据法》，The Evidence Act（Revised 2015）。⑬

① http://www.mlis.gov.mm/lsScPop.do?lawordListId=1335，2024年5月28日访问。

② http://www.mlis.gov.mm/lsScPop.do?lawordListId=51389，2024年5月28日访问。

③ http://www.mlis.gov.mm/lsScPop.do?lawordListId=50232，2024年5月28日访问。

④ http://www.mlis.gov.mm/lsScPop.do?lawordListId=50991，2024年5月28日访问。

⑤ http://www.mlis.gov.mm/lsScPop.do?lawordListId=10730，2024年5月28日访问。

⑥ http://www.mlis.gov.mm/lsScPop.do?lawordListId=10702，2024年5月28日访问。

⑦ http://www.mlis.gov.mm/lsScPop.do?lawordListId=1431，2024年5月28日访问。

⑧ http://www.mlis.gov.mm/lsScPop.do?lawordListId=2365，2024年5月28日访问。

⑨ http://www.mlis.gov.mm/lsScPop.do?lawordListId=51522，2024年5月28日访问。

⑩ http://www.mlis.gov.mm/lsScPop.do?lawordListId=51422，2024年5月28日访问。

⑪ http://www.mlis.gov.mm/lsScPop.do?lawordListId=8052，2024年5月28日访问。

⑫ http://www.mlis.gov.mm/lsScPop.do?lawordListId=50335，2024年5月28日访问。

⑬ http://www.mlis.gov.mm/lsScPop.do?lawordListId=50859，2024年5月28日访问。

十、柬埔寨国内法

1.《民法典》，The Civil Code of Cambodia（2003）。[1]

2.《保险法》，Insurance Law of the Kingdom of Cambodia（2000）。[2]

3.《外汇法》，Law on Foreign Exchange（1997）。[3]

4.《海关法》，Law on Customs（2007）。[4]

5.《植物保护和卫生法》，Plant Protection and Health Law（2022）。[5]

6.《税法》，Law on Taxation（1997）。[6]

7.《银行法》，Banking Law（1999）。[7]

8.《票据流通和交易支付法》，Law on Negotiable Instruments and Payment Transactions（2005）。[8]

9.《民用航空法》，Law on Civil Aviation of the Kingdom of Cambodia（2008）。[9]

---

① https://www.cambodiaip.gov.kh/DocResources/8e68a867-097f-4768-90e2-59527abbe418_c786a043-b88d-4f64-9429-60a330efdc5f-en.pdf，2024年5月29日访问。

② https://wwwex.ilo.org/dyn/natlex2/natlex2/files/download/86080/KHM86080.pdf，2024年5月29日访问。

③ https://www.nbc.gov.kh/download_files/legislation/laws_eng/71713-Law-on-Foreign-Exchange-1997.pdf，2024年5月29日访问。

④ https://tools.customs.gov.kh/documents/reader/5453/16270970831923226/Law%20on%20CuStoms，2024年5月29日访问。

⑤ http://national-assembly.org.kh/ViewLawFile.aspx?LawDID=665，2024年5月29日访问。

⑥ https://www.wto.org/english/thewto_e/acc_e/khm_e/wtacckhm3a3_leg_48.pdf，2024年5月29日访问。

⑦ https://www.nbc.gov.kh/download_files/legislation/laws_eng/96061-Law-on-the-Organization-and-Conduct-of-the-National-Bank-of-Cambodia-1996.pdf，2024年5月29日访问。

⑧ https://www.nbc.gov.kh/download_files/legislation/laws_eng/54875-Law-on-Negotiable-Instruments-and-Payment-Transactions-2005.pdf，2024年5月29日访问。

⑨ https://cdc.gov.kh/wp-content/uploads/2022/05/LAW-ON-CIVIL-AVIATION_080119-.pdf，2024年5月29日访问。

10.《关于水运工具管理的第003号通知》，Circular on Management of Means of Water Transport（2000）。[①]

11.《关于进口货物海关估价的通令》，Prakas on Customs Valuation of Imported Goods（2008）。[②]

12.《关于商业公司贸易活动的部长令》，Ministerial Order on Trading Activities of Commercial Companies（2000）。[③]

13.《原产地规则法》，Law on Rules of Origin（2023）。[④]

14.《关于原产地证书、商业发票的签发和服装出口许可证的部长令》，Prakas on the Issuance of the Certificate of Origin，Commercial Invoice and Export License for Garments（1999）。[⑤]

15.《关于特别经济区设立和管理的第148号法令》，Laws and Regulations related to the Establishment and Management of Special Economic Zone（2006）。[⑥]

16.《商业仲裁法》，Commercial Arbitration Law（2006）。[⑦]

17.《NCAC仲裁规则（2021）》，NCAC Arbitration Rules（2021）。[⑧]

18.《柬埔寨王国税法修正法》，Kingdom of Cambodia Tax Law Amendment

---

① https://cdc.gov.kh/wp-content/uploads/2022/05/CIRCULAR-003-ON-MANAGEMENT-OF-MEANS-OF-WATER-TRANSPORT_000627-.pdf，2024年5月29日访问。

② https://cdc.gov.kh/wp-content/uploads/2022/04/PRAKAS-387-MEF.BK-ON-CUSTOMS-VALUATION-OF-IMPORTED-GOODS_080522-.pdf，2024年5月29日访问。

③ https://cdc.gov.kh/wp-content/uploads/2022/05/PRAKAS-017PRKMOC-ON-TRADING-ACTIVITIES-OF-COMMERCIAL-COMPANIES_000125-.pdf，2024年5月29日访问。

④ https://commerce-cambodia.com/2023/07/11/roo_law，2024年5月29日访问。

⑤ https://cdc.gov.kh/wp-content/uploads/2022/05/PRAKAS-1437MOCPRK-ON-THE-ISSUANCE-OF-THE-CERTIFICATE-OF-ORIGIN-COMMERCIAL-INVOICE-AND-EXPORT-LICENSE-FOR-GARMENTS_9990621-.pdf，2024年5月29日访问。

⑥ https://api.customs.gov.kh/wp-content/uploads/2017/04/All-Regulations-related-to-SEZ-Eng.pdf，2024年5月29日访问。

⑦ https://www.wipo.int/wipolex/zh/text/567458，2024年5月29日访问。

⑧ https://ncac.org.kh/wp-content/uploads/2022/09/NCAC-ARBITRATION-RULES-EN-Final.pdf，2024年5月29日访问。

Act（2003）。[①]

十一、菲律宾国内法

1.《民法典》，Civil Code（2018）。[②]

2.《公司法》，Corporate Law。[③]

3.《保险法》，Philippine Insurance Law。[④]

4.《宪法》，Constitution of the Republic of the Philippines of 1978。[⑤]

5.《国家国内税收法》，National Internal Revenue Code。[⑥]

6.《菲律宾贸易法》，Philippine Trade Act of 1946。[⑦]

7.《海上货物运输法》521号，Carriage of Goods by Sea Act No.521。[⑧]

8.《陆路交通法律法规》，Land Transport Laws and Regulations。[⑨]

9.《支付系统监管和监督法》，Law on the Supervision and Supervision

---

① http://kh.china-embassy.gov.cn/ljjpz/tzjpz/200801/t20080121_1609195.htm，2024年5月29日访问。

② https://www.officialgazette.gov.ph/1949/06/18/republic-act-no-386/，2024年5月30日访问。

③ https://barlc.swupl.edu.cn/Detail?dbID=9&dbName=LAW&sysID=116944&acqu=%E5%85%AC%E5%8F%B8%E6%B3%95，2024年5月30日访问。

④ https://www.officialgazette.gov.ph/2013/08/15/republic-act-no-10607/，2024年5月30日访问。

⑤ https://www.wipo.int/wipolex/zh/text/224964，2024年5月30日访问。

⑥ https://www.officialgazette.gov.ph/1997/12/11/republic-act-no-8424/，2024年5月30日访问。

⑦ https://barlc.swupl.edu.cn/Detail?dbID=9&dbName=LAW&sysID=491873&acqu=%E8%B4%B8%E6%98%93%E6%B3%95，2024年5月30日访问。

⑧ https://dotr.gov.ph/，2024年5月30日访问。

⑨ https://www.officialgazette.gov.ph/1964/06/20/republic-act-no-4136，2024年5月30日访问。

of Payment Systems。[①]

10.《出口发展法》，Philippine Export Development Act of 1994。[②]

11.《菲律宾关税和海关法典》，Philippine Customs and Excise Code。[③]

12.《综合土地改革法》，Comprehensive Agrarian Reform Act。[④]

13.《反倾销法》（1999），Philippine Anti-dumping Act。[⑤]

14.《反补贴法》，Philippine Countervailing Laws。[⑥]

15.《保障措施法》，Philippine Safeguards Act。[⑦]

16.《菲律宾海关现代化和关税法》，Philippine Customs Modernization and Tariff Act。[⑧]

17.《仲裁法》（第876号共和国法案），Arbitration Law。[⑨]

18.《1997年民事诉讼法》，Civil Procedure Code of 1997 of the Philippines。[⑩]

---

① https://barlc.swupl.edu.cn/search?databaseId=9&DbCode=LAW，2024年5月30日访问。

② https://barlc.swupl.edu.cn/Detail?dbID=9&dbName=LAW&sysID=393709&acqu=%E5%87%BA%E5%8F%A3，2024年5月30日访问。

③ https://www.officialgazette.gov.ph/1957/06/22/republic-act-no-1937，2024年5月30日访问。

④ https://www.officialgazette.gov.ph/1988/06/10/republic-act-no-6657，2024年5月30日访问。

⑤ https://barlc.swupl.edu.cn/Detail?dbID=9&dbName=LAW&sysID=115581&acqu=%E5%8F%8D%E5%80%BE%E9%94%80%E6%B3%95，2024年5月30日访问。

⑥ https://barlc.swupl.edu.cn/Detail?dbID=9&dbName=LAW&sysID=115580&acqu=%E5%8F%8D%E8%A1%A5%E8%B4%B4，2024年5月30日访问。

⑦ https://www.dti.gov.ph/，2024年5月30日访问。

⑧ http://www.customs.gov.ph，2024年5月30日访问。

⑨ https://barlc.swupl.edu.cn/search?databaseId=9&DbCode=LAW，2024年5月30日访问。

⑩ https://barlc.swupl.edu.cn/search?databaseId=9&DbCode=LAW，2024年5月30日访问。

19.《法院规则》，1997 Rules of Civil Procedure，as Amended。[①]

20.《PDRCI仲裁规则》，2021 PDRCI Arbitration Rules。[②]

21.《外国投资法》，Foreign Investment Act of 1991 of the Philippines。[③]

22.《综合投资法》，Philippines Comprehensive Investment Act of 1987。[④]

23.《铁路法》，Railway Law。[⑤]

---

① https://www.wipo.int/wipolex/zh/members/profile/PH?collection=laws&collection=treaties&collection=judgments，2024年5月30日访问。

② https://www.wipo.int/wipolex/zh/members/profile/PH?collection=laws&collection=treaties&collection=judgments，2024年5月30日访问。

③ https://barlc.swupl.edu.cn/Detail?dbID=9&dbName=LAW&sysID=114998&acqu=%E6%8A%95%E8%B5%84%E6%B3%95，2024年5月30日访问。

④ https://barlc.swupl.edu.cn/Detail?dbID=9&dbName=LAW&sysID=107902&acqu=%E6%8A%95%E8%B5%84%E6%B3%95，2024年5月30日访问。

⑤ https://barlc.swupl.edu.cn/Detail?dbID=9&dbName=LAW&sysID=112766&acqu=%E9%93%81%E8%B7%AF%E6%B3%95，2024年5月30日访问。